Sozialpädagogik

Hauswirtschaft

Autorinnen: Bianca Hempel • Tina Mauersberger-Kolibius

unter Mitarbeit der Verlagsredaktion

Hauswirtschaft Sozialpädagogik

Projektleitung und Redaktion:
Carina vom Hagen

Außenredaktion:
Dietlind Grüne, Mannheim

Redaktionelle Unterstützung:
Stefan Schiefer, Berlin

Covergestaltung:
Rosendahl Grafikdesign, Berlin

Titelfotos:
Topic Media; epd-bild/Giesbert Kühnle; corbis/the food passionates; Shutterstock/Africa Studio; Shutterstock/Jovan Bila Dubaic; Ian O› Leary/ Dorling Kindersley

Layout und technische Umsetzung:
SOFAROBOTNIK GbR, Augsburg & München

www.cornelsen.de

Die Webseiten Dritter, deren Internetadressen in diesem Lehrwerk angegeben sind, wurden vor Drucklegung sorgfältig geprüft. Der Verlag übernimmt keine Gewähr für die Aktualität und den Inhalt dieser Adressen und Dateien oder solcher, die mit ihnen verlinkt sind.

1. Auflage, 2. Druck 2022

©2015 Cornelsen Schulverlage, Berlin
©2022 Cornelsen Verlag, GmbH Berlin

Das Werk und seine Teile sind urheberrechtlich geschützt.
Jede Nutzung in anderen als den gesetzlich zugelassenen Fällen bedarf der vorherigen schriftlichen Einwilligung des Verlages.
Hinweis zu §§ 60 a, 60 b UrhG: Weder das Werk noch seine Teile dürfen ohne eine solche Einwilligung an Schulen oder in Unterrichts- und Lehrmedien (§ 60 b Abs. 3 UrhG) vervielfältigt, insbesondere kopiert oder eingescannt, verbreitet oder in ein Netzwerk eingestellt oder sonst öffentlich zugänglich gemacht oder wiedergegeben werden. Dies gilt auch für Intranets von Schulen.

Druck und Bindung: Livonia Print, Riga

ISBN: 978-3-06-451175-0

PEFC zertifiziert
Dieses Produkt stammt aus nachhaltig bewirtschafteten Wäldern und kontrollierten Quellen.
www.pefc.de

VORWORT / AUTORENVORSTELLUNG

Liebe Auszubildende des sozialpädagogischen Bereiches,

Sie haben sich für einen Beruf entschieden, bei dem die Arbeit mit Kindern im Vordergrund steht. Auf den ersten Blick richtet sich der Fokus Ihrer alltäglichen Tätigkeit zuerst immer auf den Bildungs-, Betreuungs- und Erziehungsauftrag.

Welche Rolle dabei die Hauswirtschaft spielt, ist vielen Auszubildenden vorerst nicht bewusst. Einige fragen sich vielleicht, was das überhaupt mit dem Beruf zu tun hat. Dabei stellen vor allem bei der Alltagsgestaltung Grundlagen über Ernährung, Versorgung, Reinigung, Raumgestaltung, Blumen-, Wäsche- und Textilpflege zentrale Inhalte Ihrer Arbeit dar.

Um diese Bereiche aktiv mit den Kindern bei der Ausgestaltung Ihrer sozialpädagogischen Tätigkeiten umsetzen zu können, soll das folgende Buch ein Helfer für Sie sein. Es umfasst das grundlegende Fachwissen der einzelnen Bereiche der Hauswirtschaft sowie zahlreiche praxisnahe Beispiele, die den Transfer des Wissens in die Praxis erleichtern sollen. Wichtige und zusammenfassende Inhalte werden für Sie gesondert hervorgehoben. Die zahlreichen Querverweise sollen Ihnen helfen, den Zusammenhang der einzelnen Inhalte besser nachvollziehen und anwenden zu können. Verschiedene Internetlinks und der Kasten „Zum Weiterdenken" soll es Ihnen ermöglichen, bestimmte Themen weiterzudenken und selbstständig zu vertiefen.

Wir wünschen Ihnen, dass Sie mithilfe des Buches die Hauswirtschaft als wichtigen Teilbereich sozialpädagogischer Tätigkeiten verstehen lernen und es Ihnen Spaß macht, die Theorie praktisch umzusetzen.

An dieser Stelle möchten wir uns herzlich bei den Mitarbeitern des Cornelsen Verlages für die sehr gute redaktionelle Zusammenarbeit bedanken.

Nicht zuletzt gilt ein großer Dank unseren Familien und Freunden für ihre Geduld und Rücksichtnahme während der Entstehung des Buches.

Tina Mauersberger-Kolibius
Bianca Hempel

Leipzig / Berlin, August 2015

Bianca Hempel • Jg. 1977
Technikerin für Hauswirtschaft und Ernährung, Meisterin der städtischen Hauswirtschaft, Fachlehrerin an der Berufsfachschule für Pflegehilfe und Sozialwesen Torgau

Tina Mauersberger-Kolibius • Jg. 1981
Master of Arts (Sozialpädagogik, Psychologie, Soziologie), Fachlehrerin an der Berufsfachschule für Pflegehilfe und Sozialwesen Torgau und an der Ruth-Pfau-Schule (Berufliches Schulzentrum für Gesundheit und Soziales) in Leipzig

INHALT

I Grundlagen der Hauswirtschaft

1 HAUSWIRTSCHAFT IM SOZIALPÄDAGOGISCHEN BERUFSFELD 12

1.1	Hauswirtschaftliche Tätigkeiten im sozialpädagogischen Bereich	13
1.2	Stellenwert von hauswirtschaftlichen Tätigkeiten in pädagogischen Einrichtungen	14
1.2.1	Bewältigung von hauswirtschaftlichen Tätigkeiten	14
1.2.2	Hauswirtschaftliche Fachkräfte in sozialpädagogischen Einrichtungen	15
1.2.3	Hauswirtschaftliche Tätigkeiten in der Kindertagespflege	16
1.3	Beobachtungen von hauswirtschaftlichen Tätigkeiten und Aktivitäten	16
1.3.1	Unterschied zwischen privaten und einrichtungsbezogenen hauswirtschaftlichen Tätigkeiten	16
1.3.2	Möglichkeiten zur Einbindung von Kindern in hauswirtschaftliche Tätigkeiten	17

2 ÜBER ERNÄHRUNG BESCHEID WISSEN 18

2.1	Der Ernährungskreis	19
2.2	Grundregeln der gesunden Ernährung	20
2.3	Die Bestandteile der Lebensmittel	22
2.3.1	Fette	23
2.3.2	Eiweiß	26
2.3.3	Kohlenhydrate	28
2.3.4	Mineralstoffe	30
2.3.5	Vitamine	32
2.3.6	Wasser	34
2.4	Wie viel Energie brauche ich?	35
2.4.1	Den Nährstoffbedarf berechnen	36
2.4.2	Den Gesamtenergiebedarf berechnen	37
2.5	Der Body-Mass-Index	40
2.5.1	Der BMI bei Erwachsenen	40
2.5.2	Der BMI bei Kindern und Jugendlichen	41
2.6	Verschiedene Ernährungsformen	42
2.6.1	Vollwertkost	42
2.6.2	Vegetarische Kost	43
2.6.3	Trennkost	43
2.6.4	Makrobiotische Kost	44
2.6.5	Schnitzer-Kost	44
2.7	Ernährung unter besonderen Bedingungen	45
2.7.1	Lebensmittelallergien und Unverträglichkeiten	45
2.7.2	Ernährung bei bestimmten Erkrankungen	46
2.8	Kulturelle Unterschiede in der Ernährung	49
2.8.1	Unterschiedliche Essgewohnheiten in Europa	49
2.8.2	Essgewohnheiten in anderen Erdteilen	50
2.8.3	Ein Beispiel: Die türkische Esskultur	52

INHALT

3 KINDER VERSORGEN KÖNNEN — 54

3.1 Der Einkauf — 54
- 3.1.1 Tipps für den Einkauf — 54
- 3.1.2 Einkaufsmöglichkeiten — 56
- 3.1.3 Einkaufen mit Kindern — 57
- 3.1.4 Gütezeichen (Öko-Siegel) — 57

3.2 Lebensmittel richtig lagern — 58
- 3.2.1 Vorratshaltung — 58
- 3.2.2 Der Kühlschrank — 59
- 3.2.3 Der Vorratsschrank — 60

3.3 Techniken der Speisenzubereitung — 61
- 3.3.1 Küchentechnische Fachbegriffe — 61
- 3.3.2 Saisonkalender für Obst und Gemüse — 62
- 3.3.3 Portionsgrößen — 63
- 3.3.4 Speisen herstellen — 63

3.4 Verluste und Preise berechnen — 68
- 3.4.1 Schäl- und Bratverlust — 68
- 3.4.2 Verluste und Preisberechnung anhand eines Menüs — 69

3.5 Säuglinge bis zum ersten Lebensjahr versorgen — 70
- 3.5.1 Das Stillen — 70
- 3.5.2 Flaschennahrung — 71
- 3.5.3 Zubereitung von Breien und Kindergerichten — 72

3.6 Kleinkinder im zweiten und dritten Lebensjahr versorgen — 75
- 3.6.1 Das gemeinsame entspannte Essen — 75
- 3.6.2 Mahlzeitenverteilung: fünf Portionen am Tag — 76

3.7 Kindergartenkinder versorgen — 79

3.8 Hortkinder versorgen — 84
- 3.8.1 Der Start in den Tag — 84
- 3.8.2 Das Pausenbrot und das richtige Getränk — 85
- 3.8.3 Fast Food — 86

3.9 Speisen aus anderen Kulturen zubereiten — 88

3.10 Den Tisch eindecken — 90

3.11 Die Verpflegung in der Kindertageseinrichtung — 91
- 3.11.1 Das Verpflegungskonzept — 91
- 3.11.2 Verpflegungssysteme in der Kindertageseinrichtung — 91

3.12 Rechtliche Vorschriften für die Speisenzubereitung — 93
- 3.12.1 Lebensmittel- und Hygienerecht — 93
- 3.12.2 Das HACCP-Konzept — 94

3.13 Hygienische Anforderungen an die Speisenzubereitung — 94
- 3.13.1 Individualhygiene — 95
- 3.13.2 Lebensmittelhygiene — 96
- 3.13.3 Die fünf Schlüssel der Weltgesundheitsorganisation — 97

INHALT

4 RÄUME EINRICHTEN UND GESTALTEN — 98

4.1 Hauswirtschaftliche Räume einrichten — 99
- 4.1.1 Die Küche — 99
- 4.1.2 Der Vorratsraum — 100
- 4.1.3 Der Hausarbeitsraum — 100
- 4.1.4 Hauswirtschaftliche Räume in pädagogischen Einrichtungen — 100

4.2 Räume für Kinder gestalten — 101
- 4.2.1 Räume flexibel gestalten — 102
- 4.2.2 Farben auswählen — 103
- 4.2.3 Mit Tapeten gestalten — 104
- 4.2.4 Die Beleuchtung auswählen — 104
- 4.2.5 Den Fußbodenbelag auswählen — 107
- 4.2.6 Möbel auswählen — 108
- 4.2.7 Räume dekorieren — 109

5 HAUSWIRTSCHAFTLICHE RÄUME REINIGEN — 110

5.1 Die Haushaltsreinigung — 110
- 5.1.1 Die unterschiedlichen Reinigungsarten — 111
- 5.1.2 Die Reinigungsfaktoren — 112
- 5.1.3 Die Reinigungsmittel — 112
- 5.1.4 Die Reinigungsverfahren — 113
- 5.1.5 Verschiedene Materialien reinigen — 114

5.2 Sauberkeit und Hygiene in sozialpädagogischen Einrichtungen — 115
- 5.2.1 Der Hygieneplan — 115
- 5.2.2 Der Reinigungsplan — 116
- 5.2.3 Händehygiene als Grundlage des Miteinanders — 116
- 5.2.4 Hygiene in Küchenberelchen — 117
- 5.2.5 Hygiene in Gemeinschaftsräumen und im Außenbereich — 118
- 5.2.6 Hygiene in Sanitärbereichen — 118
- 5.2.7 Hygiene im Umgang mit Tieren — 119

6 WÄSCHE UND TEXTILIEN RICHTIG PFLEGEN — 120

6.1 Der Waschvorgang — 120
- 6.1.1 Die Wäsche vorsortieren — 120
- 6.1.2 Die Wäsche vorbehandeln — 122
- 6.1.3 Das Waschmittel und das Waschprogramm auswählen — 123
- 6.1.4 Die Waschmaschine — 124

6.2 Textilien schrankfertig machen — 125
- 6.2.1 Textilien trocknen — 125
- 6.2.2 Textilien bügeln — 126
- 6.2.3 Legen von Textilien — 127

6.3 Gemeinsam mit Kindern Wäsche und Textilien pflegen — 128

INHALT

7 TEXTILIEN VERARBEITEN KÖNNEN — 130

- 7.1 Das Grundsortiment zum Nähen — 130
- 7.2 Grundbegriffe der Textilarbeit — 132
- 7.3 Das Nähen mit einer Maschine — 133
  - 7.3.1 Aufbau der Nähmaschine — 133
  - 7.3.2 Der Oberfaden — 133
  - 7.3.3 Der Unterfaden — 134
  - 7.3.4 Maschinennähte — 134
- 7.4 Das Nähen mit der Hand — 136
  - 7.4.1 Heftstich — 137
  - 7.4.2 Steppstich — 137
  - 7.4.3 Schlingstich — 137
  - 7.4.4 Kreuzstich — 138
  - 7.4.5 Hexenstich — 138
  - 7.4.6 Kettenstich — 138
- 7.5 Verschlüsse — 138
  - 7.5.1 Knöpfe annähen — 139
  - 7.5.2 Klettverschluss — 140
- 7.6 Wir nähen selbst — 140
  - 7.6.1 Mit Kindern gemeinsam nähen: Rucksack-Freizeitbeutel mit Tasche — 140
  - 7.6.2 Das selbst genähte Muttertagsgeschenk — 143

8 BLUMEN PFLEGEN KÖNNEN — 144

- 8.1 Pflanzen in unseren vier Wänden — 144
  - 8.1.1 Der richtige Einkauf — 145
  - 8.1.2 Die Bedürfnisse von Zimmerpflanzen kennen — 146
  - 8.1.3 Schädlinge an Zimmerpflanzen — 148
- 8.2 Pflege von Schnittblumen — 149
- 8.3 Pflanzenvielfalt in Garten und Natur — 149
  - 8.3.1 Pflanzen und Blumen in den Jahreszeiten — 150
  - 8.3.2 Rezepte aus der Natur — 152
- 8.4 Blumenpflege mit Kindern durchführen — 153

9 FESTE UND FEIERTAGE GESTALTEN — 154

- 9.1 Schritte der Umsetzung — 154
- 9.2 Die Vorplanung — 155
- 9.3 Die Vorbereitung — 156
  - 9.3.1 Die fünf Kriterien eines festlich gedeckten Tisches — 156
  - 9.3.2 Festliches Dekorieren — 161
- 9.4 Die Durchführung — 163
- 9.5 Die Nachbereitung — 163
- 9.6 Ein Beispiel: Das Sommerfest — 164

INHALT

II Weiterführende Themen der Hauswirtschaft

1 UNFÄLLE VERMEIDEN — 170

1.1	Unfälle im Haushalt vermeiden	170
1.2	Sicherheitszeichen	172
1.2.1	Gefahrenpiktogramme	172
1.2.2	Verbotszeichen	172
1.2.3	Rettungs- und Fluchtwegszeichen	172
1.3	Unfälle im Kindesalter	173
1.4	Maßnahmen zur Unfallverhütung	174
1.4.1	Unfälle in Innenräumen verhüten	174
1.4.2	Unfälle beim Kochen und gemeinsamen Essen verhüten	175
1.4.3	Unfälle beim Schlafen verhüten	176
1.4.4	Unfälle beim Spielen verhüten	176
1.4.5	Unfälle beim Wickeln verhüten	177
1.4.6	Unfälle im Außengelände verhüten	177
1.4.7	Unfälle unterwegs und auf dem Spielplatz verhüten	177
1.4.8	Unfälle beim Umgang mit Tieren verhüten	178
1.5	Sicherheitsartikel	178
1.6	Sicherheitserziehung mit Kindern	179

2 UMWELTBEWUSST DENKEN UND HANDELN — 180

2.1	Umweltgerechtes Verhalten im Haushalt	180
2.1.1	Was bedeutet umweltgerechtes Verhalten?	180
2.1.2	Tipps für umweltgerechtes Verhalten	180
2.2	Sichtbar Energie sparen	183
2.3	Abfälle richtig entsorgen	184
2.4	Umwelterziehung mit Kindern	184
2.4.1	Das Haus der Umwelterziehung	185
2.4.2	Umwelterziehung mit Kindern praktisch umsetzen	186

3 DIE ARBEIT KOORDINIEREN — 188

3.1	Zeitmanagement verstehen	188
3.1.1	Was heißt Zeitmanagement?	188
3.1.2	Zeitmangel ergründen – Zeitdiebe erkennen	189
3.1.3	Vorteile von Zeitmanagement	190
3.1.4	Nachteile von Zeitmanagment	190
3.2	Zeitmanagement umsetzen	191
3.2.1	Der Regelkreis	191
3.2.2	Tipps für die alltägliche Anwendung	194
3.3	Arbeitspläne in sozialpädagogischen Einrichtungen erstellen	195

INHALT

III Lernsituationen und Aufgaben

LERNSITUATION 1 — 198
„Wir tanzen mit den Vitaminen"

LERNSITUATION 2 — 200
„Eine neue Küche für die Kinder"

LERNSITUATION 3 — 202
„Auf der Erde sind wir Gäste"

Anhang

STICHWORTVERZEICHNIS — 204
BILDQUELLENVERZEICHNIS — 209

Grundlagen der Hauswirtschaft

S. 12–17
Hauswirtschaft im sozialpädagogischen Berufsfeld
Hauswirtschaftliche Tätigkeiten im sozialpädagogischen Berufsfeld kennenlernen

Über Möglichkeiten zur Einbindung von Kindern in hauswirtschaftliche Tätigkeiten Bescheid wissen

1

2

S. 18–53
Über Ernährung Bescheid wissen
Grundregeln der gesunden Ernährung anwenden können

Bestandteile der Lebensmittel und Nährstoffbedarfe kennen

Besondere Ernährungsgewohnheiten berücksichtigen können

S. 54–97
Kinder versorgen können
Über Einkauf und Lagerung von Lebensmitteln Bescheid wissen

Techniken der Speisenzubereitung kennenlernen

Mit Kindern Speisen zubereiten

3

4

S. 98–109
Räume einrichten und gestalten
Hauswirtschaftliche Räume einrichten

Räume für Kinder gestalten und dekorieren

5

S. 110–119
Hauswirtschaftliche Räume reinigen
Verschiedene Reinigungsverfahren kennenlernen

Sauberkeit und Hygiene in sozialpädagogischen Einrichtungen umsetzen können

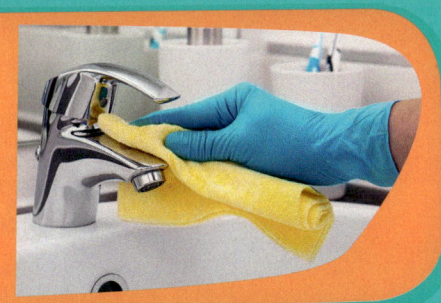

6

S. 120–129
Wäsche und Textilien richtig pflegen
Den Waschvorgang durchführen können

Gemeinsam mit Kindern Wäsche und Textilien pflegen

7

S. 130–143
Textilien verarbeiten können
Grundsortiment und Grundbegriffe der Textilarbeit kennenlernen

Nähprojekte mit Kindern umsetzen

8

S. 144–153
Blumen pflegen können
Pflanzen und deren Bedürfnisse kennenlernen

Blumenpflege mit Kindern durchführen

9

S. 154–167
Feste und Feiertage gestalten
Feste planen, durchführen und nachbereiten können

Möglichkeiten zur Dekoration und Tischgestaltung kennenlernen

GRUNDLAGEN DER HAUSWIRTSCHAFT

1 HAUSWIRTSCHAFT IM SOZIALPÄDAGOGISCHEN BERUFSFELD

Vielleicht haben Sie sich die gleiche Frage gestellt, warum Hauswirtschaft ein wichtiger Bestandteil in pädagogischen Berufen ist. Im Alltag kommt man mit zahlreichen hauswirtschaftlichen Tätigkeiten in Berührung. Solche Tätigkeiten fangen bereits mit dem Aufstehen an. Das Zubereiten und Wegräumen des Frühstücks, das Abspülen des Geschirrs, das Lüften des Zimmers oder das Bügeln der Bluse – diese Tätigkeiten und noch viele mehr zählen zum Bereich Hauswirtschaft. Im pädagogischen Arbeitsfeld steht das Kind mit seiner Förderung und Betreuung im Mittelpunkt. Aber darüber hinaus sollte man nicht vergessen, dass verschiedene hauswirtschaftliche Aufgaben erledigt werden müssen. Häufig werden diese auf den ersten Blick nicht so bewusst wahrgenommen.

BEISPIEL Das Praktikum von Tijen im integrativen Kindergarten „Glücksbärchen" beginnt. Bei der Einweisung erklärt die Leiterin, dass Tijen die nächsten Wochen im Vorschulbereich tätig sein wird und den Frühdienst hat. Sie wird auch damit beauftragt, täglich die Brötchen für das Frühstück mitzubringen. Doch die Woche beginnt für Tijen chaotisch. Ihr Wecker hat gestreikt und es regnet. Schnell besorgt sie die Brötchen und kommt in letzter Minute in der Kita an. Dort warten bereits die Kinder auf sie. Alle wollen bei den Vorbereitungen des Frühstücks helfen. Ohne sich auszuziehen, stürmen die Kinder in den Gruppenraum und hinterlassen einen schmutzigen Boden. Bei der Zubereitung bemerkt Tijen, dass der Abwasch von der Nachmittagsmahlzeit nicht ganz erledigt worden ist.
Jetzt, wo alle am gedeckten Tisch sitzen, stellt Tijen fest, dass Sie bereits eingekauft, den Boden gewischt, den Abwasch erledigt und mit den Kindern den Tisch gedeckt hat.

1.1 Hauswirtschaftliche Tätigkeiten im sozialpädagogischen Bereich

Das ›Berufsbild‹ der sozialpädagogischen Fachkraft ist bundeslandspezifisch geregelt. Betrachtet man allerdings die einzelnen Lehrpläne genauer, so lassen sich viele gemeinsame hauswirtschaftliche Inhalte finden.

KP Berufsbild → S. 20

Die Abbildung verdeutlicht, wie intensiv die Hauswirtschaft in den sozialpädagogischen Einrichtungen integriert ist. Diese Inhalte werden in den folgenden Kapiteln näher beleuchtet, weil die Verbindung zwischen Erziehung, Betreuung und den alltäglichen Aufgaben in der beruflichen Praxis eine Herausforderung darstellt.

| Die Hauswirtschaft ist allgegenwärtig.

Abb. 1.1 Hauswirtschaftliche Tätigkeiten sind vielfältig.

I GRUNDLAGEN DER HAUSWIRTSCHAFT

1.2 Stellenwert von hauswirtschaftlichen Tätigkeiten in pädagogischen Einrichtungen

 Praktikum → S. 32

Während der ›praktischen Ausbildung‹ in einer Kindertageseinrichtung bekommen Lernende einen Einblick, wie das Team die alltäglichen hauswirtschaftlichen Aufgaben bewältigt. Im pädagogischen Handlungsfeld begegnen sich nicht nur Erzieher, sondern auch andere zahlreiche Berufsgruppen. In der Praxis reicht die Bandbreite vom selbstständigen Erledigen aller anfallenden Arbeiten durch eine hauswirtschaftliche Fachkraft bis hin zur völligen Vergabe dieser Arbeiten an Dienstleistungsunternehmen.

1.2.1 Bewältigung von hauswirtschaftlichen Tätigkeiten

Die nachstehende Tabelle zeigt beispielhaft, wie in der Praxis die täglich anfallenden hauswirtschaftlichen Tätigkeiten in drei verschiedenen Einrichtungen umgesetzt werden.

	Einrichtung 1	Einrichtung 2	Einrichtung 3
Reinigung des Sanitärbereiches Wischen der Räume	Erfolgt einmal am Tag durch eine Reinigungsfirma.	Erfolgt einmal am Tag durch eine Reinigungsfirma.	Dafür ist täglich eine hauswirtschaftliche Fachkraft zuständig.
Geschirrspülen	Im Untergeschoss steht eine Küche, im Stil eines Privathaushaltes, zur Verfügung. Das Abwaschen erfolgt durch eine Teilzeitkraft.	Eine Küche im Großküchenstil steht zur Verfügung. Das Abwaschen erfolgt durch eine Köchin.	Die Zuständigkeit liegt bei den Kindern.
Staubwischen/ Reinigung des Gruppenraumes	Bindet die pädagogische Fachkraft im Alltag mit ein.	Bindet die pädagogische Fachkraft im Alltag mit ein.	Bindet die pädagogische Fachkraft im Alltag mit ein.
Waschen von Decken und Geschirrhandtüchern	Erfolgt in der Kita durch die pädagogischen Fachkräfte.	Erfolgt in der Kita durch die pädagogischen Fachkräfte (außer Geschirrhandtücher).	Erfolgt in der Kita durch die pädagogischen Fachkräfte.
Personenbezogene Handtücher/ Schlafsachen	Werden am Ende der Woche den Eltern zum Waschen mit nach Hause gegeben.	Das Waschen von Hand- und Geschirrtüchern erfolgt durch ein Dienstleistungsunternehmen. Schlafsachen werden am Ende der Woche den Eltern zum Waschen mitgegeben.	Hier werden Einmalhandtücher verwendet. Schlafsachen werden am Ende der Woche den Eltern zum Waschen mitgegeben.
Bettwäsche	Es erfolgt am Ende des Monats ein Bettwäschewechsel. Die Bettwäsche wird jeweils von den Eltern gewaschen.	Erfolgt durch ein Dienstleistungsunternehmen.	Es erfolgt am Ende des Monats ein Bettwäschewechsel. Die Bettwäsche wird jeweils von den Eltern gewaschen.
Verpflegung	Für die Verpflegung, ausgenommen das Mittagessen, sind die Eltern zuständig.	Wird als „Vollverpflegung" angeboten; alle Mahlzeiten werden frisch in der Einrichtung zubereitet.	Das Frühstück wird dem Kind mitgegeben. Das Mittagessen wird von einem beauftragten Unternehmen geliefert.
Kosten	Pro Mittagessen wird ein Betrag von 1,89 € fällig.	Für Frühstück, Zwischenmahlzeiten und Mittagessen wird monatlich ein Betrag von 50,– € fällig.	Für das Mitbringen von Obst und Vesper ist jeweils wöchentlich eine andere Familie zuständig. Pro Mittagessen 2,19 €.
Getränke	Quartalsweise wird ein Betrag von 3,– € eingesammelt.	Ein Betrag von monatlich 5,– € wird fällig.	Stellt die Einrichtung kostenlos zur Verfügung.

Tab. 1.2 Möglichkeiten zur Organisation von hauswirtschaftlichen Tätigkeiten

Die Umsetzung der täglich anfallenden Arbeiten hängt stark ab
- von der Größe der Einrichtung,
- vom Budget,
- von den Räumlichkeiten und
- von der Ausstattung der Räume.

1.2.2 Hauswirtschaftliche Fachkräfte in sozialpädagogischen Einrichtungen

Nach einer Studie der Bertelsmann Stiftung, die an verschiedenen Kindertageseinrichtungen durchgeführt wurde, beschäftigt jede dritte Einrichtung eine hauswirtschaftliche Fachkraft. Sie übernimmt die Reinigung der Räume, die Wäschepflege und die Zubereitung der Mahlzeiten. Sie kann spontan und individuell auf aktuelle Ereignisse reagieren.

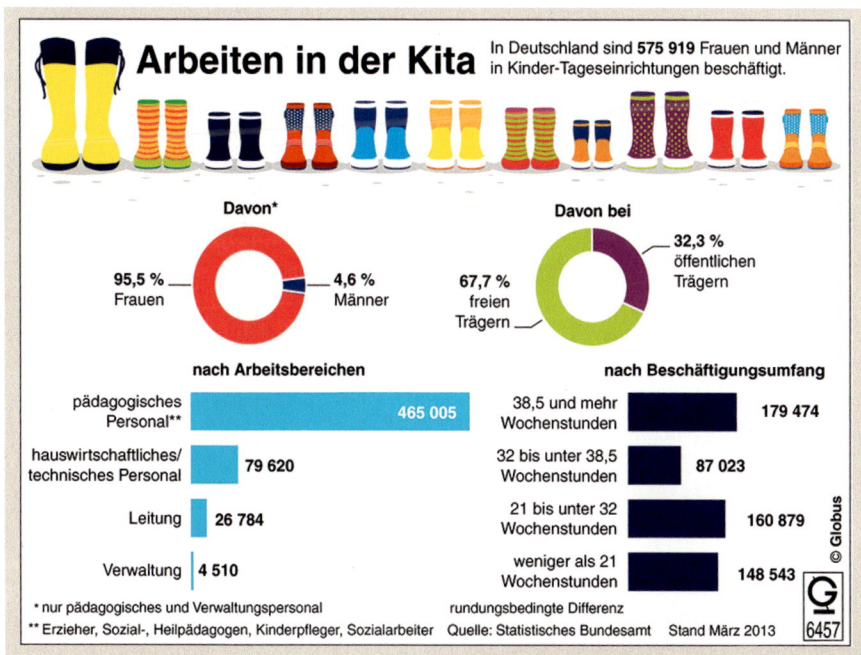

Die Ergebnisse und vieles mehr zur Studie, die auch Aspekte zur Versorgung in Kindertageseinrichtungen beleuchtet hat, können Sie nachlesen unter:

www.bertelsmann-stiftung.de/publikationen

„Is(s)t KiTa gut?"

Abb. 1.3 Hauswirtschaftliches Personal in der Kita im Vergleich zum pädagogischen Personal

Hauswirtschaftliche Fachkräfte können Kindertageseinrichtungen durch ihre breitgefächerte Ausbildung professionell unterstützen. Außerdem lernen die Kinder, dass hauswirtschaftliche Tätigkeiten zum Alltag dazugehören.

Ein weiterer Vorteil der zur Einrichtung gehörenden hauswirtschaftlichen Fachkraft ist, dass diese die Kinder leichter in ihre Tätigkeiten einbinden kann als ein externes Dienstleistungsunternehmen.

Abb. 1.4 Kinder lernen von Anfang an, dass hauswirtschaftliche Tätigkeiten zum Alltag gehören.

GRUNDLAGEN DER HAUSWIRTSCHAFT

1.2.3 Hauswirtschaftliche Tätigkeiten in der Kindertagespflege

Bei der Tätigkeit als Tagespflegeperson muss man ebenso über hauswirtschaftliches Wissen verfügen. Die Räumlichkeiten, in denen die Kinder betreut werden, müssen gepflegt und sauber sein. Ein Dienstleistungsunternehmen wird aufgrund der geringen Größe eher nicht engagiert. Oft findet die Betreuung der Kinder in den privaten Wohnräumen statt. Die Tagesmutter oder der Tagesvater übernimmt außerdem die Versorgung der Kinder. In den meisten Fällen kochen sie sogar selbst. Allein diese Tatsache erfordert Kenntnisse über ›Ernährung‹ und ›Hygiene‹.

Ernährung → S. 18
Hygiene → S. 115

> **BEISPIEL** Der Tagespflegevater Sven betreut täglich fünf Kinder. Er bietet Vollverpflegung an. Nach der Betreuungszeit geht er die benötigten Lebensmittel einkaufen. Wenn möglich, kocht er das Essen für den nächsten Tag vor, z. B. einen Eintopf, oder tätigt Vorbereitungsarbeiten, z. B. Zubereitung der Quarkspeise.

1.3 Beobachtungen von hauswirtschaftlichen Tätigkeiten und Aktivitäten

Das Beobachten von hauswirtschaftlichen Tätigkeiten und Abläufen beginnt bereits im Kindesalter. Jeder hat bewusst als auch unbewusst im elterlichen Haushalt beobachtet, wie z. B. die Mutter kocht, reinigt oder wäscht. Je älter das Kind ist, umso mehr kann es auch im Haushalt mit eingebunden werden.

1.3.1 Unterschied zwischen privaten und einrichtungsbezogenen hauswirtschaftlichen Tätigkeiten

Es gibt allerdings einen Unterschied zwischen privatem Haushalt und pädagogischer Einrichtung: Im Privathaushalt hält jeder seine Wohnung so in Ordnung, wie er es selbst für richtig hält. Die Einstellung zu Sauberkeit und Ordnung wird meist von den eigenen Eltern übernommen. Das heißt, es wird so agiert, wie es beobachtet und gelernt wurde.

Beim Arbeiten mit Kindern in pädagogischen Einrichtungen reicht dieses beobachtete Wissen nicht aus. Hier gibt es ›hygienische Standards‹ und Vorgaben, an die sich gehalten werden muss. Darüber hinaus sollte immer beachtet werden, dass die pädagogische Fachkraft sowohl bewusst als auch unbewusst von den Kindern beobachtet wird.

hygienische Standards → S. 115

> **BEISPIEL** Maria arbeitet als pädagogische Fachkraft in einer Kindertagesstätte. Als die Kinder beim Malen mit Farbe den Farbtopf auf den Boden werfen, greift Maria spontan zum Wischeimer, in dem sich das Spültuch für das Abwischen der Tische befindet, und reinigt damit den Boden. Einige Tage später rennt Moritz aus Marias Gruppe mit seinen schlammigen Schuhen durch die Garderobe. Als er sein Missgeschick bemerkt, holt er schnell den Wischeimer für die Tische und wischt mit dem Spültuch den Schlamm weg.

Kinder ahmen Verhaltensweisen nach. Nicht immer wird das bewusst von der pädagogischen Fachkraft wahrgenommen. Aus diesem Grund muss diese auch beim Verrichten von hauswirtschaftlichen Tätigkeiten stets darauf achten, dass sie den Kindern ein Vorbild ist und die Aufgaben auf die richtige Art und Weise erledigt.

Abb. 1.5 und 1.6 Die Verhaltensweisen der Eltern werden nachgeahmt.

> Kinder beobachten bewusst als auch unbewusst hauswirtschaftliche Tätigkeiten.

1.3.2 Möglichkeiten zur Einbindung von Kindern in hauswirtschaftliche Tätigkeiten

Damit die Kinder frühzeitig bzw. spielerisch an die hauswirtschaftlichen Tätigkeiten herangeführt werden, gibt es verschiedene Möglichkeiten, sie einzubinden:
- Die Kinder können im Rahmen des Alltages in ihrem Gruppenraum Staub wischen.
- Die Kinder können die Geschirrspülmaschine ein- und ausräumen.
- Die Kinder helfen beim Bestücken des Servierwagens.
- Die Kinder entsorgen und trennen den Müll.
- Der Gruppenraum kann mit den Kindern ausgefegt werden.
- Die Kinder übernehmen das Gießen der Blumen.
- Die Kinder helfen beim Austauschen der Handtücher.

> Nur wenn Sie als pädagogische Fachkraft die Hauswirtschaft als einen wichtigen Teil Ihrer Arbeit begreifen, können Sie dies auch an die Kinder weitergeben.

Warum muss ich das für meinen Beruf wissen?

Die sozialpädagogische Fachkraft muss über ein umfangreiches hauswirtschaftliches Wissen verfügen: einerseits um selbst in der pädagogischen Einrichtung fachgerecht handeln zu können, andererseits stellt sie für die Kinder ein Vorbild dar.
Kinder ahmen Erwachsene bei allen Tätigkeiten stark nach und möchten gern helfen. Das kann sich die sozialpädagogische Fachkraft im Alltag zunutze machen.

2 ÜBER ERNÄHRUNG BESCHEID WISSEN

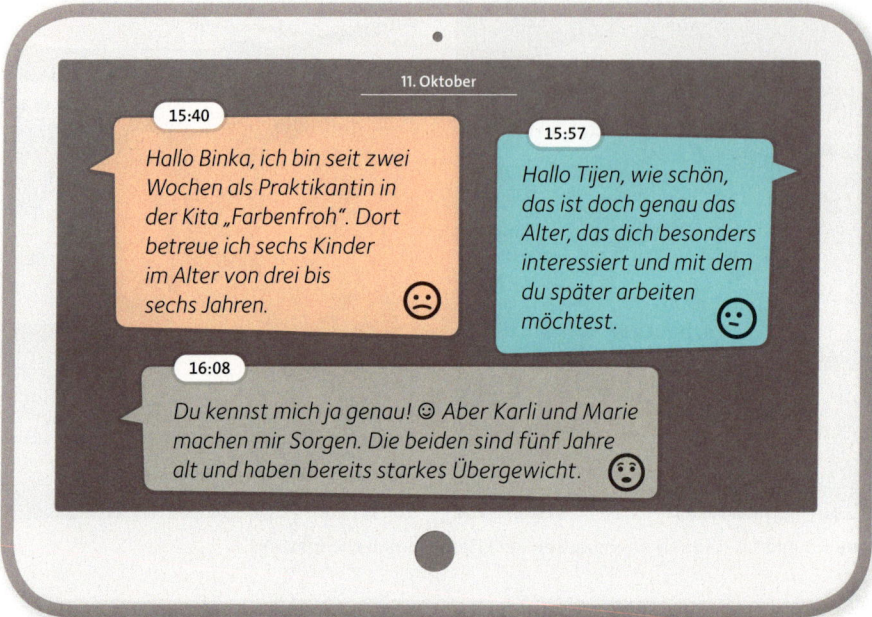

 Diese und weitere Daten zum Thema Ernährung finden Sie auf den Seiten des Bundesministeriums für Bildung und Forschung:

www.bmbf.de/archiv/newsletter/de/1033.php

Aktuelle Zahlen des Robert Koch-Instituts aus der Studie zur Gesundheit Erwachsener in Deutschland (DEGS) zeigen, dass in Deutschland zwei Drittel der Männer und über die Hälfte der Frauen übergewichtig sind. Das bedeutet, sie haben einen Body-Mass-Index (BMI) von über 25. Nach Daten aus der Studie zur Gesundheit sind über 6 % der Kinder im Alter ab drei Jahren fettleibig und 15 % adipös.

Diese Zahlen zeigen eine erschreckende Entwicklung. Das Bundesministerium für Bildung und Forschung hat außerdem nachgewiesen, dass rund ein Drittel der Kosten im Gesundheitswesen auf ernährungsbedingte Erkrankungen wie Diabetes mellitus, Adipositas und Herz-Kreislauf-Erkrankungen zurückzuführen sind.

Umfragen haben ergeben, dass die Deutschen eigentlich genau wissen, worauf es bei der Ernährung ankommt. Allerdings wird dieses Wissen aus Zeitmangel und zum Teil auch Bequemlichkeit im Alltag selten umgesetzt. Zudem zielt die Lebensmittelindustrie darauf ab, die Bedürfnisse der Verbraucher schnell und kostengünstig zu befriedigen.

Ballaststoffe → S. 29

> Die Deutschen essen zu kalorienreich, nehmen zu viel Zucker und zu wenig ›ballaststoffreiche‹ Lebensmittel zu sich und ernähren sich alles andere als gesund und ausgewogen. Die Tendenz, auf Fastfood zurückzugreifen, steigt Jahr für Jahr.

BEISPIEL Die Auszubildende Katarina schläft jeden Morgen bis zur letzten Minute. Um trotzdem den Bus zu schaffen und nicht zu spät zur Schule zu kommen, geht sie ohne Frühstück aus dem Haus. Wenn dann der Hunger kommt, bevorzugt sie das Schnellrestaurant um die Ecke.

Abb. 2.1 Die Deutschen essen immer mehr Fastfood

2.1 Der Ernährungskreis

Der Ernährungskreis der Deutschen Gesellschaft für Ernährung e. V. (DGE) dient als Wegweiser für eine vollwertige Ernährung. Er teilt das reichhaltige Lebensmittelangebot in sieben Gruppen ein und erleichtert so die tägliche Lebensmittelauswahl. Je größer ein Kreissegment ist, desto größere Mengen sollten täglich aus der Gruppe verzehrt werden. Lebensmittel aus kleinen Segmenten sollten sparsam verwendet werden. Für eine abwechslungsreiche Ernährung sollte die Lebensmittelvielfalt der einzelnen Gruppen genutzt werden.

Durch den täglichen anteilmäßigen Verzehr der aufgezeigten Lebensmittelgruppen kann sich jeder Mensch ausgewogen und vollwertig ernähren. So wird der Körper optimal versorgt und es treten keine Mangelerscheinungen auf. Dies trägt zum Wohlbefinden und zur Leistungsfähigkeit des Einzelnen bei. Auch können ernährungsbedingte Erkrankungen verhindert oder zumindest abgemildert werden.

Abb. 2.2 DGE-Ernährungskreis, Deutsche Gesellschaft für Ernährung e. V., Bonn

Lebensmittel	Orientierungswerte für Erwachsene
Gruppe 1: Getreide, Getreideprodukte, Kartoffeln	**täglich** 4–6 Scheiben (200–300 g) Brot oder 3–5 Scheiben (150–250 g) Brot und 50–60 g Getreideflocken **und** 1 Portion (200–250 g) Kartoffeln (gegart) **oder** 1 Portion (200–250 g) Nudeln (gegart) **oder** 1 Portion (150–180 g) Reis (gegart) Produkte aus Vollkorn bevorzugen
Gruppe 2: Gemüse und Salat	**täglich** mindestens 3 Portionen (400 g) Gemüse 300 g gegartes Gemüse und 100 g Rohkost/Salat **oder** 200 g gegartes Gemüse und 200 g Rohkost/Salat
Gruppe 3: Obst	**täglich** mindestens 2 Portionen (250 g) Obst
Gruppe 4: Milch und Milchprodukte	**täglich** 200–250 g fettarme Milch und Milchprodukte **und** 2 Scheiben (50–60 g) fettarmen Käse
Gruppe 5: Fleisch, Wurst, Fisch und Eier	**wöchentlich** 300–600 g fettarmes Fleisch (zubereitet) und fettarme Wurst **und** 1 Portion (80–150 g) fettarmen Seefisch (zubereitet) **und** 1 Portion (70 g) fettreichen Seefisch (zubereitet) **und** bis zu 3 Eier (inkl. verarbeitetes Ei)
Gruppe 6: Öle und Fette	**täglich** 10–15 g Öl (z. B. Raps-, Walnuss- oder Sojaöl) **und** 15–30 g Margarine oder Butter
Gruppe 7: Getränke	**täglich** rund 1,5 Liter, bevorzugt energiefreie/-arme Getränke

Tab. 2.3 Nach DGE empfohlene Auswahl an Lebensmitteln

GRUNDLAGEN DER HAUSWIRTSCHAFT

2.2 Grundregeln der gesunden Ernährung

Gesunde Ernährung ist einfacher umzusetzen, als man denkt. Als Hilfestellung hat die DGE hierfür zehn Grundregeln aufgestellt. Die meisten von ihnen können bereits beim Frühstück umgesetzt werden.

Abb. 2.4 Guter Start in den Tag: ein gesundes Frühstück

1. Regel: Vielseitig essen
Mit Vielseitigkeit ist gemeint, dass bewusst verschiedene Lebensmittel ausgewählt werden, die eine ausgewogene und abwechslungsreiche Ernährung ausmachen. Die ausgewählten Lebensmittel sollten sich gut ergänzen.

Kohlenhydrate → S. 28
Vitamine → S. 32
Mineralstoffe → S. 30
Ballaststoffe → S. 29
Mahlzeitenverteilung → S. 76

sekundäre Pflanzenstoffe → S. 23

2. Regel: Reichlich Getreideprodukte und Kartoffeln
Brot und Brötchen sind so auszuwählen, dass sie aus dem ganzen („vollen") Korn bestehen. Bei der Zubereitung von Kartoffeln sollten schonende Garverfahren angewendet werden. Am besten ist es, sie mit der Schale zu garen. So werden dem Körper nicht nur wertvolle ›Kohlenhydrate‹, sondern auch ›Vitamine‹, ›Mineralstoffe‹ und vor allem ›Ballaststoffe‹ zur Verfügung gestellt.

3. Regel: Gemüse und Obst „Nimm 5 am Tag"
Zu jeder ›Mahlzeit‹ sollen Obst oder Gemüse in verschiedenen Varianten angeboten werden. So wird der Körper mit vielen Vitaminen, Mineralstoffen, Ballaststoffen und ›sekundären Pflanzenstoffen‹ versorgt.

4. Regel: Täglich Milch und Milchprodukte, ein- bis zweimal in der Woche Fisch, Fleisch, Wurstwaren sowie Eier in begrenzten Mengen
Milch und Milchprodukte enthalten viel Kalzium. Fisch ist ein Lieferant von Jod und Omega-3-Fettsäuren. Fleisch und Wurstwaren weisen Mineralstoffe und Vitamine auf. Prinzipiell sind fettarme Lebensmittel zu bevorzugen.

5. Regel: Wenig Fett und fettarme Lebensmittel

Ebenso wie alle anderen Nährstoffe benötigt der Körper auch Fett im täglichen Leben. Es enthält ›essenzielle‹ Fettsäuren. Unser Körper kann fettlösliche Vitamine nur in Verbindung mit Fett aufnehmen. Da Fett aber auch ein hoher Energielieferant ist, wird empfohlen, auf fettarme Lebensmittel zurückzugreifen. Hier gilt der Grundsatz: Fett in Maßen aufnehmen und nicht in Massen.

Essenziell
bedeutet „lebensnotwendig". Essenzielle Stoffe können nicht vom Körper selbst produziert werden und müssen daher über die Nahrung aufgenommen werden.

6. Regel: Zucker und Salz in Maßen

Um den Zucker- und Salzkonsum einzuschränken (›Kohlenhydrate, Mineralstoffe‹), sollte der Eigengeschmack der Lebensmittel durch Kräuter oder Gewürze unterstützt werden. Weiterhin lässt sich die natürliche Süße von Lebensmitteln (z. B. Früchten) nutzen. Gegen einen gelegentlichen Verzehr von Zucker oder zuckerhaltigen Speisen ist nichts einzuwenden. Trotzdem ist darauf zu achten, dass viele Lebensmittel (auch versteckt) Zucker enthalten. Salz sollte in Verbindung mit Jod und Fluorid verwendet werden. Dabei ist die tägliche Menge von sechs Gramm nicht zu überschreiten.

Kohlenhydrate → S. 28,
Mineralstoffe → S. 30

7. Regel: Reichlich Flüssigkeit

Der Mensch hat einen Flüssigkeitsbedarf von täglich 1,5–2 Litern. Um diesen zu decken, ist es besonders wichtig, energiearme Getränke wie Tee, Wasser und Saftschorlen zu trinken. Zuckerhaltige und alkoholische Getränke sind als Durstlöscher nicht zu empfehlen und sollten nur in kleinen Mengen konsumiert werden.

8. Regel: Schmackhaft und schonend zubereiten

Bei der Zubereitung von Speisen sind vorzugsweise schonende ›Garverfahren‹ wie Dünsten und Dämpfen einzusetzen. Werden Lebensmittel frisch zubereitet und verzehrt, stehen die Nährstoffe dem Körper in ihrer natürlichen Form zur Verfügung. Durch langes Warmhalten oder falsch ausgewählte Garverfahren werden z. B. hitzeempfindliche Vitamine zerstört.

Garverfahren → S. 65

9. Regel: Sich Zeit nehmen und genießen

Hastiges Essen zwischendurch und nebenbei ist ungesund. Lässt man sich Zeit und genießt das ›Essen‹, wird das Sättigungsgefühl gefördert, welches erst nach ca. zwanzig Minuten einsetzt.

gemeinsames Essen → S. 75

10. Regel: Auf das Gewicht achten und in Bewegung bleiben

Jeder sollte sein Körpergewicht beobachten. Damit Körper und Geist leistungsfähig bleiben, müssen Ernährung, Bewegung und Körpergewicht eine Einheit bilden.

Die Extras in der Ernährung

Süßigkeiten oder Knabbergebäck werden weder im Ernährungskreis noch in den DGE-Regeln erwähnt. Diese „Extras" braucht der Körper nicht. Jeder weiß, dass sie ungesund sind, aber es fällt schwer, komplett darauf verzichten. Die Verzehrempfehlung liegt bei 10 % des ›Gesamtenergiebedarfs‹.

Gesamtenergiebedarf → S. 39

GRUNDLAGEN DER HAUSWIRTSCHAFT

Tipps für den Umgang mit Süßigkeiten und Knabbergebäck
- Richten Sie für jedes Familienmitglied eine Naschbox ein. Zu einem festen Zeitpunkt kann jeder eine vereinbarte Menge erhalten. Vorzugsweise sollte diese Naschzeit nach einer Hauptmahlzeit stattfinden. Größeren Kindern kann die Box tagsüber überlassen werden, sodass sie eigenverantwortlich über den Inhalt bestimmen können.
- Lassen Sie jedes Kind selbst seine Extras wählen. Der eine mag lieber Süßes, der andere eher Salziges.
- Erwachsene sind auch beim Naschen Vorbilder. Halten Sie sich selbst an die vereinbarten Regeln.
- Für alle Extras gilt: Genießen Sie diese, anstatt sie aus Frust oder Langeweile zu verzehren.
- Belohnen Sie sich selbst und die Kinder nie mit Süßigkeiten oder Knabbergebäck.

Kalorien → S. 35

> **BEISPIEL** Eine zwanzigjährige Frau hat einen Gesamtenergiebedarf von 2195 ›Kalorien‹ (Kcal) pro Tag. Ein dreijähriges Mädchen hat einen Bedarf von 711 Kcal. Zusätzlich dürfte die Zwanzigjährige täglich 219 Kcal in Form von Extras verzehren, die Dreijährige 71 Kcal.

Der Energiebedarf wird durch Süßigkeiten oder Knabbergebäck schnell erreicht.

> In der Ernährung ist grundsätzlich alles erlaubt. Für eine gesunde Ernährung muss allerdings das anteilige Verhältnis der entsprechenden Lebensmittelgruppen zueinander beachtet werden.

2.3 Die Bestandteile der Lebensmittel

Alle Lebewesen sind auf Nahrung angewiesen. Die darin enthaltenen Nährstoffe und Nahrungsinhaltsstoffe sind für den Körper z. T. lebensnotwendig.

Zu den **Nährstoffen** zählen:
- Fette
- Eiweiße
- Kohlenhydrate (besonders Ballaststoffe)
- Mineralstoffe
- Vitamine
- Wasser

Zu den **Nahrungsinhaltsstoffen** gehören auch die sekundären Pflanzenstoffe. Alle Bestandteile der Nahrung erfüllen im Körper verschiedene Aufgaben.

Nährstoffe	
Brennstoffe	Dazu gehören: **Fette** und **Kohlenhydrate**. Die Brennstoffe haben die Aufgabe, den Körper mit Energie zu versorgen. Weiterhin sind sie dafür zuständig, den Stoffwechsel und die Körpertemperatur aufrechtzuerhalten.
Baustoffe	Dazu gehören: **Eiweiße**, **Mineralstoffe** und **Wasser**. Die Baustoffe werden für die Zellerneuerung und den Zellaufbau im Körper benötigt.
Wirkstoffe	Dazu gehören: **Vitamine** und ›**Mineralstoffe**‹. Die Wirkstoffe bieten eine Schutzfunktion gegenüber Krankheiten. Außerdem regulieren sie Körpervorgänge und werden für den Aufbau des Körpers benötigt.
Nahrungsinhaltsstoffe	
Sekundäre Pflanzenstoffe, z. B. Carotinoide, Sulfide, Flavonoide, Glucosinolate, Phytosterine	Die sekundären Pflanzenstoffe bieten nicht nur der Pflanze selbst Schutz, sondern auch den Menschen. So kann das Risiko von Krebskrankheiten durch Carotinoide oder Glucosinolate (z. B. in Möhren enthalten) gesenkt werden. Sulfide, die z. B. in Knoblauch enthalten sind, können mit ihrer antimikrobiellen Wirkung das Wachstum von Bakterien hemmen. Außerdem beugen sie Ablagerungen von Cholesterin in den Arterien vor. Die Gruppe der Phytosterine, enthalten in Samen und Nüssen, kann den Cholesterinspiegel senken. Die Gruppe der Flavonoide, z. B. enthalten in Äpfeln oder roten Trauben, wirkt sich positiv auf die körpereigene Abwehr aus.

Mineralstoffe → S. 30

2.3.1 Fette

Fett ist ein wichtiger Nahrungsbestandteil und erfüllt folgende Aufgaben:
- Fett liefert dem Körper Energie. Dabei liegt der Energiegehalt bei 9 Kcal (37 KJ) pro g Fett.
- Gleichzeitig besitzt Fett eine Schutzfunktion: Es polstert unsere Organe.
- Fett dient als Kälteschutz und reduziert den Wärmeverlust.
- Durch Fett können die fettlöslichen ›Vitamine‹ A, D, E und K verwertet werden.
- Fett dient als Geschmacksträger.

Vitamine → S. 32

Die tägliche **Verzehrempfehlung** für Fett beträgt 30 % vom ›Gesamtenergiebedarf‹. Dabei sollten maximal 10 % gesättigte Fettsäuren sein. Die Aufnahme von Cholesterin sollte täglich 300 mg nicht übersteigen. Bei den Transfettsäuren sollte die tägliche Aufnahme von 1 % der Gesamtenergie nicht überschritten werden.

Gesamtenergiebedarf → S. 39

Abb. 2.5 Butter und Öl liefern Fett.

Der Aufbau der Fette

Fett besteht immer aus einem Molekül Glyzerin und drei Molekülen Fettsäure. Um das Fett für sich nutzen zu können, muss es der Körper zunächst in diese einzelnen Bestandteile aufspalten. Die Eigenschaften des Fetts werden von den Fettsäuren bestimmt und hängen von der jeweiligen Kettenlänge ab. Fettsäuren bestehen aus den chemischen Elementen Kohlenstoff (C), Wasserstoff (H) und Sauerstoff (O). Dabei wird unterschieden zwischen:

- gesättigten Fettsäuren
- einfach ungesättigten Fettsäuren
- mehrfach ungesättigten Fettsäuren

Gesättigte Fettsäuren besitzen die maximal mögliche Anzahl von Wasserstoffatomen an den Kohlenstoffatomen. Demzufolge sind sie gesättigt. Gesättigte Fettsäuren können im Körper aus Traubenzucker hergestellt werden. Sie kommen vor allem in fettreichem Fleisch, Geflügel, Wurstwaren, Schweineschmalz, Käse, Sahne, Butter, Kokosnussöl und Kakao vor. Besonders in tierischen Lebensmitteln ist das LDL-Cholesterin enthalten.

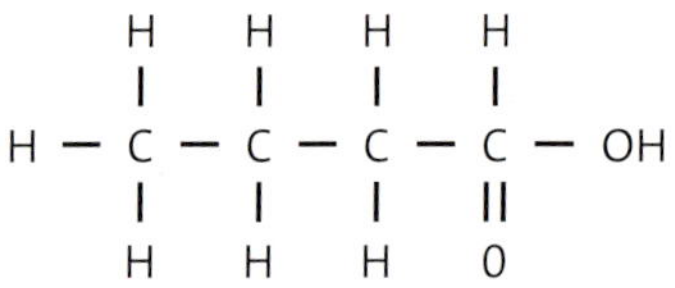

$$\begin{array}{c} H \quad H \quad H \quad H \\ | \quad | \quad | \quad | \\ H - C - C - C - C - OH \\ | \quad | \quad | \quad || \\ H \quad H \quad H \quad O \end{array}$$

Abb. 2.6 Chemische Struktur von Buttersäure

Bei **einfach ungesättigten Fettsäuren** liegt eine Doppelbindung zwischen zwei Kohlenstoffatomen vor. Dabei fehlt jeweils ein Wasserstoffatom. Einfach ungesättigte Fettsäuren sind in Raps- oder Olivenöl, in Nüssen und in Avocados zu finden. Sie enthalten das Cholesterin HDL.

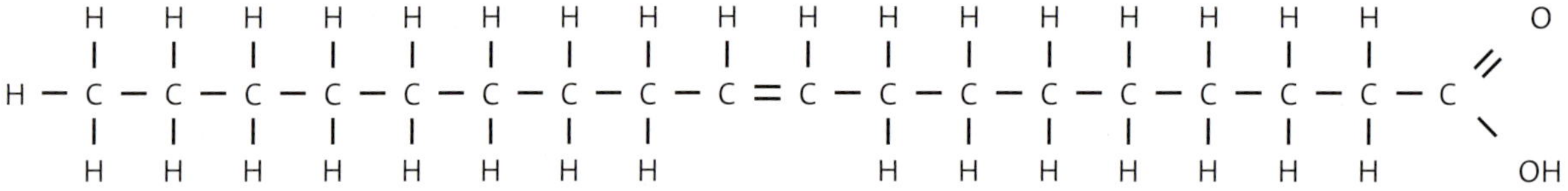

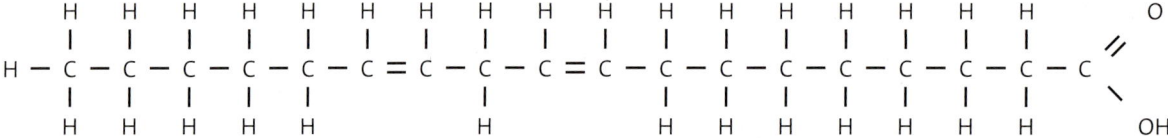

Abb. 2.7 Chemische Struktur von Ölsäure

essenziell → S. 21

Mehrfach ungesättigte Fettsäuren weisen mehrere Doppelbindungen zwischen den Kohlenstoffatomen auf. Außerdem enthalten sie sogenannte ›essenzielle‹ Fettsäuren. Diese kann der Körper nicht selbst herstellen, daher müssen sie über die Nahrung aufgenommen werden. Eine positive Eigenschaft der mehrfach ungesättigten Fettsäuren ist, dass sie den Cholesterinspiegel im Blut aktiv senken können.

Abb. 2.8 Chemische Struktur von Linolsäure

Omega-3-Fettsäuren sind vor allem in fettreichen Fischen wie Lachs, Hering, Makrele oder Thunfisch sowie in Walnuss-, Lein- und Rapsöl enthalten. **Omega-6-Fettsäuren** sind in Soja-, Distel-, Kürbiskern- und Maiskeimöl, Eigelb, Rindfleisch, Lachs und Makrele enthalten.

Cholesterin

Beim Cholesterin handelt es sich um eine fettähnliche Substanz. Damit solche Substanzen über das Blut transportiert werden können, benötigen sie eine Eiweißhülle. Durch die Verbindung von Cholesterin und Eiweißhülle entstehen die sogenannten **Lipoproteine (Lipo = Fett, Protein = Eiweiß)**. Je nach Zusammensetzung, Dichte und Größe entstehen z. B. das LDL-Cholesterin und das HDL-Cholesterin.

LDL-Cholesterin liegt in den gesättigten Fettsäuren vor. Wenn dieses Cholesterin in erhöhter Konzentration im Blut vorkommt, lagert es sich an den Gefäßwänden ab und kann zu einem Herzinfarkt oder einem Schlaganfall führen. In der Umgangssprache wird es daher „schlechtes Cholesterin" genannt.

In den einfach ungesättigten Fettsäuren liegt das **HDL-Cholesterin** vor. Dieses kann das LDL-Cholesterin aufnehmen und wieder zur Leber zurücktransportieren. Deshalb wird hier vom „guten Cholesterin" gesprochen.

Zusätzlich helfen die wasserlöslichen Ballaststoffe, den Cholesterinspiegel zu senken. Sie binden Gallensäure, die u. a. aus Cholesterin besteht. Mit der Gallensäure wird das Cholesterin zum Teil ausgeschieden. Somit gelangt weniger Cholesterin ins Blut und der Cholesterinspiegel sinkt.

Auch wenn das Cholesterin allgemein einen sehr schlechten Ruf hat, wird es dennoch vom Körper gebraucht. So wird es etwa bei der Bildung von zahlreichen Hormonen (Östrogen, Testosteron, Progesteron) benötigt. Ebenso ist es an der Fettverdauung in Form der Bildung der Gallensäure und von Vitamin D beteiligt. Cholesterin ist auch in den Zellwänden vorhanden, um deren Elastizität und Stabilität zu gewährleisten.

Lebensmittel wie Eigelb, Innereien, Gehirn, Schalen- und Krustentiere weisen einen hohen Cholesterinspiegel auf.

Transfettsäuren

Diese Säuren kommen einerseits in geringen Mengen in natürlicher Form vor, z. B. in Milch oder Fleisch von Wiederkäuern. Andererseits werden Öle industriell so verarbeitet, dass ein teilweise gehärtetes Fett entsteht. Dieses enthält gesättigte Fettsäuren, die den LDL-Cholesterinspiegel steigen lassen.

Transfettsäuren entstehen nur, wenn die Härtung des Fetts nicht vollständig durchgeführt wurde. Auch starkes Erhitzen von Ölen auf über 130 °C fördert deren Umwandlung in Transfettsäuren.

> Transfettsäuren müssen auf Lebensmittelverpackungen mit „teilweise gehärtet" oder als „gehärtete Pflanzenfette" kenntlich gemacht werden.

Anregungen für die positive Beeinflussung der Fettzufuhr:
- Wählen Sie fettarme Lebensmittel aus.
- Greifen Sie auf schonende ›Garverfahren‹ zurück, z. B. Dämpfen.
- Verzehren Sie möglichst wenig frittierte Speisen.
- Verwenden Sie hochwertige Pflanzenöle, am besten mit mehrfach ungesättigten Fettsäuren, z. B. Kürbiskern- oder Rapsöl.
- Gehen Sie mit Ölen oder Butter sparsam um.
- Achten Sie auf versteckte Fette, z. B. bei Streichwurst, Kuchen, Soßen.
- Wenn Sie beschichtete Pfannen verwenden, können Sie auf Fett verzichten.

Garverfahren → S. 65

Einen gewissen Anteil an Depotfett benötigt der Körper. Wird ihm allerdings häufig zu viel Fett zugeführt, speichert er es und dies führt zu Übergewicht. Besonders belastet wird dadurch das Herz-Kreislauf-System.

2.3.2 Eiweiß

Abb. 2.9 Fisch, Fleisch und Milchprodukte enthalten viel Eiweiß.

Ein unentbehrlicher Nährstoff ist das Eiweiß, auch **Protein** genannt. Es ist nahezu im ganzen Körper vertreten, z. B. in Haut, Haaren, Nägeln, Knorpeln und Muskeln. Daher übernimmt es zahlreiche Aufgaben im Körper:
- Es wird zum Aufbau von Enzymen und Hormonen (z. B. Insulin) benötigt.
- Es ist an der Blutgerinnung beteiligt.
- Ohne Eiweiß kann kein Eisen gespeichert werden.
- Wenn kein Eiweiß im Körper vorhanden wäre, könnte man sich nicht bewegen oder die Muskeln zusammenziehen.
- Da auch die Antikörper in unserem Körper aus Eiweiß bestehen, wäre man ohne dieses schutzlos Krankheiten ausgeliefert.
- Eiweiß ist wasserlöslich und dient als Transportmittel für Fett und Sauerstoff im Blut.
- Eiweiße verleihen z. B. Sehnen oder Muskeln ihre Festigkeit.
- Eiweiß kann zur Energiegewinnung dienen. 1 g Eiweiß liefert 4 Kcal (17 KJ).

Gesamtenergiebedarf → S. 39, Ernährungskreis → S. 19

Die tägliche **Verzehrempfehlung** für Eiweiß liegt bei 15–20 % des ›Gesamtenergiebedarfs‹. Die Zufuhr kann auch durch das Körpergewicht errechnet werden. Dabei erklärt die DGE für 1- bis 4-Jährige einen Eiweißbedarf von 1 g pro kg Körpergewicht, für 6- bis 19-Jährige 0,9 g pro kg Körpergewicht und ab 19 Jahren 0,8 g pro kg Körpergewicht.

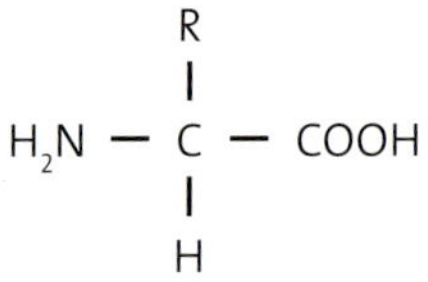

Der Aufbau von Eiweiß

Eiweiß (Protein) setzt sich aus sogenannten **Aminosäuren** zusammen. Bevor man von einem Protein spricht, muss eine Moleküllänge von über hundert Aminosäuren vorliegen. Vorher werden die Verbindungen Peptide genannt. Der Körper muss das Protein spalten, um das Eiweiß für sich nutzen zu können. Aminosäuren bestehen aus den chemischen Elementen Kohlenstoff (C), Sauerstoff (O), Wasserstoff (H) und Stickstoff (N). Einige Aminosäuren besitzen zusätzlich noch Schwefel (S) in ihrer Kettenstruktur. Strukturell besteht Eiweiß immer aus einer Aminogruppe (H_2N), einem Kohlenstoffatom (C), einem Wasserstoffatom (H) und einer Carboxylgruppe (COOH). Die Restgruppe (R) steht für den Unterschied der jeweiligen Aminosäure.

Für den Menschen sind zwanzig verschiedene Aminosäuren von Bedeutung. Acht bzw. neun der Aminosäuren sind ›essenziell‹.

$$H_2N - \overset{\overset{R}{|}}{\underset{\underset{H}{|}}{C}} - COOH$$

Abb. 2.10 Chemische Struktur einer Aminosäure

essenziell → S. 21

Es gibt verschiedene Ansichten darüber, ob die Aminosäure „Histidin" als essenziell anzusehen ist oder nicht. Histidin ist unter bestimmten Bedingungen, z. B. in der Wachstumsphase, sehr wichtig.

Essenzielle Aminosäuren	Nichtessenzielle Aminosäuren	
- Isoleucin - Leucin - Lysin - Methionin - Phenylalanin - Threonin - Tryptophan - Valin	- Alanin - Arginin - Asparaginsäure - Asparagin - Cystein - Glycin - Glutamat - Glutamin	- Prolin - Serin - Tyrosin

ZUM WEITERDENKEN Eine der bekanntesten Stoffwechselstörungen ist die Phenylketonurie. Von ihr Betroffene können die Aminosäure Phenylalanin nicht abbauen. Dies kann zu schweren Entwicklungsstörungen führen.

Eiweiße sind in vielen Obst- und Gemüsesorten, aber auch in Eiern, Nüssen oder Kartoffeln sowie in Quark, Joghurt und Käse enthalten.

Biologische Wertigkeit

> Die biologische Wertigkeit eines Proteins gibt an, wie viel körpereigenes Eiweiß aus 100 g des Nahrungseiweißes erzeugt werden kann.

Das tierische Eiweiß ist in seiner Struktur dem menschlichen körpereigenen Eiweiß am ähnlichsten. Daher hat es eine höhere biologische Wertigkeit als pflanzliches Eiweiß. Gleichzeitig besitzen tierische Lebensmittel viele ›gesättigte Fettsäuren‹ und ›**Purine**‹. Die pflanzlichen Lebensmittel hingegen enthalten Ballaststoffe.

gesättigte Fettsäuren → S. 24

Purine
sind Bausteine der Nukleinsäuren, die u. a. durch die Nahrung aufgenommen werden. Der Körper baut sie ab und wandelt sie in Harnsäure um.

Pflanzliche Lebensmittel	Tierische Lebensmittel
- Hülsenfrüchte (Linsen, Bohnen, Erbsen) - Getreide und Getreideprodukte - Nüsse - Samen/Kerne (Sesam, Sonnenblumenkerne)	- Fisch - Fleisch (Schwein, Geflügel) - Milch und Milchprodukte (Quark, Joghurt, Käse) - Eier

> Es sollte auf ein ausgewogenes Verhältnis zwischen tierischem und pflanzlichem Eiweiß geachtet werden.

Um die Vorteile beider Lebensmittelgruppen zu nutzen, ist es sinnvoll, sie miteinander zu kombinieren. Beispiele hierfür sind folgende Gerichte:
- Kartoffeln, Spinat und Ei
- Linseneintopf mit Würstchen
- Kartoffeln und Quark
- Vollkornschnitte mit Kräuterquark
- Grießbrei mit Früchten
- Kartoffelgratin

> **ZUM WEITERDENKEN** Eine erhöhte Zufuhr an Eiweiß kann auf Dauer für den Körper schädlich sein. Die gesättigten Fettsäuren im tierischen Eiweiß können zu Herz-Kreislauf-Belastungen führen. Purine im Übermaß können Gicht auslösen. Eiweiß wird im Körper zu Harnstoff abgebaut und über die Nieren ausgeschieden. In erhöhter Konzentration über einen längeren Zeitraum hinweg kann es die Nieren schädigen.

2.3.3 Kohlenhydrate

Abb. 2.11 Brot und Nudeln aus Vollkorn liefern Ballaststoffe.

Gesamtenergiebedarf → S. 39

Den größten prozentualen Anteil am ›Gesamtenergiebedarfs‹ haben die Kohlenhydrate. Im menschlichen Körper haben sie folgende Aufgaben:
- Sie werden benötigt, um den Energiebedarf zu decken. Dabei liefert 1 g Kohlenhydrate 17 KJ (4 Kcal) Energie.
- Ballaststoffe, die zu den Kohlenhydraten gehören, sind an der Verdauung beteiligt. Sie wirken sich positiv auf den Stoffwechsel aus. Gleichzeitig bestimmen sie auch das Sättigungsgefühl.
- Werden mehr Kohlenhydrate aufgenommen, als der Körper benötigt, werden diese in Form von Glykogen (Vielfachzucker) in der Leber oder Muskulatur gespeichert.

Die tägliche **Verzehrempfehlung** für Kohlenhydrate beträgt mindestens 50 % des Gesamtenergiebedarfs. Dabei sollten Kohlenhydrate aus Vielfachzucker bevorzugt werden. Die Zufuhr an Ballaststoffen sollte 30 g am Tag betragen.

Der Aufbau von Kohlenhydraten
Kohlenhydrate bestehen aus den chemischen Elementen Kohlenstoff (C), Wasserstoff (H) und Sauerstoff (O). Je nach Anzahl der Kohlenhydratmoleküle wird zwischen Einfachzucker (Monosaccharid), Zweifachzucker (Disaccharid) und Vielfachzucker (Polysaccharid) unterschieden. Nur Einfachzucker kann der Körper direkt aufnehmen und zur Energiegewinnung nutzen. Zweifach- oder Vielfachzucker muss er zunächst aufspalten.

Einfachzucker (Monosaccharid)
Dazu gehören Traubenzucker (Glucose), Fruchtzucker (Fructose) und Schleimzucker (Galaktose). Sie sind in Lebensmitteln wie Honig, Milch oder Äpfeln enthalten. Da Einfachzucker nicht gespalten werden muss, steht er sehr schnell dem Körper in Form von Energie zur Verfügung. Der Blutzuckerspiegel steigt sehr schnell an. Das Sättigungsgefühl ist gering. Weiterhin sind Einfachzucker leicht verdaulich und weisen eine hohe Süßkraft auf. Einfachzucker werden zum Teil auch als „leere Kohlenhydrate" bezeichnet, da sie so gut wie keine Vitamine, Mineralstoffe oder Ballaststoffe enthalten.

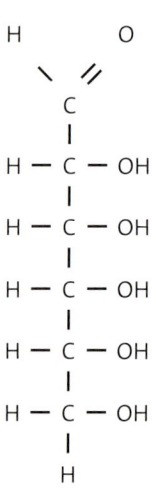

Abb. 2.12 Chemische Struktur eines Kohlenhydratmoleküls

Zweifachzucker (Disaccharid)
Dazu gehören Maltose (Malzzucker), Lactose (Milchzucker) und Saccharose (Rohrzucker). Enthalten sind sie z. B. in Haushaltszucker, Apfel, Joghurt oder Milch. Zweifachzucker bestehen aus zwei Kohlenhydratmolekülen. Daher sind sie schnell aufgespalten und liefern dem Körper Energie. Dadurch erhöht sich schnell der Blutzuckerspiegel. Das Sättigungsgefühl ist gering. Zweifachzucker schmecken schwach süß und sind leicht verdaulich.

Vielfachzucker (Polysaccharid)
Vertreter der Vielfachzucker sind Stärke, Cellulose und Glykogen. Sie finden sich u. a. in Kartoffeln, Stärke, Linsen, Haferflocken. Sie bestehen aus vielen Kohlenhydratmolekülen. Da die Aufspaltung dieser Moleküle länger dauert, steigt der Blutzuckerspiegel nur langsam an. Das Sättigungsgefühl ist hoch. Vielfachzucker schmecken nicht süß. Sie enthalten viele Vitamine und Mineralstoffe.
Auch die für den Körper unverzichtbaren **Ballaststoffe**, z. B. Pektin (wasserlöslich) und Cellulose (wasserunlöslich), sind

Abb. 2.13 Gemüse möglichst mit Schale genießen

Vielfachzucker. Sie sind nur in pflanzlichen Lebensmitteln enthalten und werden in wasserlösliche und wasserunlösliche Ballaststoffe eingeteilt.
Die wasserlöslichen **Ballaststoffe**, vor allem in Obst und Gemüse enthalten, können Gallensäure binden. Diese wird über den Stuhl ausgeschieden, was einen positiven Einfluss auf den ›Cholesterinspiegel‹ hat. Auch werden sie durch die Bakterien im Darm in kurzkettige Fettsäuren umgewandelt. Gleichzeitig dienen diese Ballaststoffe als Nahrung für die Darmschleimhautzellen.
Die wasserunlöslichen Ballaststoffe, vor allem in Vollkornprodukten enthalten, haben die Fähigkeit, viel Wasser an sich zu binden. Dadurch kommt es zu einem Zuwachs an Volumen, was einerseits ein stärkeres Sättigungsgefühl auslöst und andererseits die Darmbewegung anregt.

Cholesterin → S. 25

Anregungen für die Kohlenhydratzufuhr:
- Nehmen Sie überwiegend Vielfachzucker zu sich. Dadurch nehmen Sie gleichzeitig viele ›Mineralstoffe‹, ›Vitamine‹ und Ballaststoffe auf.
- Essen Sie möglichst die Schale von Obst und Gemüse mit. Sie enthält neben vielen Ballaststoffen auch Mineralstoffe und Vitamine.
- Kaufen Sie Vollkornbrot. Es enthält viele Ballaststoffe, aber auch Mineralstoffe und Vitamine.
- Erst durch die gleichzeitige Aufnahme von Wasser können Ballaststoffe ihre Wirkung entfalten.
- Kochen Sie Nudeln bissfest („al dente"). Der Körper braucht dadurch länger für die Verwertung und es stellt sich ein länger anhaltendes Sättigungsgefühl ein.

Mineralstoffe → S. 30
Vitamine → S. 32

Überschüssige Kohlenhydrate werden in Fett umgewandelt und als Depotfett eingelagert. Dies kann auf Dauer zu Übergewicht und somit zu Herz-Kreislauf-Belastungen führen. Werden zu wenige Ballaststoffe aufgenommen, treten schneller Verstopfungen und Hämorrhoiden, aber auch Ausstülpungen der Darmwand auf.

GRUNDLAGEN DER HAUSWIRTSCHAFT

2.3.4 Mineralstoffe

Mineralstoffe werden im Vergleich zu den Grundnährstoffen nur in geringen Mengen benötigt. Sie liefern keine Energie, sind aber für den Körper unverzichtbar und haben viele Aufgaben. Ganz grundsätzlich werden sie im Körper in **Mengenelemente** und **Spurenelemente** unterteilt.

Mineralstoff	Aufgaben	Vorkommen in Lebensmitteln	Tägliche Zufuhr*	Mangelerscheinungen	Überschuss
Kalzium	Aufbau der Knochen und Zähne, Blutgerinnung, Reizweiterleitung im Nervensystem	Milch und Milchprodukte, Gemüse, Sesam, Brot, Eigelb	1–19 Jahre: 600–1200 mg ab 19 Jahren: 1000 mg	Muskelkrämpfe, Störungen der Zahnentwicklung, Minderwuchs, Osteoporose	Nieren- und Gallensteine
Natrium	Regelung des Wasserhaushalts, Weiterleitung von Impulsen an das Nervensystem	Laugengebäck, Wurst, Brot, Käse, Salzhering, Mineralwasser	1–19 Jahre: 300–550 mg ab 19 Jahren: 550 mg	Muskelverkrampfungen, Abfall des Blutdrucks, Störungen des Wasserhaushalts	Anstieg des Blutdrucks, erhöhte Reizbarkeit
Chlorid	Regelung des Wasserhaushalts, Bestandteil der Magensäure	Fleischwaren, Mineralwasser, Brot, Käse, Laugengebäck	1–19 Jahre: 450–830 mg ab 19 Jahren: 830 mg	Muskelkrämpfe, Herzfunktionsstörungen	Bluthochdruck, Reizbarkeit, Übersäuerung des Blutes bei Nierenproblemen
	Natrium und Chlorid verbinden sich zu Natriumchlorid (Kochsalz). In dieser Kombination kommen beide Mineralien vor. Die tägliche Zufuhr beträgt laut DGE 5 g bei gesunden Erwachsenen.				
Kalium	Regelung des Wasserhaushalts, Reizweiterleitung zum Herzen und zur Muskelkontraktion, blutdrucksenkend	Kartoffeln, Nüsse, Obst, Gemüse, Bananen, Vollkornbrot	1–19 Jahre: 1000–1900 mg ab 19 Jahren: 2000 mg	Muskelschwäche, Verstopfung, Herzrhythmusstörungen, Nierenfunktionsstörungen	Muskellähmungen, Herz-Kreislauf-Störungen, Herzrhythmusstörungen
Phosphor	Festigkeit der Knochen und Zähne, Bestandteil von DNS und Enzymen	Fleisch, Fisch, Milch, Eier	1–19 Jahre: 500–1250 mg ab 19 Jahre: 700 mg	schlechte Bildung der Knochen und Zähne (Rachitis), Wachstumsverzögerung, Muskelschwäche	Erregbarkeit der Muskeln und Nerven, Muskelkrämpfe, Herzrhythmusstörungen
Magnesium	Erregbarkeit und Entspannung von Muskeln, Aufbau der Knochen und Zähne, Aktivierung von Enzymen	Vollkornbrot, Nüsse, Obst, Gemüse, Milch, Hülsenfrüchte	1–19 Jahre: 80–310 mg ab 19 Jahre: 400–300 mg	Wadenkrämpfe, Herzrhythmusstörungen, Bewegungsstörungen, Nervosität, Unruhe, Reizbarkeit	Muskelschwäche, Atemnot, Verlangsamung des Herzschlags
Eisen	Baustein des roten Blutfarbstoffs, Sauerstofftransport, Bestandteil von Enzymen	Fleisch, Leber, Vollkornbrot, Spinat, Hülsenfrüchte	1–19 Jahre: 8–15 mg 19–51 Jahre: 12–15 mg Ab 51 Jahre: 10 mg	Blutarmut (Anämie), verminderte Leistungsfähigkeit, spröde Haare und Nägel, trockene Haut	Einlagerung von Eisen in Organen (z. B. Leber, Bauchspeicheldrüse) → Funktionsstörungen dieser Organe

2. Über Ernährung Bescheid wissen

Mineral-stoff	Aufgaben	Vorkommen in Lebensmitteln	Tägliche Zufuhr*	Mangel-erscheinungen	Überschuss
Jod	Bestandteil der Schilddrüsenhormone, Zellwachstum, Zellteilung	Fisch (Kabeljau, Seelachs), jodiertes Salz, Meeresfrüchte, Milchprodukte	1–15 Jahre: 100–200 µg ab 15 Jahren: 200–180 µg	Atembeschwerden aufgrund der vergrößerten Schilddrüse, geringere Leistungsfähigkeit	Nervosität, Herzrasen, Muskelschwäche, Schlaflosigkeit
Fluorid	Aufbau von Knochen und Zähnen, Härtung des Zahnschmelzes	Leitungswasser, Seefisch, Nüsse, Fleisch, Leber, Meeresfrüchte	1–15 Jahre: 0,7–3,2 mg ab 15 Jahren: 3,2–3,8 mg	Instabilität der Knochen, Wachstumsstörungen	Magen-Darm-Beschwerden, Störung des Zahnschmelzes (Dentalfluorose)
Selen	antioxidative Wirkung/bindet freie Radikale, Bildung des Schilddrüsenhormons, Abwehr	Fisch, Hülsenfrüchte, Nüsse, Leber, Fleisch	1–15 Jahre: 60 µg ab 15 Jahren: 60–70 µg	Gelenkerkrankungen, Muskelschwäche, Bluthochdruck, Schilddrüsenunterfunktion	Atembeschwerden, Herz- und Leberfunktionsstörungen, Haarausfall
Zink	Aktivierung von Enzymen, Abwehrfunktion, Insulinspeicherung, Spermienproduktion, antioxidative Wirkung	Fisch, Meeresfrüchte, Käse, Eier, Leber, Getreide, Nüsse, Hülsenfrüchte	1–19 Jahre: 3,0–9,5 mg ab 19 Jahren: 7–10 mg	Entwicklungs- und Wachstumsstörungen, Abwehrschwäche, verminderte Leistungsfähigkeit, schlechte Wundheilung	Magen-Darm-Beschwerden, Kopfschmerzen, kann zu Kupfermangel führen
Chrom	Stoffwechsel von Kohlenhydraten, positiver Einfluss auf den Cholesterinspiegel	Innereien, Eier, Fleisch, Kakao, Nüsse, Milch, Meeresfrüchte, Tomaten, Pilze	1–15 Jahre: 20–100 µg ab 15 Jahren: 30–100 µg	Erhöhung des Zuckerspiegels im Blut	Magen-Darm-Beschwerden, Atembeschwerden, Nasenbluten
Mangan	Aktivierung von Enzymen, Aufbau von Bindegewebe, Bildung von Harnstoff, Blutgerinnung	grünes Blattgemüse, Reis, Getreide, Hülsenfrüchte	1–15 Jahre: 1,0–5,0 mg ab 15 Jahren: 2,0–5,0 mg	Störung der Bildung von Knochengewebe, Wachstumsstörungen, Unfruchtbarkeit, Blutgerinnungsstörung	Nervenschädigungen, Konzentrationsstörungen, Bewegungsstörungen
Kupfer	Abwehrfunktion, an der Hämoglobinbildung beteiligt, Wundheilung, Aufbau von Knochen	Innereien, Fisch, Meeresfrüchte, Nüsse, Kakao, grünes Gemüse, Hülsenfrüchte	1–15 Jahre: 0,5–1,5 mg ab 15 Jahren: 1,0–1,5 mg	Blutarmut, verminderte Leistungsfähigkeit, Abwehrschwäche, Erhöhung der Knochenbrüche	Schädigung der Erythrozyten, Schädigungen von Leber und Gehirn, Bewegungsstörungen

*Bei einigen Mineralien unterscheidet die DGE zusätzlich zwischen den Geschlechtern. Berücksichtigt werden muss, dass Kinder in verschiedenen Altersgruppen und auch ältere Menschen einen unterschiedlichen Bedarf an Mineralien haben. In der Tabelle wurden diese Personengruppen zusammengefasst.

Bei einer gesunden und ausgewogenen Ernährung kann ein **Mineralstoffmangel** so gut wie gar nicht auftreten. Ist ein Mangel zu befürchten, ist es ratsam, Kontakt mit einem Arzt aufzunehmen.

I GRUNDLAGEN DER HAUSWIRTSCHAFT

2.3.5 Vitamine

essenziell → S. 21

Vitamine sind für den Körper lebenswichtig. Fast alle von ihnen sind ›essenziell‹. Vitamine sind entweder fettlöslich oder wasserlöslich

Vitamin	Aufgaben	Vorkommen in Lebensmitteln	Tägliche Zufuhr*	Mangelerscheinungen	Überschuss
A	Aufbau der Haut und Netzhaut, antioxidative Wirkung, Abwehrfunktion, Zellwachstum	Leber, Fisch, Ei, Käse, Karotten, Tomaten, Paprika, Spinat	1–19 Jahre: 0,6–1,1 mg ab 19 Jahren: 0,8–1,0 mg	Verringerung der Sehschärfe, Nachtblindheit, Abwehrschwäche, Wachstumsstörungen	Hautveränderungen, Hauttrockenheit, Haarausfall, Schmerzen der Muskeln und Knochen, Müdigkeit
D	Abwehrfunktion, Regelung des Phosphat- und Kalziumhaushalts, Bildung der Knochenzellen	Fisch, Lebertran, Ei, Pilze, Milch und Milchprodukte	ab 1 Jahr: 20 µg	Knochenerkrankung, Knochenerweichung, Verformung des Skeletts, Abwehrschwäche	Erkrankungen der Nieren, Verminderung der Leistungsfähigkeit, Herzrhythmusstörungen
E	antioxidative Wirkung, Abwehrfunktion	Öle, Haselnüsse, Mandeln, Leinsamen	1–15 Jahre: 5–12 mg ab 15 Jahren: 11–15 mg	Abwehrschwäche, Konzentrationsstörungen, trockene Haut, Muskelschwäche	erhöhte Blutungsneigung, Magen-Darm-Beschwerden
K	Bestandteil der Blutgerinnung, Unterstützung beim Knochenaufbau	Milch, Geflügel, Kopfsalat, Kohlsorten, Ei, Hülsenfrüchte	1–19 Jahre: 15–70 µg ab 19 Jahren: 70–80 µg	erhöhte Blutungsneigung, Erhöhung der Knochenbrüche, Abwehrschwäche	Gelbfärbung bei Säuglingen
C	Abwehrfunktion, Hautbildung, antioxidative Wirkung, Eisenaufnahme, Harnsäuresenkung	Paprika, Kohlsorten, Zitrusfrüchte, Fenchel, Hagebutte	1–19 Jahre: 20–105 mg ab 19 Jahren: bis 110 mg	Abwehrschwäche, schlechte Wundheilung, Blutungen der Haut und Schleimhäute	Krämpfe, Nierensteine
B_1/ Thiamin	Umwandlung von Kohlenhydraten zur Energiegewinnung, Reizübertragung zwischen den Nervenzellen	Getreide, Reis, Schweinefleisch, Leber, Nüsse, Hülsenfrüchte, Kartoffeln	1–7 Jahre: 0,6–0,7 mg 7–19 Jahre: 0,8–1,4 mg ab 19 Jahren: 1,0–1,3 mg	Konzentrationsstörungen, verminderte Leistungsfähigkeit, Muskelschwäche, Muskelschwund, Herzbeschwerden	Herzrasen, Schweißausbrüche, Hautausschlag, Juckreiz
B_2/ Riboflavin	Umwandlung von Fetten, Eiweißen und Kohlenhydraten zur Energiegewinnung	Fisch, Milch, Käse, Fleisch, Schweineleber, Getreide, Grünkohl, Brokkoli	1–7 Jahre: 0,7–0,8 mg 7–19 Jahre: 0,9–1,6 mg ab 19 Jahren: 1,0–1,4 mg	Wachstumsstörungen, eingerissene Mundwinkel, Sehvermögen verschlechtert sich, Blutarmut	nicht bekannt

Vitamin	Aufgaben	Vorkommen in Lebensmitteln	Tägliche Zufuhr*	Mangelerscheinungen	Überschuss
B_6/ Pyridoxin	Abwehrfunktion, Eiweißstoffwechsel, beeinflusst die Funktion von Hormonen, an der Hämoglobinbildung beteiligt	Innereien, Fisch, Milch und Milchprodukte, Kartoffeln, Bananen, Paprika, Getreide, Nüsse	1–19 Jahre: 0,4–1,6 mg ab 19 Jahren: bis 1,5 mg	Entzündungen von Haut, Nervosität, Reizbarkeit, verminderte Leistungsfähigkeit, Blutarmut, Abwehrschwäche	Störungen des Nervensystems, Taubheitsgefühl der Extremitäten, Entzündungen der Haut
B_{12}/ Cobalamin	an der Blutbildung beteiligt, Abbau des Homocysteins (Zellgifts), Zellerneuerung, Bildung von DNS	Käse, Fisch, Fleisch, Leber, Eier, Milch und Milchprodukte	1–15 Jahre: 1,0–3,0 µg ab 19 Jahren: 3,0 µg	Blutarmut, Schädigungen des Rückenmarks, Depressionen, verminderte Leistungsfähigkeit, Abwehrschwäche	nicht bekannt
Folat	an der Blutbildung beteiligt, Abbau des Homocysteins (Zellgifts), Herstellung von DNS, Zellerneuerung	Leber, Kohlarten, Sauerkirschen, Spinat, Nüsse, Vollkornprodukte, Spargel, Tomaten, Hülsenfrüchte	1–19 Jahre: 120–300 µg ab 19 Jahren: 300 µg	Blutarmut, Abwehrschwäche, Neuralrohrdefekt bei Neugeborenen	Magen-Darm-Beschwerden, Nervosität, Schlafstörungen
Biotin	Fett-, Eiweiß- und Kohlenhydratstoffwechsel, Zellwachstum, Abwehrfunktion, Aufbau von Haaren, Nägeln und Haut	Innereien, Eier, Nüsse, Haferflocken, Fisch, Spinat, Möhren, Hülsenfrüchte, Bananen	1–19 Jahre: 10–60 µg ab 19 Jahren: 30–60 µg	Haarausfall, brüchige Nägel, Hautveränderungen, Abwehrschwäche, Depressionen, verminderte Leistungsfähigkeit	keine bekannt
Pantothensäure	Aufbau und Abbau von Kohlenhydraten, Fetten und einigen Aminosäuren, Bildung von Hormonen, Wundheilung, Abwehrfunktion	Butter, Innereien, Nüsse, Eigelb, Hülsenfrüchte, Blumenkohl, Brokkoli, Vollkornprodukte, Fisch, Pilze	1–19 Jahre: 4–6 mg ab 19 Jahren: 6 mg	Wundheilungsstörungen, Hauterkrankungen, Abwehrschwäche, verminderte Leistungsfähigkeit, Burning-Feet-Syndrom (brennende Füße)	keine bekannt
Niacin	Reizübertragung von Nerven, Energiestoffwechsel	Leber, Fisch, Rindfleisch, Geflügel, Erdnüsse, Erbsen, Grünkohl, Pilze, Weizenvollkorn	1–7 Jahre: 8–9 mg 7–19 Jahre: 10–17 mg ab 19 Jahren: 11–16 mg	Hautentzündungen, Durchfall, verminderte Leistungsfähigkeit, Demenz	Hautausschlag, Juckreiz, Sodbrennen, Hitzegefühl, Durchfall

*Bei einigen Vitaminen unterscheidet die DGE zusätzlich zwischen den Geschlechtern. Berücksichtigt werden muss, dass Kinder in verschiedenen Altersgruppen und auch ältere Menschen einen unterschiedlichen Bedarf an Vitaminen haben. In der Tabelle wurden diese Personengruppen zusammengefasst. Bei den Vitaminen K und C wird der Bedarf im Alter höher.

2.3.6 Wasser

In Bezug auf eine gesunde Ernährung wird oftmals ein entscheidendes Element vergessen: das Trinken. Anatomisch betrachtet besteht der Körper, je nach Lebensalter, zu 50–80 % aus Wasser. Dies zeigt, welchen Stellenwert das Trinken im Alltag haben sollte. Trotzdem schenken wir dem täglichen Flüssigkeitsbedarf wenig Beachtung. Erst wenn der Körper deutlich Durst signalisiert, trinken wir. Doch schon lange vorher sollte getrunken werden. Wann immer auf das Durstgefühl gewartet wird, entsteht meist schon ein Flüssigkeitsmangel.

Wasser hat im menschlichen Organismus folgende **Aufgaben**:
- Es ist der wichtigste Baustoff.
- Es ist für das Regulieren (Einstellen) der Körpertemperatur zuständig.
- Es wird als Lösungs- und Transportmittel benötigt.
- Es ermöglicht chemische Prozesse in den Körperzellen.
- Es wird benötigt, um die positiven Eigenschaften der Ballaststoffe zu nutzen.

Der tägliche Flüssigkeitsbedarf richtet sich nach dem Lebensalter. Dabei wird ein Teil über Getränke aufgenommen, ein anderer Teil über die feste Nahrung.

Abb. 2.14 Wichtige Ernährungsgrundlage: Wasser

Alter	Getränk	Wasserzufuhr durch feste Nahrung
1–4 Jahre	820 ml	350 ml
4–7 Jahre	940 ml	480 ml
7–10 Jahre	970 ml	600 ml
10–13 Jahre	1170 ml	710 ml
13–15 Jahre	1330 ml	810 ml
15–19 Jahre	1530 ml	920 ml
19–25 Jahre	1470 ml	890 ml
25–51 Jahre	1410 ml	860 ml
51–65 Jahre	1230 ml	740 ml
über 65 Jahre	1310 ml	680 ml

Tab. 2.15 Täglicher Flüssigkeitsbedarf einer Zwanzigjährigen und einer Dreijährigen

Abb. 2.16 Bei Kindern sehr beliebt: Knabberteller mit Gemüsesticks

Folgende Anregungen können dabei helfen, eine kontinuierliche Flüssigkeitszufuhr am Tag umzusetzen:
- Bieten Sie zu jeder Mahlzeit ein Getränk an.
- Wählen Sie Getränke aus, die keine oder nur wenige Kalorien haben. Dazu gehören Früchtetee, Kräutertee, Mineralwasser und Saftschorlen.
- Bieten Sie zum Essen immer Obst (Melone, Erdbeeren, Apfel), Gemüse (Gurke, Paprika) und Eisbergsalat an. Sie enthalten sehr viel Wasser.
- Stellen Sie das Obst und Gemüse „essbereit" hin.
- Getränke sollten Sie bereits eingegossen im Glas bereitstellen.
- Die Getränke sollten abwechslungsreich sein.

Ein Überschuss an Flüssigkeit spielt für einen gesunden Körper keine große Rolle. Über die Nieren scheidet er diese Flüssigkeit wieder aus. Problematisch wird es, wenn der Körper zu wenig Flüssigkeit erhält.

Zunächst wird der **Flüssigkeitsmangel** mit Symptomen wie Leistungsabfall, Kopfschmerzen, Verwirrtheit, Schwindelgefühl und Müdigkeit deutlich. Diese Anzeichen entstehen dadurch, dass das Blut dicker und somit das Gehirn nicht ausreichend mit Sauerstoff versorgt wird. Weiterhin leidet die Haut unter dem Flüssigkeitsmangel. Sie wird spröde, trocken und rissig. Auch können Verstopfungen auftreten.

Wird der Flüssigkeitsmangel nicht behoben, entsteht eine lebensbedrohliche Situation, die zum Tode führen kann.

> Die Flüssigkeitszufuhr ist unverzichtbar. Ohne Wasser kann der menschliche Körper nur sehr wenige Tage überleben.

2.4 Wie viel Energie brauche ich?

Ohne Energiezufuhr durch Nahrung kann der Mensch nicht lange überleben. Im Kindesalter wird die Energie benötigt, damit der Körper wachsen und sich entwickeln kann. Ist diese Phase vorbei, wird die Energie benötigt, um die Körperfunktionen aufrechtzuerhalten und leistungsfähig zu bleiben. Um körperliche sowie geistige Aktivitäten ausführen zu können, muss täglich Energie zugeführt werden.

Die Energiezufuhr eines Menschen wird in **Kalorien** oder in **Joule** angegeben. Die geläufigen Abkürzungen Kcal und KJ stehen dabei für die Einheiten Kilokalorien und Kilojoule. Dabei ist 1 Kcal gleich 4,2 KJ.

2.4.1 Den Nährstoffbedarf berechnen

Für eine bessere Übersichtlichkeit über die täglich benötigten Nährstoffe wird der Gesamtenergiebedarf auf die drei **Grundnährstoffe** Kohlenhydrate, Fette und Eiweiße aufgeteilt. Diese werden in unterschiedlichem Verhältnis benötigt.

Die DGE gibt einen täglichen Bedarf an **Kohlenhydraten** von mindestens 50 % und einen Bedarf an **Fett** von 30 % an. Bei **Eiweiß** wird für 1- bis 4-Jährige ein Bedarf von 1 g pro kg Körpergewicht festgesetzt, für 6- bis 19-Jährige 0,9 g pro kg Körpergewicht und für Erwachsene ab 19 Jahren ein Bedarf von 0,8 g pro kg Körpergewicht. Um die einzelnen Grundnährstoffe berechnen zu können, geht man von täglich 15–20 % Eiweißbedarf aus, um auf den Gesamtenergiebedarf von 100 % zu kommen.

Abb. 2.17 Die tägliche Näherstoffverteilung

Dabei gilt:
- 1 g Fett liefert dem Körper 9 Kcal (37 KJ).
- 1 g Eiweiß liefert dem Körper 4 Kcal (17 KJ).
- 1 g Kohlenhydrate liefert dem Körper 4 Kcal (17 KJ).

> **BEISPIEL** Eine zwanzigjährige Frau hat einen Gesamtenergiebedarf von 2195 Kcal = 100 %.
>
> Berechnung des Fettbedarfs: 30 % von 2195 Kcal.
> (2195 × 30 : 100) = 659 Kcal Fett
> 659 : 9 = 73,0 g Fett
> Berechnung des Eiweißbedarfs: 15 % von 2195 Kcal.
> (2195 × 15 : 100) = 329 Kcal Eiweiß
> 329 : 4 = 82,0 g Eiweiß
> Berechnung des Kohlenhydratbedarfs: 50 % von 2195 Kcal.
> (2195 × 50 : 100) = 1098 Kcal Kohlenhydrate
> 1098 : 4 = 274,5 g Kohlenhydrate

Alter	Mädchen				Jungen			
	Kcal	Fett in g	Eiweiß in g	Kohlen-hydrate in g	Kcal	Fett in g	Eiweiß in g	Kohlen-hydrate in g
3	711	24	27–36	89	932	31	35–47	117
6	1050	35	40–53	131	1286	43	48–64	161
10	1634	54	61–82	204	1874	62	70–94	234
14	2284	76	86–114	286	2750	92	103–138	344

Tab. 2.18 Tägliche Zufuhr der einzelnen Grundnährstoffe im Kindesalter

2.4.2 Den Gesamtenergiebedarf berechnen

Der Gesamtenergiedarf eines Menschen setzt sich aus zwei Größen zusammen: seinem Grundumsatz und seinem Leistungsumsatz.

> **BEISPIEL** Die zwanzigjährige Heike möchte ihren Gesamtenergiebedarf ermitteln. Sie wiegt 62 Kilogramm bei einer Körpergröße von 170 Zentimetern. Heike ist Auszubildende im sozialen Bereich. Zu Hause erledigt sie täglich eine Stunde Hausarbeit und macht jeden Tag eine Stunde Sport. Heike schläft normalerweise acht Stunden. Die restliche Zeit verbringt sie als Auszubildende in sitzender Tätigkeit.

Der Grundumsatz

Der Begriff „Grundumsatz" bezeichnet die Menge der Energie, die der menschliche Körper im Ruhezustand benötigt. Das heißt, auch wenn wir nichts tun, brauchen unsere Organe trotzdem Energie.

Der Grundumsatz ist unter anderem von Geschlecht, Alter, Körpergröße, Gewicht, Hormonen und Faktoren wie Klima und Stress abhängig. Deshalb kann nur ein durchschnittlicher Energieverbrauch errechnet werden. Der durchschnittliche Grundumsatz wird in Kcal bzw. KJ angegeben. Die Berechnung erfolgt anhand der **Mifflin-St.-Jeor-Formel**.

Abb. 2.19 Wer viel Sport treibt, braucht mehr Energie.

> Männer:
> 10 × Körpergewicht (in kg) + 6,25 × Körpergröße (in cm) − 5 × Alter (in Jahren) + 5
> Frauen:
> 10 × Körpergewicht (in kg) + 6,25 × Körpergröße (in cm) − 5 × Alter (in Jahren) − 161

> **BEISPIEL** Damit Heike ihren Gesamtenergiebedarf ermitteln kann, muss sie zunächst ihren Grundumsatz berechnen.
> Rechnung: (10 × 62) + (6,25 × 170) − (5 × 20) − 161
> = 620 + 1062,5 − 105 − 161 = **1626,5 Kcal** × 4,2 KJ = **6831,3 KJ**
> Der Grundumsatz von Heike beträgt 1626,5 Kcal (6831,3 KJ).

GRUNDLAGEN DER HAUSWIRTSCHAFT

Der Leistungsumsatz

Für die Berechnung des Leistungsumsatzes werden die zusätzlichen täglichen Aktivitäten berücksichtigt. Auch hier spielen verschiedene Faktoren eine Rolle: die Freizeitgestaltung, z. B. sportliche Aktivitäten, Bewegung, die Berufsgruppe bzw. die Art der Tätigkeit, Jahreszeit/Klima (im Sommer benötigt der Körper weniger Energie als im Winter), Verdauungstätigkeit, Wachstum.

Den Aktivitäten werden sogenannte ›**Pal-Faktoren**‹ zugeordnet:

Pal-Faktor

Die Abkürzung **Pal** steht für die englische Bezeichnung „Physical Activity Level" (körperliches Aktivitätsniveau).

Pal-Faktor	Tätigkeit
0,95	während des Schlafens
1,2	ausschließlich sitzende oder liegende Aktivität **Beispiel:** alte, pflegebedürftige Menschen
1,4–1,5	vorwiegend sitzende Tätigkeit mit wenig körperlicher Aktivität **Beispiel:** Büroangestellte, Studierende
1,6–1,7	teilweise körperliche Aktivitäten in Form von Gehen und Stehen **Beispiel:** Lehrer, Fließbandarbeiter
1,8–1,9	hauptsächlich gehende und stehende Tätigkeiten **Beispiel:** Verkäufer, Restaurantfachkräfte, hauswirtschaftliche Tätigkeit
2,0–2,4	körperlich anstrengende Tätigkeiten **Beispiel:** Landwirte, Bauarbeiter, Leistungssportler

> **BEISPIEL** Nachdem Heike ihren Grundumsatz (1626,5 Kcal = 6831,3 KJ) ermittelt hat, benötigt sie nun noch ihren Leistungsumsatz.

> Für die Berechnung des Leistungsumsatzes wird folgende Formel angewendet:
> Grundumsatz × (Pal-Faktor –1)

> **BEISPIEL** Da Heike jeden Tag unterschiedliche Tätigkeiten ausübt, muss sie zunächst ihren durchschnittlichen Pal-Faktor ermitteln.
> Heike geht 7 Stunden zur Schule: 7 Stunden × 1,6 = 11,2
> Heike macht 1 Stunde Sport: 1 Stunde × 2,0 = 2,0
> Heike macht 1 Stunde Hausarbeit: 1 Stunde × 1,8 = 1,8
> Heike schläft 8 Stunden: 8 Stunden × 0,95 = 7,6
> Rest sitzende Tätigkeiten: 7 Stunden × 1,4 = 9,8
> Durchschnittlicher Pal-Faktor:
> 11,2 + 2,0 + 1,8 + 7,6 + 9,8 = 32,4 : 24 Stunden = 1,35
> 1626,5 Kcal × (1,35 – 1) = 569,3 Kcal (2391,06 KJ)
> Der Leistungsumsatz von Heike beträgt 569,3 Kcal (2391,06 KJ).

Der Gesamtenergiebedarf

Für die Berechnung des Gesamtenergiebedarfs müssen schließlich Grundumsatz und Leistungsumsatz zusammengerechnet werden.

> Grundumsatz + Leistungsumsatz = Gesamtenergiebedarf

2. Über Ernährung Bescheid wissen

> **BEISPIEL** Nachdem Heike ihren Grundumsatz und Leistungsumsatz ermittelt hat, kann sie nun auch ihren Gesamtenergiebedarf berechnen.
> 1626,5 Kcal + 569,3 Kcal = 2195,8 Kcal (9222,36 KJ)
> Der Gesamtenergiebedarf von Heike beträgt **2195,4 Kcal (9222,36 KJ)**.

Der Gesamtenergiebedarf von Kindern

Für die Berechnung des Grundumsatzes von Mädchen und Jungen werden Mittelwerte für die Körpergröße und das Körpergewicht zugrunde gelegt. Die Werte stammen vom Forschungsinstitut für Kinderernährung (FKE) Dortmund.

Alter	Größe (cm)	Gewicht (kg)	Grundumsatz Kcal
3 Jahre	96,0	14,5	569,0
6 Jahre	117,0	21,0	750,3
10 Jahre	142,0	34,5	1021,5
14 Jahre	165,0	54,3	1343,3

Tab. 2.20 Der Grundumsatz von Mädchen

Alter	Größe (cm)	Gewicht (kg)	Grundumsatz Kcal
3 Jahre	97,0	14,9	745,3
6 Jahre	117,0	21,2	918,3
10 Jahre	141,0	33,5	1171,3
14 Jahre	174,0	59,3	1617,5

Tab. 2.21 Der Grundumsatz von Jungen

Alter	Pal-Faktor	Grundumsatz		Leistungsumsatz	
		Mädchen Kcal	Jungen Kcal	Mädchen Kcal	Jungen Kcal
3 Jahre	1,25	569,0	745,3	142,3	186,3
6 Jahre	1,4	750,3	918,3	300,1	367,3
10 Jahre	1,6	1021,5	1171,3	612,9	702,8
14 Jahre	1,7	1343,3	1617,5	940,3	1132,3

Tab. 2.22 Der Leistungsumsatz von Kindern

Alter	Grundumsatz		Leistungsumsatz		Gesamtenergiebedarf	
	Mädchen Kcal	Jungen Kcal	Mädchen Kcal	Jungen Kcal	Mädchen Kcal	Jungen Kcal
3 Jahre	569,0	745,3	142,3	186,3	711,3	931,6
6 Jahre	750,3	918,3	300,1	367,3	1050,4	1285,6
10 Jahre	1021,5	1171,3	612,9	702,8	1634,4	1874,1
14 Jahre	1343,3	1617,5	940,3	1132,3	2283,6	2749,8

Tab. 2.23 Der Gesamtenergiebedarf von Kindern

2.5 Der Body-Mass-Index

Viele Menschen machen sich Gedanken um ihr **Körpergewicht** und fragen sich, ob sie zu dick sind. Um das Körpergewicht besser beurteilen zu können, kann der sogenannte Body-Mass-Index (BMI) bestimmt werden. Der BMI drückt das Verhältnis zwischen Körpergröße und Körpergewicht aus.

Bei der Berechnung wird allerdings der Körperbau eines Menschen vernachlässigt. So kann beispielsweise ein durchtrainierter Sportler aufgrund seiner Muskelmasse einen hohen BMI aufweisen und somit in der Kategorie „Übergewicht" landen. Darüber hinaus muss beachtet werden, für welche Zielgruppe der BMI berechnet wird. Beispielsweise kann gerade in der Wachstumsphase der BMI große Abweichungen ergeben.

Abb. 2.24 Der BMI setzt das Körpergewicht ins Verhältnis zur Körpergröße.

2.5.1 Der BMI bei Erwachsenen

Um den BMI zu bestimmen, müssen zunächst das Körpergewicht und die Körpergröße ermittelt werden.

> **BEISPIEL** Lina Hentschel ist 39 Jahre alt. Sie hat eine Köpergröße von 1,70 m und hat ein Gewicht von 68,0 kg.

> Für die Berechnung des BMI wird folgende Formel verwendet:
> Körpergewicht (in kg) : Köpergröße (in m)^2

> **BEISPIEL** Für Lina Hentschel ergibt sich folgende Rechnung:
> 68 kg : (1,70 m)^2 = 68 kg : 2,89 = 23,5
> Lina Hentschel hat einen BMI von 23,5.

Doch was sagt der so ermittelte BMI nun aus? Für die Beurteilung des BMI von Erwachsenen wird die Tabelle der Weltgesundheitsorganisation (WHO) angewendet:

Kategorie	BMI Frauen	BMI Männer
Untergewicht	weniger als 20	weniger als 19
Normalgewicht	20–24,9	19–23,9
Übergewicht	25–29,9	24–29,9
Starkes Übergewicht (Adipositas I)	30–34,9	30–34,9
Adipositas II	35–39,9	35–39,9
Adipositas III	40 und mehr	40 und mehr

> **BEISPIEL** Aus der Tabelle lässt sich ableiten, dass Lina Hentschel in die Kategorie „Normalgewicht" einzuordnen ist.

2.5.2 Der BMI bei Kindern und Jugendlichen

Den BMI ermitteln

Für Kinder wird die gleiche Formel wie bei Erwachsenen angewendet. Allerdings ist hier zu beachten, dass aufgrund des Wachstums die Körperzusammensetzung schwankt. Daher ist zur Beurteilung des errechneten BMI auch das jeweilige Alter hinzuzuziehen.

Alter	Mädchen		BMI	Jungen		BMI
	Größe (cm)	Gewicht (kg)		Größe (cm)	Gewicht (kg)	
3 Jahre	96,0	14,5	15,8	97,0	14,9	15,9
6 Jahre	117,0	21,0	15,3	117,0	21,2	15,5
10 Jahre	142,0	34,5	17,1	141,0	33,5	16,8
14 Jahre	165,0	54,3	20,0	174,0	59,3	19,7

Tab. 2.25 BMI-Berechnung von Mädchen und Jungen mit Mittelwerten der Körpergröße und -gewicht

Die Bundeszentrale für gesundheitliche Aufklärung hat **Wachstumskurven** (›Perzentilkurven‹) veröffentlicht, die dabei helfen, den BMI von Kindern einzuordnen.

Perzentilkurven
sind Diagramme, in denen Ergebnisse im Vergleich eingetragen wurden.

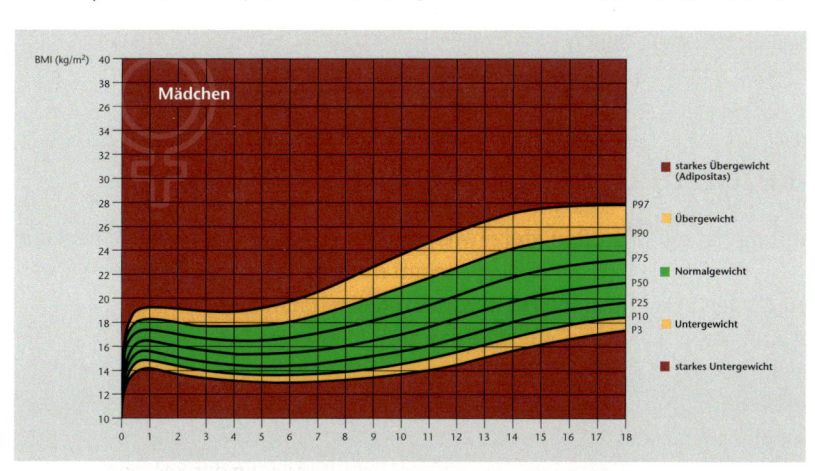

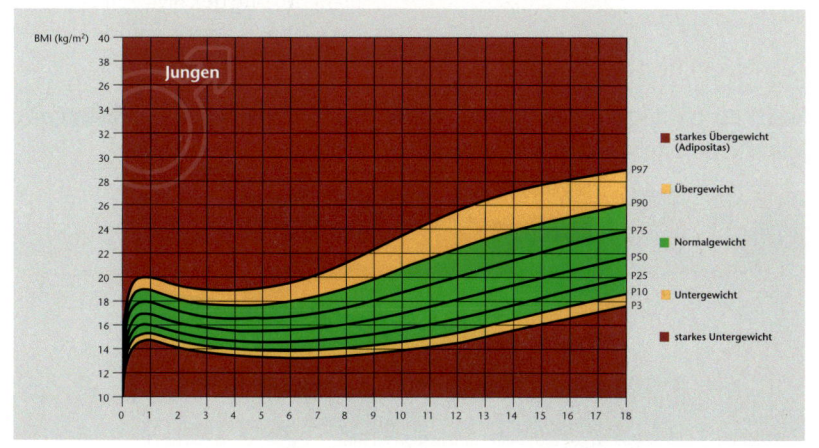

Abb. 2.26 BZgA, basierend auf Daten von Kromeyer-Hauschild, K., Wabitsch, M., Kunze, D. u. a.: Perzentile für den Body-Mass-Index für das Kindes- und Jugendalter unter Heranziehung verschiedener deutscher Stichproben, Monatsschrift Kinderheilkunde, 2001/149, S. 807–818; www.bzga-kinderuebergewicht.de/adipo_mtp/pdf/wachstumskurve.pdf (Abruf: 19.6.2015)

Den BMI beurteilen

> **BEISPIEL** Die dreijährige Mette hat ein Gewicht von 14,5 kg und eine Größe von 96,0 cm. Der errechnete BMI liegt bei 15,8. Trägt man diesen Wert in die Kurve ein, wird ein Wert zwischen P25 und P50 markiert. Somit ist zu erkennen, dass sich Mette in Bezug auf Körpergewicht und Körpergröße gut entwickelt hat. Diese Werte liegen im „Normalbereich".

Für die Ermittlung der Perzentilkurven wurden insgesamt 34.422 Kindern im Alter von 0 bis 18 Jahren über einen Zeitraum von 14 Jahren untersucht. Daraufhin wurde folgende Einteilung festgelegt:

- starkes Untergewicht: BMI liegt unterhalb P3
- Untergewicht: BMI liegt zwischen der P3 und P10
- Normalgewicht: BMI liegt zwischen P10 und P90
- Übergewicht: BMI liegt über P90
- starkes Übergewicht: BMI liegt über P97

> Ein Kind wächst in den ersten drei Lebensjahren um ca. 100 % und wird um ca. 400 % schwerer. Diese Werte zeigen, dass eine BMI-Berechnung bei Kindern, aber auch noch bei Jugendlichen, sehr schwierig ist.

2.6 Verschiedene Ernährungsformen

Die Ernährung hat einen großen Stellenwert für uns. Dabei gibt es unterschiedliche Lebensweisen und Ansichten, welche Lebensmittel auf welche Art aufgenommen werden sollen. Zu den bekanntesten Ernährungsformen gehören:

- die Vollwertkost
- die vegetarische Kost
- die Trennkost
- die makrobiotische Kost
- die Schnitzer-Kost

2.6.1 Vollwertkost

Grundregeln der gesunden Ernährung → S. 20

Die **Vollwertkost** basiert auf den ›Richtlinien der DGE‹. Durch die Berücksichtigung aller Nährstoffe wird dem Körper all das zugeführt, was er am Tag benötigt.

Abb. 2.27 Abwechslung ist ein Prinzip der Vollwertkost.

2.6.2 Vegetarische Kost

Vegetarische Kost bedeutet, dass auf Fleisch und Fisch generell verzichtet wird. Dabei werden drei verschiedene Formen des Vegetarismus unterschieden:
- **Ovolaktovegetarier:** Sie essen alles außer Fleisch und Fisch. Lebensmittel wie Milch und Milchprodukte, Eier und Honig sind in der Auswahl inbegriffen.
- **Laktovegetarier:** Sie verzichten in ihrer Ernährung zusätzlich auf Eier. Milch und Milchprodukte sowie Honig stehen ihnen zur Verfügung.
- **Veganer:** Sie verzichten auf alle Lebensmittel, die vom Tier abstammen. Auch Tierprodukte wie Honig, Eier oder Milch und Milchprodukte stehen nicht mehr auf dem Speiseplan.

ZUM WEITERDENKEN Kritisch zu betrachten ist die vegane Kost bei Säuglingen, Kleinkindern, Schwangeren und Stillenden. Diese Personengruppen haben einen erhöhten Eiweiß-, Mineralstoff- und Vitaminbedarf. Er kann möglicherweise nicht ausreichend durch die vegane Kost abgedeckt werden, sodass Mangelerscheinungen auftreten könnten.

2.6.3 Trennkost

Der Grundsatz von Trennkost ist es, dass eiweißreiche und kohlenhydratreiche Lebensmittel nie zusammengegessen werden. Sie dürfen jeweils nur mit „neutralen" Lebensmitteln verzehrt werden. Damit soll eine Übersäuerung des Körpers unterbunden werden. Auch wird der prozentuale Anteil von säurebildenden Lebensmitteln, z. B. Fleisch, reduziert. Es muss auf Lebensmittel verzichtet werden, die sowohl Kohlenhydrate und Eiweiße enthalten, z. B. Nüsse.

Beispiele für kohlenhydratreiche Lebensmittel	Beispiele für neutrale Lebensmittel	Beispiele für eiweißreiche Lebensmittel
Brot, Brötchen, Reis, Kartoffeln, Süßkartoffeln, Nudeln (ohne Ei), Mais, Obst (Bananen, Datteln, Trockenfrüchte), Honig, Zucker, Rotwein (fruchtig-süß), Bier, Bananensaft	Gemüse, Pilze, roh- und luftgetrocknete Wurstprodukte (Salami, Schinken), roher und geräucherter Fisch, Nüsse, Sprossen, Butter, Quark, Schlagsahne, Schmand, Käse über 50 % i. Tr., Hüttenkäse, Ziegenkäse, Eigelb, Fette und Öle, Wasser, Tee, Kaffee	gekochte Tomaten, Fleisch, Fisch, Milch, Käse unter 60 % i. Tr., Obst (Kernobst, Beerenobst, Steinobst), ganze Eier, Früchtetee, Weißwein, Rotwein (trocken), Obstsäfte (keine Banane)

2.6.4 Makrobiotische Kost

Der Ursprung der makrobiotischen Kost liegt im Zen-Buddhismus. Die Lebensmittel werden nach ihrer Zugehörigkeit zum Yin (weiblich, ausdehnende Kraft) oder zum Yang (männlich, zusammenziehende Kraft) eingeteilt. Zwischen beiden Elementen sollte immer ein Gleichgewicht herrschen. Trotzdem sollte die tägliche Lebensmittelverteilung zwischen Yin und Yang ein Verhältnis von 5:1 haben.

In der makrobiotischen Kost werden Lebensmittel ausschließlich aus der Region und aus ökologischem Anbau verwendet. Dabei dürfen Lebensmittel wie Reis, Vollkorngetreide, Hülsenfrüchte, Obst und Gemüse, Soja, Nüsse, Algen und wenig Fisch verzehrt werden.

Zucker, Honig, Süßstoffe, Milch- und Milchprodukte, Fleisch, Auszugsmehle, Kaffee, Tee, Alkohol, Konserven, tropisches Obst und Gemüse, Kartoffeln, Tomaten oder Paprika (Nachtschattengewächse) werden nicht verzehrt.

Die Lebensmittel werden in Stufen von 7 bis –3 eingeteilt. Dabei sind die Stufen 3–7 sehr bedenklich, weil sie ausschließlich aus Suppen, Gemüse und Getreide bestehen. Ein weiterer bedenklicher Aspekt ist, dass auf allen Stufen wenig getrunken wird.

2.6.5 Schnitzer-Kost

Bei der Schnitzer-Kost werden die Lebensmittel in roher Form gegessen. Andere Verarbeitungsformen sind nicht vorgesehen. Die Lebensmittel sollen in ihrer natürlichen Vorkommensweise verzehrt werden.

Es werden zwei Formen der Schnitzer-Kost unterschieden:

- **Schnitzer-Normalkost:** Hier dürfen außer Milch und Milchprodukten Eier, Vollkornbrot, Getreide, Samen, Vollkornreis, kaltgepresste Öle, Nüsse, (wenig) Obst, Wurzelgemüse und Kartoffeln gegessen werden. Auf Fleisch, Fisch, Eis, Süßigkeiten, Auszugsmehle und raffinierte Fette wird verzichtet. Vergleichbar ist diese Kost mit der ›ovolaktovegetarischen‹ Kost.
- **Schnitzer-Intensivkost:** Hier wird ganz auf tierische Lebensmittel verzichtet. Verzehrt werden können Nüsse, Samen, Vollkorn, Vollkornbrot, Kartoffeln, (wenig) Obst, Blattsalate und Wurzelgemüse.

Abb. 2.28 Blattsalat mit Nüssen

Ovolaktovegetarier → S. 43

Der Erfinder dieser Kost, der Zahnarzt Johann Georg Schnitzer, meinte, dass das Gebiss des Menschen für den Fleischverzehr nicht geeignet ist. Darüber hinaus seien die heutigen veränderten und verarbeiteten Lebensmittel Hauptursachen vieler Erkrankungen wie Bluthochdruck, Diabetes mellitus, Rheuma, Verstopfung, Übergewicht und Karies.

> Um für sich die ideale Ernährungsform zu finden, muss jeder Einzelne seine Einstellung zu Lebensmitteln, deren Verarbeitung und Herkunft betrachten. Aber auch kulturelle und religiöse Überzeugungen spielen eine Rolle.

2.7 Ernährung unter besonderen Bedingungen

Eine Reihe von Erkrankungen oder auch besondere Lebenssituationen können uns dazu bringen, unser Ernährungsverhalten zu überdenken. Dies kann dazu führen, dass das Ernährungsverhalten den individuellen Bedingungen angepasst werden muss. In den meisten Fällen bedeutet dies, auf bestimmte Lebensmittel zu verzichten.

2.7.1 Lebensmittelallergien und Unverträglichkeiten

Eine Lebensmittelallergie äußert sich durch eine Überempfindlichkeit gegenüber bereits kleinen Mengen bestimmter Lebensmittel. Treten diese Überempfindlichkeiten meist kurz nach dem Verzehr auf und werden sie zusätzlich von Symptomen wie Juckreiz, Atemnot, Nesselsucht, Durchfall, Erbrechen, Bauchschmerzen, Krämpfen oder Rötungen begleitet, kann eine Abwehrreaktion des Körpers vorliegen.

Wird die Allergie durch einen Arzt bestätigt, ist eine **Ernährungsberatung** unabdingbar. Der Allergietest ermittelt die Lebensmittel, die in besonderer Weise die allergischen Reaktionen auslösen. Diese sind dann vom Speiseplan zu verbannen und müssen gegebenenfalls ersetzt werden.

Die häufigsten Lebensmittelallergien beziehen sich auf Milchprodukte, Soja, Eier, Nüsse, glutenhaltige Getreideprodukte oder Fisch und Schalentiere. Daher müssen diese Zutaten auf allen Verpackungen beziehungsweise bei losen Waren durch ein Schild oder einen Aushang kenntlich gemacht werden.

Abb. 2.29 Viele Menschen reagieren auf Meeresfrüchte allergisch.

> **ZUM WEITERDENKEN** Nicht selten treten sogenannte Kreuzallergien auf. Das bedeutet, dass viele Pollenallergiker gleichzeitig eine Lebensmittelallergie haben. Die Erklärung dafür liegt darin, dass Pollenkörner aus Eiweiß bestehen. Dieses Eiweiß ähnelt in seiner Struktur dem Eiweiß von Lebensmitteln. Deshalb kann ein Birkenpollenallergiker auch eine Apfel-, Nuss- oder Erdbeerenallergie entwickeln.

Laktoseintoleranz

Dabei handelt es sich um eine Milchunverträglichkeit. Milch und Milchprodukte enthalten **Milchzucker** (Laktose). Um diesen zu spalten, wird das Enzym Laktase benötigt, das in der Dünndarmschleimhaut gebildet wird.

Wird Laktase wenig oder gar nicht im Körper gebildet, kann dieser den Milchzucker nicht spalten und verwerten. Dadurch gelangt der Milchzucker unverdaut in den Dickdarm und wir dort durch die Darmbakterien verwertet. Durch die Gärprozesse treten Symptome wie Blähungen, Bauchkrämpfe oder Durchfall auf. Besonders kurz nach dem Verzehr von Milch und Milchprodukten sind die Symptome spürbar.

Wird der Verdacht einer Laktoseintoleranz durch einen Arzt bestätigt, muss auf Milchzucker verzichtet werden. Deshalb sollten Lebensmittelverpackungen genau gelesen werden. Es besteht eine Kennzeichnungspflicht für Milchzucker.

Mittlerweile gibt es zahlreiche Ersatzprodukte.

Zöliakie

Bei Zöliakie handelt es sich um eine Unverträglichkeit des Klebereiweißes **Gluten** mit der Folge einer Entzündung der Darmschleimhaut. Dadurch werden die Darmzotten geschädigt und letztlich ganz zerstört.

Im Dünndarm werden die Nahrungsbestandteile in ihre kleinsten Moleküle zerlegt und dann über die Darmschleimhaut an den Körper zurückgeführt. Dieser Vorgang ist bei einer Zöliakie beeinträchtigt und es kommt zu Mangelerscheinungen.

Gluten ist in Getreidesorten wie Hafer, Weizen, Gerste, Roggen, Dinkel und Grünkern vorhanden. Alle Lebensmittel, die Gluten enthalten, müssen entsprechend gekennzeichnet werden. Da mittlerweile viele Menschen von Zöliakie betroffen sind, werden im Handel zahlreiche Alternativen angeboten.

Abb. 2.30 Kennzeichnung auf Lebensmittelverpackung

2.7.2 Ernährung bei bestimmten Erkrankungen

Erkrankungen des Verdauungstraktes

Wenn Erkrankungen des Verdauungssystems vorliegen, ist es wichtig, für eine Entlastung der entsprechenden Organe zu sorgen. Deshalb ist hier eine leichte **Vollkost** zu empfehlen. Dazu sind einige Regeln zu beachten:

- Anbieten von mehreren kleinen Mahlzeiten
- gründliches Kauen
- nicht zu stark salzen und würzen
- keine gebratenen, gerösteten oder geräucherten Lebensmittel auswählen (z. B. paniertes Schnitzel, Makrele)
- keine zu heißen oder zu kalten Speisen
- keine blähenden Lebensmittel auswählen (z. B. Kohlsorten, Hülsenfrüchte)
- auf zucker- und fettreiche Lebensmittel (Sahnetorte, Pommes frites) verzichten
- alkoholische, koffeinhaltige und säurereiche Getränke meiden (z. B. Wein, Kaffee, Mineralwasser mit Kohlensäure)
- Lebensmittel und Getränke wie altbackenes Brot, Zwieback, Knäckebrot, Kartoffeln, Reis, Nudeln, Gemüse (Möhren, Feldsalat), Obst (Banane), Apfelmus, magere Fleisch- und Wurstsorten, Seelachs, Forelle, Kabeljau, frische Kräuter, fettarme Milch und Milchprodukte, stilles Mineralwasser, Kräutertee und Malzkaffee können problemlos verzehrt werden

> Bei der Auswahl von Lebensmitteln gilt die Grundregel: Alles, was der Körper verträgt, kann auch verzehrt werden.

Obstipation

Von einer Verstopfung (Obstipation) wird gesprochen, wenn eine Stuhlentleerung weniger als dreimal pro Woche mit zusätzlichen Problemen wie schmerzhaftem Pressen erfolgt. Begünstigt wird eine Verstopfung durch Stress, einseitige und ballaststoffarme Ernährung, wenig Bewegung und wenig Flüssigkeitsaufnahme.
Auch können z. B. Darmerkrankungen, Hormone oder bestimmte Medikamente Ursachen für eine Obstipation sein.
Grundsätzlich sollte immer eine Obstipation vermieden werden. Dieses Ziel kann erreicht werden, wenn Vollkornprodukte, Obst (außer Banane) und Gemüse (möglichst mit Schale), Trockenobst, viel Flüssigkeit, Bewegung und weniger Stress auf dem täglichen Programm stehen.
Ist eine Obstipation aufgetreten, können Buttermilch, eingeweichtes Trockenobst, Sauerkraut, eine Darmmassage im Uhrzeigersinn und viel Bewegung helfen.

Adipositas (Fettleibigkeit)

Adipositas kann nicht nur den Alltag erschweren, sondern auch ernsthafte Folgen haben. Diese betreffen nicht nur den Körper, z. B. durch Bluthochdruck, Diabetes oder Herz-Kreislauf-Beschweren, sondern auch die Psyche in Form von Depressionen. Ab einem ›BMI‹ von über 24 bei Frauen und über 25 bei Männern wird von Übergewicht gesprochen. Alles, was darüber liegt, ist adipös. Bewegungsmangel, Essstörungen, eine sehr kalorien- und fettreiche Ernährung, zuckerreiche Getränke, aber auch psychische Probleme begünstigen das Entstehen von Adipositas. Um eine Gewichtsreduktion anzustreben, müssen zunächst der BMI bestimmt und die Lebensgewohnheiten betrachtet werden. Eine Kalorienreduktion ist unumgänglich. Für den täglichen **Ernährungsplan** sollten die Lebensmittelgruppen aus dem ›Ernährungskreis‹ täglich verzehrt werden.

BMI → S. 40

Ernährungskreis → S. 19

Geeignete Lebensmittel sind:
- fettarme Milch und Milchprodukte
- magerer Käse
- magere Fleisch-, Wurst- und Fischsorten
- Vollkornprodukte
- Obst
- Gemüse
- Kartoffeln
- Naturreis
- Butter
- Öle
- Tee
- Mineralwasser
- Schorlen

> Bei der Auswahl von Lebensmitteln ist auf versteckte Fette und Zuckerzusätze zu achten.

Tipps zum Abnehmen:
- Lebensmittelauswahl und Ernährungsverhalten Schritt für Schritt umstellen.
- Nehmen Sie sich Zeit. Kein Essen in Eile oder Hektik.
- Ausreichende Bewegung verbrennt zusätzliche Kalorien.
- Nie hungrig und ohne Einkaufszettel einkaufen gehen.
- Eine Gewichtskontrolle nur einmal in der Woche durchführen.

Abb. 2.31 Stellen Sie sich einen Ernährungsplan zusammen.

Diabetes mellitus

Diabetes mellitus wird auch **Zuckerkrankheit** genannt. Es handelt sich dabei um eine chronische Stoffwechselerkrankung, bei der das Hormon Insulin in der Bauchspeicheldrüse gar nicht oder zu wenig gebildet wird. Bei einer anderen Ausprägung der Krankheit sind die für die Zuckerverwertung zuständigen Zellen gegenüber dem Insulin resistent geworden. Daher wird zwischen **Typ 1** (Insulinmangel) und **Typ 2** (Insulinresistenz) unterschieden.

Steht dem Körper Insulin nicht in ausreichender Menge zur Verfügung, kommt es zu einem Überschuss an Zucker im Blut. Dieser wird über die Nieren ausgeschieden. Liegen ständig erhöhte Blutzuckerwerte vor, können Schädigungen im Körper auftreten.

Das Hauptaugenmerk in der Ernährung bei Diabetes liegt auf der Zufuhr der **Kohlenhydrate**. Es sollte auf Kohlenhydrate zurückgegriffen werden, die den Blutzuckerspiegel nur langsam ansteigen lassen. Beispiele für solche Lebensmittel sind Vollkornprodukte, Kartoffeln, Gemüse und Hülsenfrüchte. Mit Vorsicht sind Lebensmittel mit Zuckeraustauschstoffen und Süßstoffen zu genießen. Sie haben eine abführende und blähende Wirkung.

Die tägliche Nährstoffverteilung entspricht derjenigen bei einem „gesunden Menschen". Allerdings sollte die Anzahl der täglichen Mahlzeiten auf sechs (erstes Frühstück, zweites Frühstück, Mittag, Zwischenmahlzeit, Abend, Spätmahlzeit) erhöht werden.

Auf spezielle Lebensmittel muss ein Diabetiker in der Regel nicht zurückgreifen. Allerdings sollten Betroffene auf ihr Gewicht achten.

Bluthochdruck

Von Bluthochdruck wird gesprochen, wenn wiederholt ein Blutdruckwert von über 140 : 90 mmHg gemessen wird. In erster Linie müssen mithilfe des Arztes mögliche Ursachen abgeklärt werden. Auslöser für Bluthochdruck können auch die **Lebensgewohnheiten** sein, z. B. Stress, Übergewicht, wenig Bewegung, ungesunde Ernährung, Rauchen, übermäßiger Kaffeekonsum.

Folgende Maßnahmen können dem Bluthochdruck entgegenwirken:

- den Tagesablauf strukturieren
- auf Nikotin verzichten
- Kaffeekonsum verringern
- Bewegung und Gewichtsreduktion

Bei der Zubereitung von Speisen sollte mit frischen Kräutern gewürzt und Salz sparsam verwendet werden. Auf salzreiche Lebensmittel oder Speisen (Fertigprodukte, Salzgebäck, gepökelte, gesalzene oder geräucherte Fleischwaren) muss verzichtet werden. Ebenso ist auf fettarme Produkte zurückzugreifen. Auch sind Lebensmittel wie Vollkornprodukte, Obst (besonders Bananen), Gemüse, Kartoffeln oder Nüsse geeignet.

Dies wird auch als **natriumarme Kost** bezeichnet. Der positive Aspekt dieser Lebensmittel ist, dass sie einen hohen Kaliumgehalt aufweisen. Kalium ist der Gegenspieler von Natrium und wirkt blutdrucksenkend. Aus diesem Grund ist bei der Auswahl von Mineralwasser die Zusammensetzung zu beachten. Hier sollte Natrium nicht an erster Stelle stehen.

Abb. 2.32 Achten Sie bei Mineralwasser auf die Zusammensetzung.

Gicht

Gicht ist eine Stoffwechselerkrankung, die durch eine erhöhte Konzentration von Harnsäure im Blut ausgelöst wird. Harnsäure entsteht, wenn ›**Purine**‹ mit der Nahrung aufgenommen und durch den Körper wieder abgebaut werden. Kann der Körper die Harnsäure nicht mehr über die Nieren ausscheiden, lagern sich die Harnsäurekristalle an den Gelenken, Ohrknorpeln oder Sehnen ab. In der Folge können Gelenkentzündungen, Nierensteine oder Nierenschäden entstehen.

Purin → S. 27

Bei Gicht sollte auf purinreiche Lebensmittel verzichtet werden. Hierzu gehören Innereien, Hülsenfrüchte, Fleisch, Wurst (roher Schinken, Leberwurst), Geflügel, Gans, Fisch (Sprotten, Forelle, Sardinen, Hering, Makrele), Meeresfrüchte, Rosenkohl, Steinpilze, Trockenfrüchte, Soja, Grünkern, Sonnenblumenkerne, Buchweizen und Hefe.

Auch auf Alkohol sollte verzichtet werden. Dagegen ausreichend Mineralwasser, Schorlen und Tee trinken. Außerdem sollten fettarme Produkte verwendet und eine Gewichtsreduktion angestrebt werden. Ideal ist eine Nährstoffverteilung auf fünf Mahlzeiten am Tag.

Vitamin C und Kaffee haben eine harnsäuresenkende Wirkung.

2.8 Kulturelle Unterschiede in der Ernährung

BEISPIEL In der Kita „Zwergenland" wird immer gemeinsam gefrühstückt. **Nora (3;6)** isst immer ein Ei und ein Brötchen mit Käse. **Ricardo (5;1)** mag das gar nicht. Er möchte lieber ein Croissant oder ein Stück Kuchen.

Die unterschiedlichen Essgewohnheiten der Kinder beruhen auf den Gewohnheiten, die sie aus ihrer Familie kennen. Viele Eltern kommen aus unterschiedlichen Herkunftsländern und haben eigene kulturelle Prägungen mitgebracht. So viele Länder und Kulturen es gibt, so viele verschiedene Essgewohnheiten bestehen auch. Jedes Land und jede Kultur haben ihre Besonderheiten in der Ernährung. Auch religiöse Vorstellungen und Vorschriften spielen dabei eine Rolle.

Abb. 2.33 Jedes Kind bringt von zu Hause Essgewohnheiten mit.

2.8.1 Unterschiedliche Essgewohnheiten in Europa

Frühstück

Allein hier gibt es bereits große Unterschiede zwischen Nord- und Südeuropa. In Norwegen oder Schweden wird z. B. ein herzhaftes Frühstück bevorzugt. Dieses besteht vorwiegend aus Wurst, Käse, Eiern, Brot, Bohnen und Würstchen.

Im südlichen Europa wird dagegen eher süß gefrühstückt. Hier kommen Croissants, Kuchen und Marmelade auf den Tisch. In Italien und Spanien wird häufig sogar nur ein Kaffee getrunken und erst später gegessen.

Tee oder Kaffee am Nachmittag

Großbritannien ist bekannt für seine „tea time" am Nachmittag. Gemeinsam wird in gemütlicher Runde eine Tasse Tee getrunken und dazu süßes oder herzhaftes Gebäck und Sandwiches genossen. Der englische Nachmittagstee wird teilweise zu einer vollwertigen bis üppigen Mahlzeit ausgedehnt. In Deutschland findet dagegen eher das nachmittägliche „Kaffeekränzchen" statt. Hier kommt vorzugsweise Kaffee, aber auch Tee und süßes Gebäck auf den Tisch.

Abendessen

Dieses stellt in Europa eine wichtige Mahlzeit dar. Während in den nördlichen Ländern bereits am frühen Abend gegessen wird, isst man in den südlichen Regionen eher sehr spät, in Italien z. B. erst gegen 20 bis 21 Uhr. Das Essen fällt dann sehr üppig und herzhaft aus. Meist beinhaltet es bis zu vier Gänge. Auf den Tisch kommen bevorzugt Pasta (Nudeln), Fisch oder Fleisch, Gemüse und viel Obst.

2.8.2 Essgewohnheiten in anderen Erdteilen

Auch über die Grenzen von Europa hinaus lassen sich viele interessante Ernährungsgewohnheiten und Besonderheiten in der Esskultur erkennen. Es sollte allerdings beachtet werden, dass Amerika, Asien, Afrika und Australien allein durch ihre Größe von sehr vielen verschiedenen Kulturen und Regionen geprägt sind. Jede Kultur und jede Region hat ihre individuellen Essensgewohnheiten oder Rituale bei der Nahrungszubereitung.

Kontinent	Besonderheiten	Bevorzugte Lebensmittel
Nordamerika	• **Kanadas** Küche ist geprägt durch französische und englische Einflüsse. Bratkartoffeln werden z. B. bereits zum Frühstück serviert. • Die **USA** gelten als Land des Fastfood und der Riesenburger. Frühstück und Abendessen fallen stets üppig aus. Essen wird in kleine Stücke geschnitten und dann nur mit der Gabel gegessen. Es gibt kein Schwarzbrot, eher weiches Weißbrot. Als Snack werden Sandwiches bevorzugt.	• viel Fisch, Steak, Roastbeef, Kartoffeln • Frühstück: Cornflakes, Pancakes (kleine Pfannkuchen), Muffins, Bagels, Ei mit Schinken und Speck • Abendessen: Burger und Pommes, Steak, Rippchen, Hühnchen
Mittel- und Südamerika	• In **Mexiko** gilt Mais in Form von Tortillas als Hauptnahrungsmittel. Daraus entstehen z. B. Quesadillas, Tacos und Enchiladas. Am bekanntesten ist der feurige Eintopf „Chili con Carne". • Kennzeichnend für **Argentinien** sind das Asado (landestypische Grillmahlzeit), die Empanadas (Teigtaschen mit verschiedenen Füllungen) und der Locro (Eintopf aus Mais, Bohnen, Kartoffeln, Gemüse und Fleisch). Als Nationalgetränk gilt der Matetee. • Typisch für **Brasilien** ist das Nationalgericht „Feijoada". Das ist ein Eintopf aus schwarzen Bohnen, Reis und verschiedenen Fleischarten.	• Bohnen (schwarze, rote, weiße), frisches Gemüse, Reis • verschiedene Salsas und Moles (z. B. Guacamole) • Lamm, Truthahn, Ziegenfleisch • in Argentinien: alle Arten von Fleisch
Asien	• Reis ist Grundnahrungsmittel und wird bereits zum Frühstück verzehrt. • Suppen sind sehr beliebt. • Bei der Zubereitung der Speisen dominieren das Dünsten und Dampfgaren. • Tischmanieren: Rülpsen und Schmatzen gelten als Lob für den Gastgeber.	• Reis • Fisch und Meeresfrüchte • Gewürze wie Ingwer • Weiß- und Chinakohl • exotische Gemüse- und Obstsorten, z. B. Bambussprossen, Papaya

Kontinent	Besonderheiten	Bevorzugte Lebensmittel
Afrika	<ul><li>Mais und Hirse sind Hauptbestandteile vieler Gerichte.</li><li>In Nordafrika wird überwiegend arabisch gekocht. Sehr beliebt sind z. B. Kebab (Fleischspieße), Falafel (Gemüsebällchen) und Köfte (Hackfleischbällchen).</li><li>Zu den wichtigsten Speisen Südafrikas gehört Maismehlbrei, der bevorzugt mit den Fingern gegessen wird.</li><li>In Westafrika ist das Fladenbrot „Injera" Nahrungsgrundlage, es ersetzt Besteck und Teller.</li><li>Fleisch wird gegrillt oder geschmort.</li></ul>	<ul><li>Süßkartoffeln</li><li>Couscous</li><li>Kohl</li><li>Kochbananen</li><li>wilder Spinat</li><li>Rind und Ziege</li></ul>
Australien	<ul><li>Die Essgewohnheiten ähneln den englischen, beliebt sind Tee und Meat Pie (Blätterteigtasche mit Hackfleischfüllung).</li><li>Die Küche ist sehr vielfältig durch die Einflüsse vieler Länder und Kulturen.</li><li>Als typisch australisch gilt Vegemite, ein Brotaufstrich aus Hefeextrakt, der bevorzugt auf Toast gegessen wird.</li></ul>	<ul><li>Fleisch, z. B. Rind, Kalb, Geflügel, Lamm sowie exotische Sorten wie Känguru, Emu oder Krokodil</li></ul>

Obwohl es bei der Verwendung von Fleisch, Fisch, Gemüse, Obst oder Gewürzen große Unterschiede gibt, zeigt sich doch weltweit eine ganz bestimmte Gemeinsamkeit. Egal welche Essensgewohnheiten der Kultur zugrunde liegen – überall hat das ›gemeinsame Essen‹ einen sehr hohen Stellenwert. Es steht für Geselligkeit und Zeit mit der Familie und Freunden. Dieses Ritual findet sich überall auf der ganzen Welt wieder.

gemeinsames Essen → S. 75

BEISPIEL Familie Krauß isst jeden Tag gegen 19 Uhr gemeinsam Abendbrot. Der Familie ist es sehr wichtig, gemütlich beieinanderzusitzen und zusammen die Ereignisse des Tages zu besprechen. Familie Agoston bevorzugt aufgrund beruflicher Tätigkeiten eher das gemeinsame Frühstück, um entspannt den Tag zu beginnen.

Abb. 2.34 In allen Kulturen wird Wert auf gemeinsames Essen gelegt.

2.8.3 Ein Beispiel: Die türkische Esskultur

Ein Anteil von ca. 2 % der deutschen Bevölkerung stammt aus der Türkei. Viele von ihnen sind gläubige Muslime, sodass auch religiöse Vorstellungen und Vorschriften eine Rolle bei der Ernährung spielen. Dies hat auch Auswirkungen auf den pädagogischen Alltag.

> **BEISPIEL** Anna Dawitz arbeitet als pädagogische Fachkraft in der Kita „Wirbelwind". Dort betreut sie unter anderem **Mesut (4;2)**, dessen Eltern aus der Türkei stammen und Muslime sind. Mesut isst kein Schweinefleisch und auch keine anderen Lebensmittel, die Bestandteile vom Schwein enthalten. Anna Dawitz achtet darauf, dass Mesut nicht versehentlich von solchen Lebensmitteln isst, z. B. ein Wiener Würstchen.

> **ZUM WEITERDENKEN** Gelatine ist ein tierisches Eiweiß ohne Geschmack, das häufig zur Herstellung von Süßigkeiten verwendet wird. Es ist z. B. in Gummibärchen, Lakritze, Marshmallows, Schaumküssen oder Götterspeisen zu finden. Gelatine ist nicht vegetarisch, weil es ein Schlachtprodukt ist, vorzugsweise von Schweinen oder Rindern. Aus diesem Grund meiden Muslime alle Produkte, die Gelatine beinhalten.

Weitere Informationen zum Thema Islam finden Sie im Internet unter:

www.religionen-entdecken.de/religionen/islam

> „Der Goldbär weist gerne darauf hin, dass er Kinder froh macht, und Erwachsene ebenso. Menschen, die es schätzen, wenn in ihre Süßigkeiten keine Schweinereste gerührt wurden, macht der Goldbär aber nicht so froh. Muslime zum Beispiel. Daher gibt es jetzt den Inklusions-Bär: Fruchtgummi halal. Also ohne Schweinegelatine. Mit deutschem Aufdruck von einer deutschen Firma in der Türkei produziert und als Re-Import bislang nur in türkischen Supermärkten zu kaufen. Mehr als 4000 dieser Märkte gibt es in Deutschland. Früher waren es kleine Tante-Emma-Läden, die Türken tatsächlich Onkel-Mehmet-Läden nennen."
>
> Pantel, Nadia (2014): Hauptsache halal. Süddeutsche Zeitung vom 26.06.2014; www.sueddeutsche.de/leben/lebensmittel-ohne-schweinefleisch-hauptsache-halal-1.2016170 (Abruf: 28.5.2015)

In der Türkei gehört die Mehrzahl der Menschen dem Islam an. Somit ist die türkische Kultur muslimisch geprägt. Die Essensgewohnheiten der Türken sind das ganze Jahr über gleich. Besondere Bedeutung hat für Muslime der Fastenmonat **Ramadan**. In dieser Zeit darf von Sonnenaufgang bis Sonnenuntergang nicht gegessen und getrunken werden.

| Einige Personen sind allerdings vom Fasten befreit. Dazu zählen unter anderem Kinder.

Das **gemeinsame Essen** hat in der türkischen Kultur eine hohe Bedeutung. Alleine oder nebenbei zu essen sowie einfach mal den Kühlschrank zu plündern ist für die meisten Türken nicht vorstellbar. Sitte ist es, dreimal am Tag zu essen. Dabei werden die Mahlzeiten im Sitzen eingenommen.

Die Speisen werden in Schalen serviert und auf den Tisch gestellt. So kann sich jeder nehmen, was er mag. Brot ist immer reichlich vorhanden.

2. Über Ernährung Bescheid wissen

Jederzeit sind Verwandte, Nachbarn oder gute Freunde zum Essen willkommen. Besonders hohen sozialen Stellenwert hat das Abendessen als Hauptmahlzeit. Hier kommen alle Familienmitglieder zusammen und tauschen sich aus.

ZUM WEITERDENKEN Im Kita-Alltag mit Migrationskindern können Sie die türkische Esskultur und die deutsche Esskultur zusammenführen. Was spricht dagegen, einmal eine Mahlzeit auf dem Teppich sitzend einzunehmen?

Nicht nur die Esskultur, sondern auch die Speisenvielfalt der Türken zeigt viele Besonderheiten. In der Türkei wird sehr gerne Hühnerfleisch gegessen, aber auch Lamm und Rind kommen auf den Tisch. Dazu wird immer viel frisches Gemüse gereicht, das gegrillt, gebraten oder frittiert wird. Roh wird es mit Jogurt verfeinert und zu den Speisen gereicht.

Der Oberbegriff für zahlreiche gegrillte oder gebratene Fleischgerichte ist **Kebap**. **Köfte** hingegen bezeichnet alle Hackfleischgerichte. **Pide** ist ein Fladenbrot, das häufig mit Hackfleisch, Spinat oder Käse gefüllt wird. Die bekannteste Nachspeise ist **Baklava**, ein in Sirup getränktes Gebäck, das mit Nüssen gefüllt ist.

In der Türkei zählen **Cay**, Kaffee und Ayran zu den klassischen Nationalgetränken. Cay ist Schwarztee und wird nicht nur zum Essen, sondern zu jeder Gelegenheit getrunken. Muss man z. B. in einem türkischen Geschäft länger warten, bekommt man immer einen Cay angeboten. Kaffee wird frisch in einer kleinen Kanne über einer kleinen Flamme zubereitet und meist gesüßt. An heißen Tagen wird das Joghurt-Getränk **Ayran** bevorzugt. Dieses wird mit Wasser verdünnt und mit einer Prise Salz genossen.

Abb. 2.35 Kebap

Abb. 2.36 Köfte

Abb. 2.37 Pide

Abb. 2.38 Baklava

Warum muss ich das für meinen Beruf wissen?

Für Ihre Arbeit als pädagogische Fachkraft sind Kenntnisse über Ernährung und ihre Zusammenhänge sehr wichtig. In den Bildungsplänen aller Bundesländer wird gefordert, dass Kinder zu einer gesunden Lebensführung erzogen werden sollen. Dazu sollen sie bereits im frühen Kindesalter Grundlagen der Ernährung erlernen. Voraussetzung dafür ist, dass die pädagogische Fachkraft diese Grundlagen selbst verinnerlicht hat. Nur dann kann sie diese an die Kinder weitervermitteln. Die Vermittlung kann in Form von Spielen oder Projekten geschehen, z. B. ›„Wir tanzen mit den Vitaminen"‹. Außerdem muss die pädagogische Fachkraft auf eine ausgewogene Ernährung der Kinder achten und dies vorleben, z. B. selbst frisches Obst essen. Um einschätzen zu können, wie nahrhaft der Inhalt einer Brotdose ist, benötigt sie Fachkenntnisse.

Eine Tagespflegeperson kocht meistens selbst für die Kinder. Sie braucht daher in besonderem Maße Wissen über Ernährung, nicht zuletzt, wenn sie Kinder mit bestimmten Erkrankungen betreut. Durch regelmäßige Elternarbeit und Austausch mit den Eltern können Sie diesen mit Tipps und Anregungen zur Seite stehen.

Für die Betreuung von Kindern aus anderen Kulturen ist es vorteilhaft, deren Ernährungsgewohnheiten zu kennen und zu berücksichtigen. Dadurch lassen sich Barrieren abbauen und unbekannte Verhaltensweisen werden besser verstanden.

Lernsituationen → S. 196

GRUNDLAGEN DER HAUSWIRTSCHAFT

3 KINDER VERSORGEN KÖNNEN

6. Mai

18:36 – Hilfeeeee, Binka, ich soll kochen! ☹

18:40 – Hallo, Tijen, ich lach mich kaputt: du und kochen? Wie kommt es dazu?

18:44 – Wir haben seit gestern in unserer Kindertageseinrichtung eine Küchenzeile mit integrierter Kinderarbeitsplatte. Und jetzt soll ich gemeinsam mit den Kindern etwas Jahreszeitentypisches kochen. Vorher steht noch Einkaufen auf dem Programm.

18:52 – Stimmt, du kochst ja nicht nur für dich und es soll ja auch Spaß machen. Da muss man schon einiges beachten.

3.1 Der Einkauf

Der Einkauf muss gut durchdacht und geplant werden. Nur so lassen sich Geld, Zeit und Wege sparen. Denn schnell mal nach der Arbeit etwas einzukaufen bedeutet Stress. Dadurch kommen Dinge wahllos in den Korb oder es werden zusätzliche Lebensmittel besorgt, die man gar nicht kaufen wollte.

3.1.1 Tipps für den Einkauf

Mit den nachfolgenden Tipps kann der Einkauf für Sie entspannt werden:
- Holen Sie sich Informationen über Werbematerial ein und vergleichen Sie Preise.
- Gehen Sie niemals hungrig einkaufen – dann besorgen Sie eventuell Dinge, die Sie gar nicht kaufen wollten.
- Schreiben Sie immer einen **Einkaufszettel**.
- Achten Sie auf das ›**Mindesthaltbarkeitsdatum**‹ (MHD) und das Zutatenverzeichnis auf der Ware.
- Kaufen Sie **Saisonware**, z. B. Erdbeeren im Juni/Juli und nicht im Dezember; ›Saisonkalender‹ helfen Ihnen dabei.
- Achten Sie auf preisgünstigere Ware, die in den unteren Regalen liegt.
- Überprüfen Sie die Qualität der Waren. Kaufen Sie z. B. keine verbeulten Konserven oder Obst mit Druckstellen.
- Vermeiden Sie aufwendige Verpackungen; diese belasten die Umwelt und können die Produkte unnötig teuer machen.
- Heben Sie die **Quittungen** für eventuelle ›Reklamationen‹ auf.

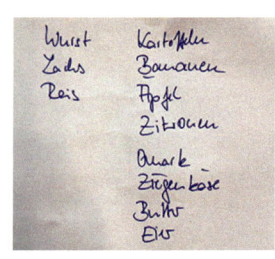

Abb. 3.1 Schreiben Sie einen Einkaufszettel.

Mindesthaltbarkeitsdatum
→ S. 60
Saisonkalender → S. 62

Reklamation
Beanstandung einer Ware, wenn diese fehlerhaft ist

Da es eine für den einzelnen Kunden unüberschaubare Auswahl an Produkten gibt (z. B. Lebensmittel, elektrische Geräte, Reinigungsmittel und Kleidung), hat der Gesetzgeber zum Schutz der Verbraucher Verordnungen erlassen. Diese **Vorschriften** verpflichten Hersteller, die für eine Kaufentscheidung notwendigen Informationen über die Produkte auf der Verpackung zu kennzeichnen.

Solche Verordnungen sind z. B.:

- die **Lebensmittelkennzeichnungsverordnung** (Bezeichnung des Lebensmittels, Zutaten mit Kennzeichnung der 14 wichtigsten Stoffe, die Allergien auslösen können, MHD, Nettofüllmenge, Firmenname)
- die **Preisangabenverordnung** (Auspreisen der Produkte, d. h. der Grundpreis in Kilo oder Liter und der Endpreis auf der Packung)
- das **Textilkennzeichnungsgesetz** (Kennzeichnung der verwendeten Rohstoffe in der Kleidung)
- die **Gefahrstoffverordnung** (›Gefahrenpiktogramme‹ auf Etiketten von Reinigungsmitteln)

Gefahrenpiktogramme → S. 172

Neben diesen Verordnungen können sich Verbraucher zusätzlich an **Gütezeichen** orientieren, den sogenannten freiwilligen Angaben des Herstellers. Dazu zählen unter anderem: Pflegesymbole in Kleidung, DIN (Siegel des Deutschen Instituts für Normung), GS (Siegel Geprüfte Sicherheit), TÜV (Siegel des Technischen Überwachungsvereins), Blauer Engel (Umweltgütezeichen).

Schreiben die Hersteller auf ihren Verpackungen z. B. „fettarm" oder „reich an Vitaminen", sind das ›nährstoffbezogene‹ Angaben. Laut EU-Verordnung müssen diese in einer **Nährwerttabelle** angegeben werden. Die Nährwertkennzeichnung wird ab dem 13.12.2016 verpflichtend. Dann müssen Angaben über Energiegehalt, Fettanteil (davon gesättigte Fettsäuren) und Kohlenhydrate (davon Zucker), Eiweiß und Salz gemacht werden.

Abb. 3.2 TÜV-Siegel

Nährstoffe → S. 23

Die **Lebensmittelinformationsverordnung der EU** (LMIV) erfasst folgende Kriterien:

- Die Vorgabe der Schriftgröße.
- Die 14 wichtigsten Stoffe (z. B. Eier, Soja, Milch, Nüsse, Schwefeldioxid, Fisch, Krebstiere oder ›glutenhaltige‹ Getreideprodukte, die Allergien auslösen können) müssen hervorgehoben werden.
- Auch bei unverpackter Ware, z. B. beim Fleischer, müssen die Allergene gekennzeichnet werden.
- Die Nährstoffangaben müssen sich auf 100 g oder 100 ml beziehen.
- Fleisch (Schwein, Schaf, Ziege, Geflügel), das unverarbeitet und vorverpackt in Umlauf kommt, muss mit dem Aufzucht- und Schlachtort gekennzeichnet werden.
- Bei eingefrorenem Fleisch oder Fleischzubereitungen muss das Einfrierdatum angegeben werden.
- Bei der Verwendung von Imitaten muss der ersatzweise verwendete Stoff unmittelbar in der Nähe des Produktnamens angegeben werden.
- Wird ein Produkt aus mehreren Fleisch- oder Fischstücken hergestellt, so muss auf der Verpackung darauf hingewiesen werden.
- Enthalten Getränke einen höheren Koffeingehalt, so muss der Hinweis erfolgen, dass sie nicht für Kinder, Schwangere oder Stillende geeignet sind.
- Werden bei der Herstellung Zutaten in Form von technisch hergestellten Nanomaterialen verwendet, so muss hinter der Zutat in Klammern „Nano" stehen.
- Beim Kauf von Lebensmitteln über das Internet müssen alle Pflichtangaben mit MHD und Verbrauchsdatums vor Abschluss des Kaufvertrags erkennbar sein.

Abb. 3.3 Blauer Engel

Lebensmittelunverträglichkeiten → S. 45

Mehr Informationen finden Sie auf den Seiten des Bundesministeriums für Ernährung und Landwirtschaft:

www.bmel.de

GRUNDLAGEN DER HAUSWIRTSCHAFT

ZUM WEITERDENKEN Regionale Produkte werden mit dem sogenannten **„Regionalfenster"** gekennzeichnet. Diese Kennzeichnung umfasst Aussagen zur Herkunft der Zutaten sowie zum Ort der Verarbeitung. Die erste Hauptzutat und die wertgebende Zutat müssen dabei aus der angegebenen Region stammen.

Regional
- Schwein und Rind aus Hessen
- geschlachtet, verarbeitet in 36251 Bad Hersfeld
- Anteil regionaler Rohstoffe am Endprodukt = 92%

Neutral geprüft durch: Muster GmbH
www.regionalfenster.de

Abb. 3.4 Beispiel für eine Kennzeichnung durch das Regionalfenster

| Lebensmittelverpackungen liefern sehr viele und aufschlussreiche Informationen.

3.1.2 Einkaufsmöglichkeiten

Wo gehe ich am besten einkaufen? Diese Entscheidung ist von verschiedenen Faktoren abhängig. Lebt man z. B. auf dem Land, gibt es wenige Möglichkeiten, große Warenhäuser aufzusuchen. Wenn man dagegen in der Stadt wohnt, ist es viel aufwendiger, frische, einheimische Produkte direkt vom Erzeuger zu erwerben. Möchte ich ein umfangreiches Angebot, eine Fachberatung oder reicht mir der kleine Laden um die Ecke? Natürlich geht es bei diesen Fragen auch um persönliche Vorlieben. Die nachfolgende Tabelle zeigt einige Einkaufsmöglichkeiten mit ihren Vor- und Nachteilen.

Einkaufsmöglichkeiten	Vorteil	Nachteil
Fachgeschäfte (z. B. Fleischer, Bäcker, Elektroartikel)	Spezialisierung auf eine Produktgruppe mit einer großen Auswahl. Bedienung vom Fachpersonal, umfangreiche Beratung, hohe Qualität, Reparaturservice ist möglich.	Die Produkte sind teurer im Vergleich zu Produkten im Supermarkt oder Discounter.
Fachmärkte (z. B. Baumarkt, Möbelmarkt)	Die Auswahl der Produktgruppen ist sehr groß. Die Produkte sind eher günstig.	Wenig Beratung und Service, wenig Fachpersonal.
Direktkauf bzw. Kauf beim Erzeuger (z. B. Eier, Honig, Obst)	Sehr frische Ware. Oft biologischer Anbau bzw. artgerechte Haltung der Tiere.	Sie befinden sich meist auf Dörfern oder in Kleinstädten, deshalb größere Anfahrtswege.
Warenhäuser (z. B. Uhren, Schmuck, Lebensmittel, Elektro- und Sportartikel)	Auf verschiedenen Etagen befinden sich die Produktgruppen. Gastronomie und z. T. Kinderbetreuung werden angeboten.	Wenig Beratung und Service. Die Produkte können eher teuer sein. Sind meist in Großstädten zu finden.
Discounter	Bieten ein sehr großes Sortiment an Lebensmitteln. Die Produkte sind sehr günstig. Die Präsentation der Produkte ist zweckmäßig.	Kaum Beratung, Service und Fachpersonal.
Supermärkte	Bieten neben Lebensmitteln noch Haushaltswaren, Kosmetik und Blumen an.	Wenig Beratung, Service und Fachpersonal.
Katalog-Versandhandel (z. B. Kleidung, Möbel, elektrische Geräte)	Sehr bequem (die Ware wird von zu Hause bestellt und angeliefert), großes Sortiment, Ratenzahlung möglich.	Bei Ratenzahlung können Sie den Überblick verlieren und sich überschulden. Keine Beratung, es kann zu Lieferverzögerungen kommen. Zusätzliche Versandkosten.
Internet-Versandhandel	Sehr bequem (Preisvergleiche können direkt von zu Hause aus durchgeführt werden, Ware kann bestellt werden und wird angeliefert).	Kein Vor-Ort-Service, keine Beratung, evtl. Probleme im Zahlungsverkehr (Missbrauch) und bei der Lieferung. Zusätzliche Versandkosten.

3. Kinder versorgen können

> **BEISPIEL** Binka hat ihre Freundin Tijen zu einem Mädelsabend eingeladen. Ihre Kochkünste sind allerdings nicht die Besten. Deshalb hält sich Binka strikt an die Angaben der benötigten Lebensmittel und der Zubereitung im Kochbuch. Für den Einkauf aller Zutaten wählt Binka den Discounter um die Ecke. Doch schon beim ›Schälen‹ des Gemüses bemerkt sie, dass sie viel abschneiden muss. Nun ist ihre Freundin da und der Abend kann beginnen. Als Binka die angerichteten Teller auf den Tisch stellt, schaut ihre Freundin skeptisch und sagt: „Deine Schnitzel sind aber sehr klein."

Wareneinsatz und
Preisberechnung → S. 69

3.1.3 Einkaufen mit Kindern

Beachten Sie die nachfolgenden Hinweise für das Einkaufen mit Kindern:

- Bevor es zum Einkaufen geht, lassen Sie das Kind die Toilette aufsuchen.
- Vereinbaren Sie mit dem Kind Regeln, z. B. dass es sich genau eine Kleinigkeit aussuchen darf und nicht mehr. Während des Einkaufens sollten Sie dann konsequent bleiben.
- Wählen Sie einen Wochentag und eine Uhrzeit, zu denen weniger Menschen unterwegs sind (z. B. am Morgen oder in der Wochenmitte). So wird der Einkauf entspannter.
- Führen Sie Groß- und Monatseinkäufe möglichst alleine durch.
- Achten Sie darauf, dass bei Kindern beliebte Waren (z. B. Süßigkeiten, Spielwaren und Zeitschriften) in den unteren Regalen oder im Kassenbereich zu finden sind.
- Beziehen Sie Kinder durch kleine Aufgaben in den Einkauf ein. Sie können z. B. bestimmte Lebensmittel holen oder den Einkaufwagen schieben.
- Benutzen Sie zum Bezahlen eine süßigkeitenfreie Kasse.

Abb. 3.5 Mit Kindern einkaufen

3.1.4 Gütezeichen (Öko-Siegel)

Das Bio-Siegel ist auf Anhieb allen Menschen ein Begriff. Dennoch existieren dazu sehr unterschiedliche Meinungen.

„Ich kaufe ausschließlich Produkte mit dem Öko-Siegel, weil diese frei von Pestiziden und viel gesünder sind." (Bianca W.)

„Ich finde, der ganze Bio-Hype ist Lug und Trug. Die Leute sollen mehr Geld ausgeben, aber ob auch wirklich immer „Bio" drinsteckt, wo „Bio" draufsteht, weiß doch eh keiner. Wer soll das alles kontrollieren?" (Rick K.)

„Ich achte immer sehr genau auf meine Ernährung und darauf, woher mein Essen kommt. Allerdings sehe ich bei den ganzen Bio- und Öko-Siegeln, die man auf den Verpackungen findet, nicht mehr durch." (Sybille S.)

Abb. 3.6 Beispiel für ein Bio-Siegel

Die EG-Öko-Verordnung finden Sie unter:
www.bmel.de/SharedDocs/Downloads/Landwirtschaft/OekologischerLandbau/834_2007_EG_Oeko-Basis-VO.html

Noch vor einigen Jahren war mit dem Begriff **„Bio"** ein Produkt gemeint, das natürlich hergestellt wurde. Diese Umschreibung wurde von den Herstellern sehr unterschiedlich interpretiert. Daher hat die Europäische Gemeinschaft beschlossen, für diesen Bereich einheitliche Regeln und Vorgaben zu verfassen. Damit entstand 2001 das „Bio-Siegel" nach **EG-Öko-Verordnung**. Die Begriffe „Bio" und „Öko" sind seitdem gesetzlich geschützt und umfassen zahlreiche Kriterien. Für Hersteller, die das „Bio"-Zeichen verwenden wollen, sind folgende Dinge verboten:

- Gentechnik, Kunstdünger verwenden
- chemische Schädlingsbekämpfungsmittel verwenden
- mehr als 5 % nicht ökologisch erzeugter Zutaten verwenden
- Antibiotika und Wachstumsförderer bei Tieren verwenden sowie Tiere nicht artgerecht halten
- Gewürze und Kräuter radioaktiven Strahlen aussetzen, um die Ernte vor Parasiten zu schützen (erlaubt ist nur natürlicher Schädlingsschutz)
- chemisch-synthetische Pflanzenschutzmittel einsetzen
- immer die gleiche Pflanzenart auf den gleichen Flächen anbauen (Monokultur)
- Rohstoffe nicht sachgerecht lagern
- Lebensmittel mit unzulässigen Zutaten weiterentwickeln

Den Artikel zur Sperrung finden Sie unter:
www.dlz.agrarheute.com/oekobetriebe

ZUM WEITERDENKEN Trotz regelmäßiger Kontrollen durch die zuständigen Behörden kommt es leider immer wieder zu Skandalen in der Bio-Branche. So wurden im Januar 2015 laut „dlz agrarmagazin" 22 Öko-Betriebe gesperrt. Solche Schlagzeilen verunsichern die Verbraucher, wenn es darum geht, Lebensmittel mit dem Bio-Zeichen zu erwerben. Dennoch gibt es zahlreiche Bio-Bauern, die sich an die Vorgaben halten und ökologischen, ressourcenorientierten Landbau im Einklang mit der Natur betreiben.

3.2 Lebensmittel richtig lagern

3.2.1 Vorratshaltung

Wer kennt das nicht? Es ist keine Zeit zum Einkaufen oder überraschend steht Besuch vor der Tür. In solchen Situationen ist es gut, wenn man einen Vorrat hat. Aber wie lagert man Lebensmittel, ohne dass sie zu schnell verderben? Die **Lebensmittelverpackungen** geben uns Auskunft über Lagerdauer und erforderliche Lagerbedingungen.

Grundsätze für das Lagern von Lebensmitteln

Mindesthaltbarkeitsdatum
→ S. 60

- Die auf der Verpackung stehenden Lagerbedingungen und die Lagerdauer (›Mindesthaltbarkeitsdatum‹) unbedingt einhalten.
- Lebensmittel in Vorratsbehältern aufbewahren. Die Vorratsbehälter müssen lebensmittelecht, gut verschließbar, leicht zu reinigen und zu beschriften sein.
- Vorräte regelmäßig kontrollieren.
- Ein Prinzip der Vorratshaltung heißt „First in, first out" (Fifo). Das bedeutet, neue Ware wird hinter der alten eingeordnet.
- Lebensmittel aus angebrochenen Verpackungen umfüllen, abdecken und kühl aufbewahren. (Sonst entwickeln z. B. in Konserven gelagerte Lebensmittel einen Metallgeschmack, Milchprodukte nehmen schnell den Geschmack von anderen Lebensmitteln an.)

Abb. 3.7 Verpackung mit Mindesthaltbarkeitsdatum

3. Kinder versorgen können

Bei der Vorratshaltung gibt es einen Grundsatz: „Weniger ist mehr". Das heißt, in jedem Haushalt sollte ein Grundsortiment an Lebensmitteln und Getränken vorhanden sein, wie z. B. Mehl, Zucker, Salz, Reis, Nudeln, Hülsenfrüchte, Konserven (Fisch, Gemüse, Obst), Käse, Butter, Wurst, Öl, Milch, Mineralwasser und Fruchtsaft.

Abb. 3.8 Vorratsdosen

In vielen Haushalten sind die Lagermöglichkeiten begrenzt. Deshalb sollte schon beim Einrichten der Wohnung auf Platz für einen ›**Vorratsschrank**‹ geachtet werden. Um eine optimale Lagerung für einen Vier-Personen-Haushalt zu gewährleisten, reichen schon ein Kühlschrank (240 Liter) mit Gefrierfunktion und ein Vorratsschrank für Konserven, Getränke und Trockenprodukte aus.

Vorratsraum → S. 100

> Werden Lebensmittel, vor allem Frischprodukte, falsch gelagert, können sich die darin befindlichen Bakterien vermehren. So können in acht Stunden aus einem Bakterium mehr als 16 Millionen Bakterien werden.

3.2.2 Der Kühlschrank

Ein übersichtlich eingeräumter Kühlschrank hat den Vorteil, dass man auf den ersten Blick erkennt, was noch benötigt wird, und daher die Kühlschranktür nur kurz öffnen muss. So lassen sich Energiekosten einsparen. Damit die Lebensmittel optimal gelagert werden, sollten die **Kühlzonen** beachtet werden.
Um größere Vitaminverluste zu vermeiden, sollte Obst und Gemüse immer frisch gekauft und nur kurz gelagert werden. Nicht alle Obst- und Gemüsesorten sind für das kühle Lagern geeignet. Südfrüchte, Kartoffeln und Tomaten gehören nicht in den Kühlschrank.
Kühlschränke werden im Handel meist in Kombination mit einer Gefrierfunktion angeboten. Die **Gefrierfunktion** wird durch die Anzahl der Sterne gekennzeichnet.

- *1-Stern-Fach, −6 °C: Die Lebensmittel können ca. zwei Tage aufbewahrt werden.
- **2-Sterne-Fach, −12 °C: Die Lebensmittel können ca. eine Woche gelagert werden.
- ***3-Sterne-Fach, −18 °C: Lagerung laut Verpackung möglich.
- ****4-Sterne-Fach, −24 °C: Die Lebensmittel sind mehr als drei Monate lagerfähig.

Abb. 3.9 Kühlschrank

Besonderheiten bei der Lagerung von Säuglingsnahrung
Grundsätzlich sollte Säuglingsnahrung immer frisch zubereitet werden. Doch es gibt Situationen, in denen dies nicht möglich ist, z. B. wenn man mit einem Baby unterwegs ist. Die Nahrung muss frisch angerührt oder kühl aufbewahrt werden. Eine andere Möglichkeit ist es, heißes Wasser und Milchpulver separat mitzuführen und die Milchflasche vor Ort zuzubereiten. In allen Fällen dürfen angerührte Milchreste nicht aufgehoben, sondern müssen entsorgt werden.

GRUNDLAGEN DER HAUSWIRTSCHAFT

3.2.3 Der Vorratsschrank

Vorratsschrank → S. 60

Mindesthaltbarkeitsdatum → S. 60

Der ›Vorratsschrank‹ wird für das Lagern von Trockenprodukten (wie z. B. Mehl, Nudeln, Reis) sowie Konserven, Milch und Getränken benötigt. Die Produkte sollten übersichtlich geordnet, in geeigneten Behältern gelagert und zweimal im Jahr auf das ›Mindesthaltbarkeitsdatum‹ (MHD) kontrolliert werden.

Lagerdauer und Mindesthaltbarkeitsdatum von Lebensmitteln

Die Lagerdauer gibt an, wie lange Lebensmittel aufbewahrt werden können, bevor sie ungenießbar werden. Dabei handelt es sich um Erfahrungswerte, die durch Tests bestimmt wurden. Das Mindesthaltbarkeitsdatum auf der Packung gibt detaillierte Auskünfte über die Lagerdauer eines bestimmten Lebensmittels.

Lebensmittel	Kühlschrank	Vorrats-schrank	Bei Raumtemperatur	Lagerdauer
Eier	•			20 Tage
Butter	•			1 Monat
Marmelade (geöffnet)	•			5 Wochen
(ungeöffnet)		•		2 Jahre
Fleisch, Geflügel	•			1 Tag
Hackfleisch, Fisch	•			sofort verzehren
Wurst (frisch)	•			2–3 Tage
(verpackt)	•			3–4 Wochen
Käse, Sahne (geöffnet)	•			2–3 Tage
(ungeöffnet)	•			4 Wochen
Joghurt	•			3 Wochen
Tomatenmark, Ketchup (geöffnet)	•			4 Wochen
(ungeöffnet)		•		2 Jahre
Fischkonserven (geöffnet)	•			sofort verzehren
(ungeöffnet)		•		2 Jahre
Salat	•			2 Tage
Gurke, Paprika, Suppengrün, Zitronen	•			3 Tage
Milch (geöffnet)	•			2 Tage
(ungeöffnet)		•		3 Monate
Mehl, Kartoffel- und Maismehl, Zucker, Reis		•		1 Jahr
Kartoffeln, Zwiebeln			•	1 Woche
Brot, Brötchen			•	2 Tage
Konserven		•		2–3 Jahre

> **BEISPIEL** Die idealen Lagerbedingungen für Kartoffeln herrschen an einem kühlen und dunklen Ort. Die Keime oder auch die grünen Stellen der Kartoffel enthalten eine größere Menge an Solanin. Solanin ist ein natürliches Gift, das Magenbeschwerden, Erbrechen, Herzrhythmusstörungen, Krämpfe und Bewusstlosigkeit auslösen kann. Es ist außerdem auch in grünen, unreifen Tomaten enthalten.

3.3 Techniken der Speisenzubereitung

3.3.1 Küchentechnische Fachbegriffe

Fachbegriff	Erklärung
Ablöschen	Dem Lebensmittel (z. B. Gemüse) wird beim Bratvorgang heiße Flüssigkeit (z. B. Brühe) unter Rühren zugegeben, um es nach dem Anbraten durchzugaren. Auch bei der Herstellung einer Grundsoße spricht man vom Ablöschen. Mehlschwitze wird mit Flüssigkeit aufgefüllt und gerührt.
Abschrecken	Das heiße und gegarte Lebensmittel (z. B. Nudeln) wird sofort nach dem Garprozess unter kaltem Wasser abgespült.
Auslassen	Durch Wärmezufuhr werden tierische Fette (z. B. Speck) ausgebraten und flüssig.
Binden	Durch Zugabe eines Mehl-Wasser-Gemisches wird das Lebensmittel (z. B. Soße) angedickt.
Blanchieren	Das Lebensmittel (z. B. Brokkoli) wird für 1–2 min. gekocht und anschließend mit kaltem Wasser abgeschreckt.
Einweichen	Das Lebensmittel (z. B. getrocknete Pilze) wird roh für einige Stunden in kaltem Wasser eingelegt. Dabei nimmt es an Volumen zu.
Fond	Hier spricht man auch von konzentrierter Brühe.
Gratinieren	Die bereits gegarten Lebensmittel werden z. B. mit Käse überbacken.
Karamellisieren	Zucker wird in einem Topf erhitzt, dadurch wird er braun.
Legieren	Zur Verfeinerung und Geschmacksverbesserung wird Sahne oder Ei in nicht kochende Lebensmittel eingerührt.
Marinieren	Durch das Einlegen oder Einreiben des Lebensmittels (z. B. Fleisch) mit einer würzigen Flüssigkeit erhält es einen kräftigen Geschmack.
Mehlschwitze	Im Fett angedünstetes Mehl wird mit heißer Flüssigkeit abgelöscht.
Panieren	Das Lebensmittel (z. B. Fleisch) wird gewürzt, in Ei und dann in Paniermehl gewendet.
Pellen	Die Schale eines gekochten Lebensmittels (z. B. Kartoffel) wird fein abgezogen.
Pochieren	Das Lebensmittel (z. B. Fisch) wird bei einer Temperatur unter 100 °C schonend gegart.
Prise	Die Menge, die sich zwischen Daumen-, Zeige- und Mittelfinger nehmen lässt (z. B. eine Prise Salz).
Quellen	Das Lebensmittel (z. B. Nudeln) wird roh in kochendes Wasser gegeben und gegart. Dabei nimmt es an Volumen zu.
Reduzieren	Das Lebensmittel (z. B. Soße) wird so lange erhitzt, bis die gewünschte Menge an Flüssigkeit aus dem Topf verdampft ist.
Schlagen	Luft wird als Lockerungsmittel unter das Lebensmittel (z. B. Sahne) geschlagen.
Schwenken	Die verzehrfertigen Lebensmittel (z. B. Gemüse) werden mit Butter oder einer Marinade durchmischt.
Sieben	Das Lebensmittel (z. B. Mehl) wird vor der Weiterverarbeitung durch ein feines Sieb gegeben.
Stocken	Das flüssige Lebensmittel (z. B. Eigelb) wird durch Hitzeeinwirkung, z. B. durch ein Wasserbad, fest.
Stürzen	Das Lebensmittel, das in einer Form gegart wurde, wird als Ganzes herausgenommen (z. B. Pudding).
Unterheben	Die Speise (z. B. Kuchenteig) wird vorsichtig mit einer luftgelockerten Masse, z. B. Eischnee, vermischt.
Wasserbad	Für ein Wasserbad benötigt man zwei Töpfe. Im ersten wird Wasser zum Kochen gebracht. Im zweiten befindet sich das Lebensmittel (z. B. Schokolade). Der zweite Topf wird in den ersten gestellt. Ohne dass das Lebensmittel mit dem kochenden Wasser in Kontakt kommt, wird es geschmolzen, aufgeschlagen oder gestockt.
Wässern	Beim Wässern wird das Lebensmittel in kaltes Wasser gelegt. Dadurch schwemmt man unerwünschte Stoffe aus (z. B. bei Innereien).
Zerlassen	Durch geringe Wärmezufuhr werden feste Lebensmittel (z. B. Butter) flüssig gemacht.

I GRUNDLAGEN DER HAUSWIRTSCHAFT

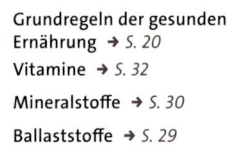

Grundregeln der gesunden
Ernährung → S. 20
Vitamine → S. 32
Mineralstoffe → S. 30
Ballaststoffe → S. 29

3.3.2 Saisonkalender für Obst und Gemüse

Obst und Gemüse sollten nach den ›**Empfehlungen der Deutschen Gesellschaft für Ernährung**‹ **(DGE)** wegen ihrer ›Vitamine‹, ›Mineralstoffe‹ und ›Ballaststoffe‹ fünfmal am Tag auf dem Tisch kommen. Diese vorteilhaften Inhaltsstoffe sind vor allem in frischem saisonalem Obst und Gemüse zu finden. In der Saison sind die verschiedenen Sorten zudem günstig einzukaufen, da sie nicht über große Strecken aus fernen Ländern transportiert werden müssen. Saisonkalender geben Auskunft darüber, wann Obst und Gemüse Erntezeit haben.

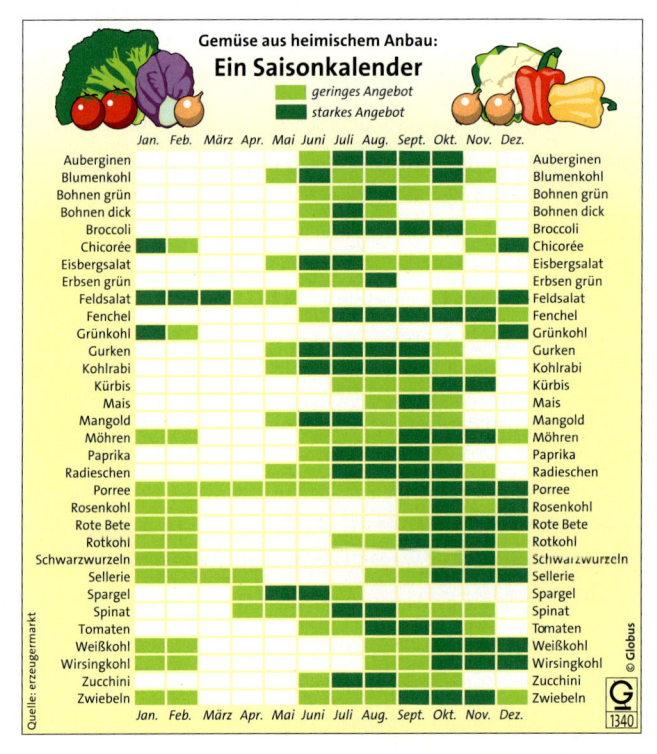

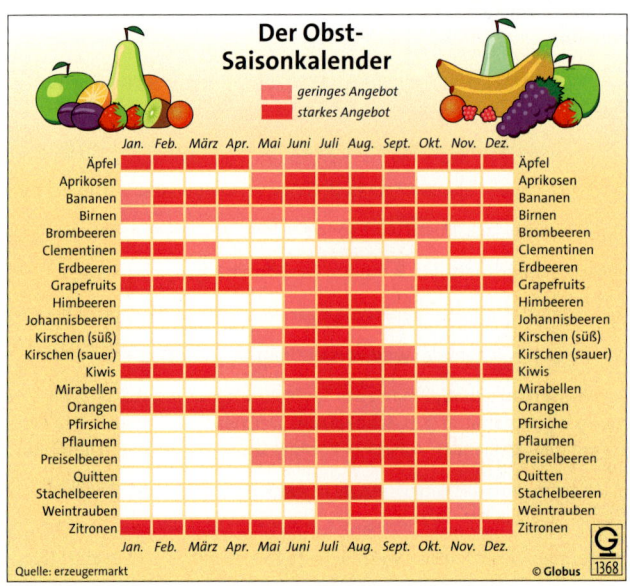

3.3.3 Portionsgrößen

Tabellen mit Portionsgrößen geben darüber Auskunft, welche Menge eines Lebensmittels pro Person beim Zubereiten eines Gerichtes benötigt wird.

Mengenangaben

Die Menge entspricht einer erwachsenen Person und bezieht sich auf die rohe Ware. Für die Portionsgröße eines fünfjährigen Kindes berechnen Sie zwei Drittel der angegebenen Menge, bei einem zehnjährigen Kind ungefähr die Hälfte. Dabei sollten Sie immer auch den Entwicklungsstand des Kindes berücksichtigen.

	Hauptgericht	Vorsuppe	
Suppe/Eintopf	500 ml	200 ml	
	Hauptgericht	**Beilage/Snack**	**Suppeneinlage**
Kartoffeln	250 g	200 g	125 g
Reis	100 g	50 g	30 g
Teigwaren	100 g	60 g	30 g
Gemüse	250 g	200 g	125 g
Salat	500 g	150 g	
Pikantes Gebäck	¼ Blech	⅛ Blech	
Fleisch	mit Knochen 150 g	ohne Knochen 125 g	Hackfleisch 100 g
Fisch	mit Kopf 250 g	als Filet 150 g	
Obst	frisch 200 g	Kompott 100 g	
Süßspeise	125 g		

3.3.4 Speisen herstellen

Die Herstellung von Speisen verläuft in drei Schritten:
- Vorbereitung
- Zubereitung
- Anrichten

Vorbereitungsarbeiten

Zu den Vorbereitungsarbeiten gehört das Säubern und Zerkleinern von Lebensmitteln. Dabei spielt die Auswahl der Hilfsmittel eine große Rolle. Schon der Einsatz eines Messers beim ›Schälen‹ von Gemüse kann große Vitaminverluste bedeuten. Die wertvollsten Vitamine liegen unter der Schale des Gemüses oder Obstes. Daher ist es zu empfehlen, einen Sparschäler zu verwenden.

Schälverluste → S. 68

Abb. 3.10 Gemüse schälen mit dem Sparschäler

GRUNDLAGEN DER HAUSWIRTSCHAFT

Einige Tipps, wie vor allem Vitaminverluste bei Lebensmitteln verringert werden können:
- Waschen Sie Lebensmittel immer vor dem Putzen.
- Waschen Sie Lebensmittel nur kurz, aber gründlich.
- Zerkleinern Sie die Lebensmittel erst kurz vor dem Garen.
- Lassen Sie die Lebensmittel nicht im Wasser liegen (Wasser schwemmt die wasserlöslichen Vitamine aus).

Die Tabelle stellt dar, wie Lebensmittel geschnitten, zerkleinert und so weiterverarbeitet werden, dass im Anschluss die Zubereitung erfolgen kann.

Vorbereitungs-arbeit	Durchführung	Beispiele
Putzen	Es werden alle nicht verwertbaren Teile der Lebensmittel (z. B. verholzte Schale oder der Wurzelansatz) mit einem Messer entfernt.	Kohlrabi
Waschen	Es werden alle Verunreinigungen am Lebensmittel gründlich entfernt. Empfindliche Lebensmittel werden im stehenden Wasser gewaschen.	Beeren und Salat
Schälen	Unter Verwendung eines Sparschälers wird die Schale vom Lebensmittel entfernt.	Möhre
Schneiden	Um bei diesem Arbeitsschritt die Verletzungsgefahr so gering wie möglich zu halten, muss das Lebensmittel fest auf dem Brett liegen und der sogenannte ›Krallengriff‹ sollte angewendet werden. Beim Schneiden wird, je nach Zubereitung, das Lebensmittel in Scheiben, Streifen, Stücke oder Würfel geschnitten.	Zwiebel
Hacken	Zunächst wird das Lebensmittel grob mit dem Messer zerschnitten und anschließend mit einem Wiegemesser zerkleinert.	Petersilie
Hobeln	Die Lebensmittel werden in feine Scheiben geschnitten.	Gurke
Raspeln	Durch das Raspeln entstehen aus dem ganzen Lebensmittel feine Streifen.	Möhre
Reiben	Die Lebensmittel werden sehr fein abgerieben. Manche Lebensmittel werden durch Reiben auch vollständig zerkleinert (z. B. Kartoffeln, Äpfel).	Zitrone
Passieren	Die Lebensmittel werden durch ein Sieb gestrichen.	Tomate
Pürieren	Die weichen, gegarten Lebensmittel werden mit einem Pürierstab zu einem Brei verarbeitet.	Kartoffel

Abb. 3.11 Das Waschen von Salat gehört zu den Vorbereitungsarbeiten.

Krallengriff

Nahrungsmittel wird mit der einen Hand festgehalten, wobei die Fingerspitzen vom Messer wegzeigen, Finger sind nach innen gekrümmt sind und das Essen wird mit den Fingernägeln gefasst

Krallengriff → S. 171

Zubereitungsarbeiten

Wenn die Vorbereitungen abgeschlossen sind, kann die eigentliche Zubereitung beginnen. Um weitere Qualitätsminderungen so gering wie möglich zu halten und um Energie zu sparen, sollten folgende Kriterien beachtet werden:
- Die Kochtöpfe müssen mit der Kochstelle des Elektroherdes übereinstimmen, der Topfboden muss plan (eben) sein. Damit wird eine bessere Wärmeübertragung von der Kochstelle zum Topfboden gewährleistet.
- Verwenden Sie immer einen Topfdeckel, um die Energie optimal zu nutzen.
- Wählen Sie ein für das Lebensmittel geeignetes Garverfahren aus.

> Das Garverfahren ist ein entscheidendes Kriterium bei der Zubereitung. Dieses hat entscheidenden Einfluss auf das Aussehen und die Qualität der Speisen.

Die nachfolgende Tabelle gibt eine Übersicht zu den verschiedenen Garverfahren.

Garverfahren	Beschreibung	Ernährungsphysiologische Besonderheiten	Geeignete Lebensmittel
Backen	Die Lebensmittel werden in einem Backofen bei einer Temperatur ab 100 °C gegart und erhalten dadurch eine goldgelbe Farbe.	Die Lebensmittel sollten beim Garen keine zu starke Bräunung erhalten. Es besteht ein erhöhtes Risiko einer Krebserkrankung.	Gebäck, Auflauf, Kuchen
Braten in der Pfanne	Die Lebensmittel werden mit Zugabe von Fett bei einer Temperatur von ca. 170 °C gegart.	Durch den Verzehr zu stark gebräunter Lebensmittel kann Krebs entstehen. Beim Braten Öle verwenden, weil sie hohe Temperaturen vertragen. Nicht geeignet für Personen, die Magenprobleme haben.	Geflügel, Fisch, Eier, Gemüse, Kartoffeln
Braten im Backofen	Die Lebensmittel werden mittels Backofen und Zugabe von Fett bei einer Temperatur bis zu 220 °C gegart.	Hier besteht die große Gefahr der Bildung von Acrylamid. Acrylamid steht unter Verdacht, Krebs auszulösen.	Geflügel, Hackbraten, Wild, Fisch
Dämpfen	Die Lebensmittel werden durch Wasserdampf bei einer Temperatur von 100 °C gegart.	Vitamine und Mineralstoffe bleiben dem Lebensmittel weitgehend erhalten.	Klöße, Gemüse, Kartoffeln, Hefeklöße
Druckgaren	Die Lebensmittel werden unter Druck bei einer Temperatur bis 125 °C gegart.	Auch wenn die Garzeit verkürzt wird, treten Vitaminverluste auf.	Fleisch, Hülsenfrüchte, Geflügel, Kohl

GRUNDLAGEN DER HAUSWIRTSCHAFT

Garverfahren	Beschreibung	Ernährungsphysiologische Besonderheiten	Geeignete Lebensmittel
Dünsten	Die Lebensmittel werden unter Zugabe von wenig Fett und Flüssigkeit bei einer Temperatur von 100 °C gegart.	Dieses Garverfahren ist schonend zu den Lebensmitteln. Die Ausschwemmung der Vitamine ist gering.	Obst, Gemüse, Fisch, Kartoffeln
Frittieren	Die Lebensmittel werden in viel Fett schwimmend bei einer Temperatur von ca. 175 °C gegart.	Hitzebeständige Öle zum Frittieren verwenden, sonst bilden sich gesundheitsschädliche Stoffe. Frittierte Lebensmittel sind aufgrund ihres Fettgehalts sehr kalorienreich.	Fleisch, Kartoffeln, Gemüse, Gebäck, Fisch, Geflügel
Garziehen	Die Lebensmittel werden mit viel Flüssigkeit bei einer Temperatur von ca. 95 °C gegart.	Es treten große Nährstoffverluste auf, deshalb das Garwasser weiterverwenden.	Klöße, Eier, Fisch, Königberger Klopse
Grillen	Die Lebensmittel werden mittels Kontakt- oder Strahlungsgrill und Zugabe von wenig Fett bei einer Temperatur von ca. 220 °C gegart.	Kein gepökeltes Fleisch grillen. Das darin befindliche Nitrit verbindet sich durch starkes Erhitzen mit dem Eiweiß zu Nitrosaminen. Dadurch erhöht sich die Gefahr, an Krebs zu erkranken.	Fleisch, Fisch, Gemüse
Kochen	Die Lebensmittel werden mit viel Flüssigkeit (Lebensmittel sind dabei bedeckt) bei einer Temperatur von 100 °C gegart.	Die Nährstoffe in den Lebensmitteln werden herausgeschwemmt, deshalb das Garwasser weiterverwenden.	Teigwaren, Reis, Hülsenfrüchte, Tafelspitz, Knochen zur Herstellung von Brühe
Mikrowellengaren	Die Lebensmittel werden mittels elektromagnetischer Wellen von innen nach außen bei einer Temperatur bis 100 °C gegart.	Es treten geringe Nährstoffverluste auf. Zum Wiederaufwärmen der Speisen besonders geeignet.	Fleisch, Gemüse, Kartoffeln, Reis
Schmoren	Die Lebensmittel werden zunächst bei einer Temperatur von ca. 180 °C in wenig Fett angebraten und anschließend bei einer Temperatur von 100 °C mit wenig Flüssigkeit gegart.	Bei diesem Garverfahren muss darauf geachtet werden, dass die Bräunung nicht zu stark wird. Auch hier besteht Krebsgefahr.	Fleisch, Wild, Kohlrouladen

Anrichten

Nachdem die Speisen zubereitet wurden, müssen sie dekorativ für den Tisch auf einem vorgewärmten Teller angerichtet werden. Denn auch bei Kindern isst das Auge mit. Bei diesem Schritt gibt es ebenfalls einige Regeln zu beachten:

- Dekorieren Sie die Speisen mit passenden essbaren Elementen.
- Verwenden Sie kindgerechtes Geschirr und Besteck, z. B. mit lustigen Motiven.
- Überfüllen Sie keine Teller oder Schüsseln.

Für die Dekoration kann z. B. verwendet werden:

- geschnitztes bzw. ausgestochenes Obst und Gemüse oder frische Kräuter
- Sahnehäubchen
- Zitronen- oder Orangenscheiben
- Schokoladenstreusel oder Mandelblättchen
- gekochte Eier und geröstete Brotwürfel

Abb. 3.12 Es gibt viele Möglichkeiten, Speisen dekorativ und kindgerecht auf dem Teller anzurichten.

> Als Grundregel beim Anrichten gilt: Das Auge isst mit.

3.4 Verluste und Preise berechnen

Jeder Haushalt muss mit einem bestimmten monatlichen Budget wirtschaften. Deshalb sind ›Kalkulationen‹ besonders im Bereich der Versorgung sehr wichtig. Hierfür werden Kenntnisse der täglichen ›**Mengenberechnung**‹ an Lebensmitteln für einen Menschen benötigt.

3.4.1 Schäl- und Bratverlust

Bei der Zubereitung von Speisen entstehen Verluste. So entstehen z. B. beim Schälen von Obst oder Gemüse Schälverluste oder bei der Zubereitung von Fleisch durch Braten der sogenannte Bratverlust. Diese Verluste sind bei den Vorbereitungen mit einzuplanen, d. h., sie müssen bereits beim Einkauf der entsprechenden Mengen an Lebensmitteln einkalkuliert und bezahlt werden.

Um die Verluste gering zu halten, ist zu empfehlen, immer frische Produkte im ›Fachgeschäft‹ oder im ›Direktverkauf‹ beim Bauern und, wenn möglich, nach dem ›**Saisonkalender**‹ zu kaufen. Denn eine hohe Qualität führt zu geringen Brat- und Schälverlusten. Durch das Verwenden eines Sparschälers bei den ›Vorbereitungsarbeiten‹ können die Schälverluste zusätzlich gering gehalten werden. Die nachfolgenden Tabellen zeigen den durchschnittlichen Verlust bei verschiedenen Lebensmitteln. Dabei handelt es sich um Erfahrungswerte, die durch Tests bestimmt wurden.

Kalkulation
das Ermitteln oder Vorabberechnen von anfallenden Kosten
Mengenangaben → S. 63

Fachgeschäft → S. 56
Direktverkauf → S. 56
Saisonkalender → S. 62
Vorbereitungsarbeiten → S. 63

Lebensmittel	Durchschnittlicher Bratverlust
Rindfleisch	35 %
Schweinefleisch	22 %
Geflügelfleisch	28 %
Lamm	28 %

Lebensmittel	Durchschnittlicher Schälverlust
Kartoffeln mit Messer	35 %
Kartoffeln mit Sparschäler	19 %
Pellkartoffeln	5 %
Möhren mit Sparschäler	20 %
Kohlrabi mit Messer	35 %
Sellerie mit Messer	32 %
Spargel mit Sparschäler	25 %

> **BEISPIEL** Verluste können mit dem Dreisatz errechnet werden.
> Ein 1 kg (1000 g) Rindfleisch wird angeschmort. Nach dem Garprozess hat das Rindfleisch ein Gewicht von 650 g. Dieser Verlust wird wie folgt berechnet:
> (1000 g = 100 %
> 650 g = ? %)
> 650 g × 100 / 1000 = 65 % (Gewicht des angeschmorten Fleischstückes)
> 100 % − 65 % = 35 % Bratverlust

3.4.2 Verluste und Preisberechnung anhand eines Menüs

> **BEISPIEL** Frank lädt seine Freundin am Valentinstag zum Essen ein. Er gibt für Schnitzel, Kartoffelspalten, einen gemischten Salat und ein Eis mit Früchten zum Nachtisch 34 Euro aus. Getränke sind dabei nicht berücksichtigt. Ein halbes Jahr später möchte Frank für seine Freundin als Überraschung zum Geburtstag ein Essen selbst kochen. Er beschließt, das gleiche Essen wie zum Valentinstag zuzubereiten.

Abb. 3.13 Schnitzel mit Kartoffelspalten und gemischtem Salat

	Einzelne Komponente	Benötigte Lebensmittel	Verlust in g	Verlust in %	Preis der eingekauften Lebensmittel	Preis für 4 Portionen
	Kartoffelspalten	800 g Kartoffeln 25 ml Öl 25 g Gewürzmischung (Salz, Pfeffer, Curry, Paprika)	539 g (nach dem Garen)	33 %	1 kg 0,99 € 1 l 2,49 € ≈ 0,20 € ≈ 0,20 €	0,79 € 0,06 € 0,20 €
	Schnitzel	4 Schnitzel (à 130 g) 20 g Mehl 1 Ei (57 g) 60 g Paniermehl 20 ml Öl Salz, Pfeffer	113 g (pro Schnitzel nach dem Braten)	13 % (pro Schnitzel)	1 kg 8,99 € 1 kg 0,39 € 10 Stk. 2,00 € 1 kg 0,79 € 1 l 2,49 € ≈ 0,05 € ≈ 0,05 €	4,67 € 0,01 € 0,20 € 0,05 € 0,05 € 0,05 €
	gemischter Salat	150 g Eisbergsalat 160 g Gurke 200 g Tomate 200 g Paprika Salz, Pfeffer, Olivenöl, 8 Kräuter	129 g 158 g 194 g 166 g	14 % 1,25 % 3 % 17 %	500 g 0,79 € 450 g 0,99 € 1 kg 1,99 € 1 kg 4,99 € ≈ 0,20 € ≈ 0,20 €	0,24 € 0,35 € 0,40 € 1,00 € ≈ 0,20 €
	Eis	250 g Erdbeeren 250 g Joghurt 75 ml Schlagsahne 40 g Agavendicksaft	239 g	4,4 %	500 g 1,15 € 500 g 0,99 € 250 ml 0,99 € 250 ml 2,99 €	0,58 € 0,50 € 0,30 € 0,48 €
	Obstsalat	64 g Apfel (1/2) 50 g Ananas 60 g Banane (1/2) 70 g Erdbeeren	58 g 44 g 49 g 61 g	9,4 % 12 % 18,4 % 13 %	1 kg 1,99 € 890 g 2,49 € 1 kg 1,39 € 500 g 1,15 €	0,13 € 0,14 € 0,08 € 0,16 €

Frank bezahlt für 4 Portionen 10,64 € (1 Portion: 2,66 €). Personal- und Stromkosten sind nicht inbegriffen.

Besonders wichtig sind solche **Kalkulationen in sozialpädagogischen Einrichtungen**. Wenn die Portionsgröße der Kinder nicht beachtet oder die Verluste bei der Vor- und Zubereitung nicht berücksichtigt werden, werden entweder zu wenige oder zu viele Portionen zubereitet. Beide Varianten müssen in der Praxis vermieden werden.

Abb. 3.14 Eis mit Früchten

GRUNDLAGEN DER HAUSWIRTSCHAFT

3.5 Säuglinge bis zum ersten Lebensjahr versorgen

Nährstoffe → S. 23

SB Nabelschnur

Essen gehört zu den **Grundbedürfnissen** eines jeden Menschen. Durch die in den Lebensmitteln enthaltenen ›Nährstoffe‹ bauen wir den Körper auf, halten Körperfunktionen aufrecht und stärken uns. Bereits vor der Geburt wird das ungeborene Kind über die ›Nabelschnur‹ mit allen notwendigen Nährstoffen versorgt. Nach der Geburt erhält das Neugeborene Muttermilch oder spezielle Säuglingsnahrung.

3.5.1 Das Stillen

Die Muttermilch ist die beste mögliche Ernährung für ein Neugeborenes bis ca. zum sechsten Lebensmonat. Bis zum vierten Tag nach der Geburt wird die sogenannte **Vormilch** (Kolostrum) gebildet. Sie enthält viele Abwehrstoffe, ›Eiweiß‹ und ›Vitamine‹. Sie wirkt außerdem abführend, was beim Neugeborenen zu einem leichteren Abgang des Stuhls (sog. Kindspech oder Mekonium) führt. Anschließend wird bis ca. 14 Tage nach der Geburt die **Übergangsmilch** produziert. Sie enthält weniger Abwehrstoffe und Eiweiß, dafür nimmt der Anteil an ›Fett‹ und ›Zucker‹ zu. Nach den 14 Tagen wird die **reife Muttermilch** gebildet. Sie ist den Bedürfnissen des Kindes genau angepasst.

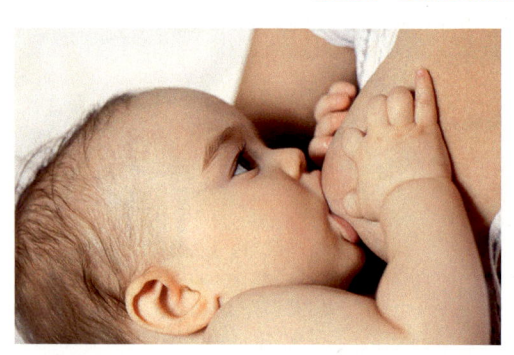

Abb. 3.15 Im Idealfall wird ein Kind in den ersten Monaten gestillt.

Eiweiß → S. 26
Vitamine → S. 32
Fett → S. 23
Zucker → S. 28
SB Stillen

Wie lange die Stillzeit im Einzelfall beträgt, entscheiden Mutter und Kind. Von Natur aus bringt die Muttermilch nur Vorteile mit sich:

- Das ›Stillen‹ fördert die emotionale Bindung zwischen Mutter und Kind.
- Die Muttermilch passt sich dem Kind und seiner Entwicklung an.
- Die Muttermilch ist hygienisch und immer optimal temperiert.
- Sie steht immer zur Verfügung und verursacht keine Kosten.
- Das Übergewicht bei gestillten Kindern ist geringer.
- Das Allergierisiko der Kinder kann gemindert werden.
- Bei der Mutter sorgt das Stillen für die schnellere Rückbildung der Gebärmutter (Uterus), zudem wird das Risiko für Brust- und Eierstockkrebs gesenkt.

ZUM WEITERDENKEN Muttermilch kann auch z. B. bei trockener Haut eingesetzt werden. Dazu etwas Muttermilch ins Badewasser geben oder auf die betroffene Hautstelle auftragen.

Hygiene in Küchenbereichen → S. 117

Wenn Muttermilch abgepumpt werden muss, sind ›Reinigung und Hygiene‹ von Glasflaschen und Milchpumpe oberstes Gebot.

Die **abgepumpte Muttermilch** sollte im Kühlschrank bei 4–6 °C gelagert werden. Innerhalb von maximal 36 Stunden ist sie dann zu verbrauchen. Für eine längere Aufbewahrung kann die Muttermilch eingefroren werden. Hierfür gibt es spezielle Kunststoffbeutel (erhältlich in der Drogerie). Die Muttermilch ist dann bis zu sechs Monaten haltbar.

In jedem Fall muss die abgepumpte Muttermilch mit dem aktuellen Datum beschriftet werden, damit sie nicht nach der Lagerzeit verwendet wird. Dabei ist auf eine ununterbrochene Kühlkette zu achten.

Regeln für den Umgang mit Muttermilch in Kindertageseinrichtungen
- Achten Sie beim Entgegennehmen darauf, dass die Muttermilchbeutel beschriftet sind (Abfülldatum und Name des Kindes). Dokumentieren Sie die Temperatur der Milch.
- Frische Muttermilch sofort im Kühlschrank lagern und noch am gleichen Tag verbrauchen. Die Milch erst kurz vor der Gabe schonend erwärmen (im Wasserbad bei 37 °C).
- Eingefrorene Muttermilch sollte langsam im Kühlschrank aufgetaut und dann schonend (wie oben) erwärmt werden.
- Muttermilch, die einmal erwärmt und nicht verbraucht wurde, darf nicht wiederverwendet werden.

3.5.2 Flaschennahrung

Unter bestimmten Umständen kann die Muttermilch nicht mehr, in nicht ausreichender Menge oder gar nicht zur Verfügung stehen. In solchen Fällen muss auf künstliche Säuglingsnahrung zurückgegriffen werden. Ersatznahrung ist eines der am strengsten kontrollierten Lebensmittel in Deutschland. Sie unterliegt der Diätverordnung.

Die Kennzeichnung von Flaschennahrung
Es gibt eine große Bandbreite von Ersatznahrung. Um sich dabei zurechtzufinden, ist es empfehlenswert, die Hebamme und andere Mütter um Rat zu fragen. Bei der Orientierung helfen darüber hinaus die Kennzeichnungen der Ersatznahrung. Hierzu gehören:
- Pre-Milch
- Folgemilch (1, 2, 3)
- HA-Milch
- präbiotische Milch
- probiotische Milch
- Milch mit LCP

Es ist wichtig zu wissen, was sich hinter diesen Begriffen verbirgt, um die richtige Nahrung auszuwählen.
Pre-Milch ist die Startmilch, die der Muttermilch am ähnlichsten ist. Deshalb ist sie auch sehr gut ab der Geburt geeignet. Sie enthält nur das Kohlenhydrat Lactose. Wird das Kind nicht mehr satt, muss auf **Folgemilch mit der Kennzeichnung „1"** zurückgegriffen werden. Sie enthält neben Lactose auch Stärke, die beim Kind für ein Sättigungsgefühl sorgt. **Folgemilch mit der Kennzeichnung „2" bzw. „3"** beinhaltet mehr Stärke und kann ab dem fünften Monat angewendet werden. Da es ansonsten kaum Unterschiede in der Zusammensetzung gibt, empfiehlt es sich, die Folgemilch 1 bis zum ersten Lebensjahr zu verwenden, wenn das Kind mit fester Nahrung versorgt werden kann. Die ›feste Nahrung‹ ersetzt nach und nach die Flaschennahrung.
HA-Milch ist Säuglingsnahrung für allergiegefährdete Kinder. Diese Milch wird verabreicht, wenn bereits die Eltern Allergien aufweisen. Bei ihrer Herstellung wird das Eiweiß so aufgespalten, dass der Körper des Kindes keine Abwehrreaktion entwickelt.

Abb. 3.16 Auch wenn nicht gestillt werden kann, ist ein enger Kontakt beim Füttern möglich.

Zubereitung von Brei → S. 72

GRUNDLAGEN DER HAUSWIRTSCHAFT

mehrfach ungesättigte Fettsäuren → S. 24

LCP ist die Abkürzung für ›langkettige mehrfach ungesättigte Fettsäuren‹ (engl. long chain polyunsaturated fatty acids). Diese sind für die Gehirnentwicklung, für das Nervensystem und das Sehvermögen von großer Bedeutung.

Kohlenhydrate → S. 28

Probiotische Milch enthält Kulturen, die beim Aufbau der Darmflora helfen und so das Immunsystem stärken. **Präbiotische** Milch verfügt über langkettige ›Kohlenhydrate‹, die erst im Darm von Milchsäurebakterien gespalten werden und als Nahrung dienen. Dadurch werden das Wachstum gefördert und gleichzeitig das Immunsystem gestärkt.

Flaschennahrung zubereiten

Für das Zubereiten von Flaschennahrung müssen Sie Folgendes beachten:

- Verwenden Sie frisches, abgekochtes Leitungswasser oder Mineralwasser, das für die Zubereitung von Säuglingsnahrung geeignet ist.

Hygiene in Küchenbereichen → S. 117

- ›Kochen‹ Sie nach jedem Gebrauch die Flaschen, Sauger und den Ring aus.
- Auf allen Verpackungen von Milchnahrung finden Sie eine ausführliche Zubereitungsanleitung.
- Halten Sie sich genau daran.

> **ZUM WEITERDENKEN** Auf keinen Fall sollte Säuglingsnahrung selbst hergestellt werden. Das kann zwar kostengünstiger sein, aber die richtige Zusammensetzung stellt ein Problem dar. Außerdem darf der hygienische Aspekt nicht vergessen werden. Mangelnde Hygiene kann bei Säuglingen zu Magen-Darm-Infektionen führen. Daher wird dem Säugling nichts „Gutes" getan.

| Die beste Ernährung von Säuglingen ist die mit Muttermilch.

3.5.3 Zubereitung von Breien und Kindergerichten

Kinder werden schnell groß und bekommen bald mit, dass die Erwachsenen etwas anderes als sie selbst essen. Bereits ab dem vierten Lebensmonat kann mit der sogenannten **Beikost** begonnen werden. Dabei sollte die Umstellung schrittweise erfolgen. Zunächst werden zur Mittagsmahlzeit ein bis zwei Löffel Karotten- oder Pastinakenbrei gegeben. Die Menge kann nach drei Tagen auf drei bis vier Löffel gesteigert werden. Nach zwei Wochen kann man auf dieselbe Weise auch beim Frühstück Brei zugeben. Wenn das Kind das gut verträgt, kann die Mittagsmahlzeit komplett auf Brei umgestellt werden. Langsam wird auch die Milchmahlzeit am Nachmittag ersetzt. Ab dem siebten Monat können drei Mahlzeiten am Tag aus fester Nahrung bestehen. Eine Mahlzeit sollte weiterhin aus einer Milchnahrung bestehen. Es sollte nie vergessen werden, dem Kind zu den Mahlzeiten etwas zu ›trinken‹ anzubieten.

Abb. 3.17 Breikost ist der nächste Schritt.

Trinken → S. 34

Selbst gekochte Mahlzeiten sind schnell herzustellen, enthalten weniger künstliche Zusatzstoffe und sind meist günstiger als Fertignahrung aus dem Gläschen. Zu empfehlen ist es, dem Kind für zwei bis drei Tage den gleichen Brei zu geben. Stellen Sie deshalb mehrere Portionen her und frieren Sie sie einzeln ein.

Gerichte für Babys und Kleinkinder

In den nachfolgenden Rezepten werden die benötigten Mengen für eine Portion angegeben. Diese können auch abgewandelt werden.

3. Kinder versorgen können

Karotten-Kartoffel-Brei
(5. Monat)

Zutaten:
50 g Kartoffeln (vorwiegend festkochend), 100 g Möhren, 5 g Butter

Kartoffeln und Möhren waschen, schälen und in kleine Stücke schneiden. Anschließend beides für ca. 8–10 Min. ›dämpfen‹. Nach der Garzeit Gemüse in ein hohes Gefäß füllen und pürieren. Die Butter dazugeben und unterrühren.

Tipp: Die Konsistenz der Mahlzeiten sollte halbflüssigem Püree (Apfelmus, Kartoffelpüree) entsprechen.

Puten-Gemüse-Brei
(6. Monat)

Zutaten:
70 g Kartoffeln (vorwiegend festkochend), 70 g Kohlrabi, 70 g Möhren, 30 g Putenbrustfilet, 5 g Butter, 75 ml Wasser

Gemüse waschen, schälen und in kleine Stücke schneiden. Putenbrustfilet waschen und abtupfen. Butter in einem Topf zerlassen, Putenbrustfilet darin kurz ›andünsten‹ und auf einen Teller legen. Anschließend Gemüse andünsten, Brustfilet wieder dazugeben und mit Wasser ›ablöschen‹. Für ca. 10 Min. kochen lassen. Alles in ein hohes Gefäß füllen und pürieren.

Tipp: Faserreiche Lebensmittel wie Kohlrabi können püriert für Breie verwendet werden.

Grießbrei mit Apfel
(7. Monat)

Zutaten:
125 g Apfel (z. B. Golden Delicious), 25 g Grieß, 100 ml Milch, 5 g Butter

Apfel waschen, schälen, in Spalten schneiden und anschließend 4 Min. ›dämpfen‹. Apfelspalten in ein hohes Gefäß geben und pürieren. Milch in einen Topf geben, zum Kochen bringen und Grieß hineingeben. Für ca. 5 Min. ›ausquellen‹ lassen. Alles in einer Schüssel vermengen und mit Butter verfeinern.

Tipp: Sie können dem Kind zum Brei auch Fingerfood in Form von einem Stück Banane oder Milchbrötchen anbieten.

Zwieback-Bananen-Brei
(8. Monat)

Zutaten:
75 ml heißer Kräutertee, 20 g Zwieback (2 Stück), 75 g Banane

Zwieback auf einen tiefen Teller geben und mit dem Tee übergießen. Banane zerdrücken, zu dem aufgeweichten Zwieback geben und vermengen.

Tipp: Mahlzeiten für kleine Kinder, die noch nicht so gut kauen können, mit der Gabel fein zerdrücken oder in kleine Stücke schneiden.

dämpfen → S. 65
andünsten → S. 66
ablöschen → S. 61
ausquellen → S. 61

I GRUNDLAGEN DER HAUSWIRTSCHAFT

Milchreis mit Kirschstückchen
(9. Monat)

Zutaten:
ca. 270 ml Milch, 5 g Zucker,
30 g Rundkornreis, 50 g Tiefkühlkirschen

Milch mit Zucker zum Kochen bringen.
Reis hinzugeben, umrühren und bei kleiner Hitze
ca. 40 Min. ›ausquellen‹ lassen. Ab und zu umrühren.
Kirchen auftauen lassen, pürieren
und über den Milchreis geben.

Kartoffelbrei, Spinat und Rührei
(10. Monat)

Zutaten:
80 g Kartoffeln (vorwiegend festkochend),
100 ml Milch, ½ TL Butter,
80 g frischen Spinat, 1 TL Sahne, 1 Ei

Kartoffeln waschen, schälen und 8–10 Min.
dämpfen. Die Hälfte der Butter in einem Topf
zerlassen und Spinat darin ›andünsten‹. Sahne
dazugeben und ca. 3 Min. kochen lassen. Kartoffeln
durch eine Kartoffelpresse drücken, Milch und den
Rest der Butter hinzugeben und verrühren. Das Ei
verquirlen, in eine beschichtete Pfanne geben und
unter Rühren zum ›Stocken‹ bringen.

Tipp: Die Mahlzeiten können auch grob mit der
Gabel zerdrückt werden.

Nudeln mit Bolognese-Soße
(11. Monat)

Zutaten:
40 g Nudeln, 500 ml Wasser, 25 g Möhren,
25 g Sellerie, 50 g Hackfleisch, 100 ml passierte
Tomaten, 1 TL Öl

Nudeln in kochendem Wasser ca. 8–10 Min. ›quellen‹
lassen. Gemüse waschen, schälen und in kleine
Würfel schneiden. Öl erhitzen, Gemüse darin
andünsten. Hackfleisch dazugeben und kurz
anbraten. Anschließend mit passierten Tomaten
›ablöschen‹ und 10 Min. kochen lassen.

Tipp: Kinder können die gleichen Speisen
essen wie alle anderen. Vorsichtig würzen.

Gemüsereis mit Geflügelgeschnetzeltem
(12. Monat)

Zutaten:
20 g Reis, 90 ml Wasser,
50 g TK-Suppengemüse, 1 TL Butter, 50 g
Geflügelfleisch, 5 g Mehl, 90 ml Brühe

Die Hälfte der Butter zerlassen, Reis dazugeben,
›andünsten‹, mit Wasser ›ablöschen‹ und ca. 10 Min.
kochen lassen. Fleisch waschen, in kleine Stücke
schneiden, Rest der Butter zerlassen, kurz anbraten
und auf einen Teller legen. Mit Mehl und Brühe eine
›Mehlschwitze‹ herstellen. Fleisch dazugeben und
ca. 5 Min. durchgaren.

Tipp: Kochen Sie für Kinder keine schwer
verdaulichen Speisen und verwenden
Sie Fett sparsam.

---

ausquellen ➔ S. 61
andünsten ➔ S. 66
Stocken lassen ➔ S. 61
quellen ➔ S. 61
ablöschen ➔ S. 61
Mehlschwitze ➔ S. 61

3.6 Kleinkinder im zweiten und dritten Lebensjahr versorgen

Schon vor dem ersten Geburtstag beginnen Kinder, sich für das Essen der Großen zu interessieren. Der Brei wird nach und nach durch Brot, Gemüsesticks oder grob zerkleinerte Kartoffeln abgelöst. Kinder ab einem Jahr können bis auf einige Ausnahmen (z. B. Nüsse, harte Rohkost, Samen) alles mitessen, was auf den **Familientisch** kommt.

3.6.1 Das gemeinsame entspannte Essen

Die Kinder werden von Tag zu Tag selbstständiger. Immer mehr wollen sie bei den alltäglichen Dingen mithelfen. So gewinnt auch das „alleine Essen" immer mehr an Bedeutung. Doch das muss gelernt werden. Damit das gemeinsame Essen für alle Beteiligten entspannt abläuft und jeder es genießen kann, sollten Sie die folgenden Tipps einfach mal ausprobieren und in den Alltag integrieren. Denken Sie bei Ihrem Handeln immer daran, dass Sie das Vorbild des Kindes sind.

- Suchen Sie sich in der Familie eine passende Mahlzeit aus, bei der alle am Tisch sitzen können.

Abb. 3.18 Beim gemeinsamen Essen ist Zeit für alle.

- Für die kleinen Kinder sollten Sie Folgendes bereitstellen: einen Hochstuhl, einen großen Latz, einen robusten Kinderteller und eine robuste Tasse (aus Keramik), Kinderbesteck mit dickem Griff. Dies fördert die Selbstständigkeit der Kinder beim Essen.
- Das gemeinsame Essen soll Freude machen. Entscheiden Sie zusammen, was es zu essen gibt.
- Führen Sie gemeinsam hygienische Maßnahmen (z. B. ›Händewaschen‹) durch.
- ›Decken‹ Sie zusammen den Tisch. Dies stärkt das Zusammengehörigkeitsgefühl. Jedes Familienmitglied sollte seinen festen Platz am Tisch haben.
- Jegliche Medien haben während des Essens am oder um den Tisch nichts zu suchen. Nur so kann ein Familiengespräch entstehen.
- Erst wenn alle am Tisch sitzen, wird begonnen. Ebenso wird das Essen gemeinsam beendet. Kinder sollen fragen, ob sie schon aufstehen dürfen. Beachten Sie, dass es Kleinkinder nicht länger als 15 Minuten aushalten.
- Führen Sie ein Tischritual (Tischspruch, Gebet) vor dem Essen ein.
- ›Richten‹ Sie das Essen appetitlich an. Füllen Sie sich selbst den Teller nicht zu voll. Für jedes Familienmitglied heißt es: Es wird alles einmal probiert.
- Achten Sie darauf, dass Tischmanieren (wie z. B. nicht schmatzen, nicht mit dem Ellbogen aufstützen, nicht mit vollem Mund sprechen) von allen eingehalten werden.
- Räumen Sie gemeinsam wieder auf. Dazu gehört es, den Tisch abzuräumen und gemeinsam die Küche aufzuräumen.

Händehygiene → S. 116
Tischdecken → S. 90

Anrichten → S. 67

> Erwachsene sind für die Kinder Vorbilder. Deshalb sollten sie bei den Mahlzeiten mitessen und nicht nur zuschauen.

3.6.2 Mahlzeitenverteilung: fünf Portionen am Tag

Gerade im Alter von ein bis drei Jahren ist es wichtig, Kindern eine **Struktur** zu geben. Das bezieht sich auch auf das Thema Essen. Allerdings müssen Uhrzeiten nicht allzu streng eingehalten werden. Viel wichtiger ist es, auf den eigenen Körper zu achten. Um den Körper über den Tag verteilt mit ›Nährstoffen‹ zu versorgen, ist zu empfehlen, den ›Gesamtenergiebedarf‹ auf fünf Mahlzeiten zu verteilen. So kann die Verteilung aussehen:

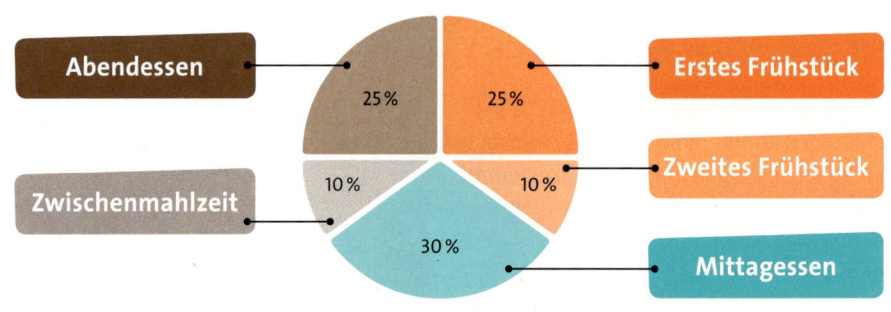

Nährstoffe → S. 23
Gesamtenergiebedarf → S. 39

- Abendessen 25 %
- Erstes Frühstück 25 %
- Zweites Frühstück 10 %
- Zwischenmahlzeit 10 %
- Mittagessen 30 %

Trinken → S. 34

Zu jeder Mahlzeit sollte ein ›Getränk‹ mit angeboten werden.
Die folgenden Übersichten sollen als Anregungen zur Mahlzeitengestaltung verstanden werden. Sie verdeutlichen auch die unterschiedlichen Lebensmittelmengen für einen Erwachsenen und ein Kind.

> **BEISPIEL** Eine zwanzigjährige Frau hat einen Gesamtenergiebedarf von 2195 Kcal, ein dreijähriges Mädchen einen Gesamtenergiebedarf von 711 Kcal.

🌐 Um den Kaloriengehalt der einzelnen Lebensmittel besser zu berechnen, kann folgende Webseite zu Hilfe genommen werden:
www.kalorientabelle.net

	Zwanzigjährige 2195 Kcal am Tag	Dreijährige 711 Kcal am Tag
Erstes Frühstück	549 Kcal	178 Kcal
Zweites Frühstück	220 Kcal	71 Kcal
Mittagessen	659 Kcal	213 Kcal
Zwischenmahlzeit	220 Kcal	71 Kcal
Abendessen	549 Kcal	178 Kcal

Abb. 3.19 Eine Zwanzigjährige hat einen anderen Energiebedarf als eine Dreijährige.

Erstes Frühstück

> **BEISPIEL** Hier wird ein selbst hergestellter Erdbeerquark mit Haferflocken, garniert mit Banane und Granatapfelkernen, angeboten. Dazu wird entweder Milchkaffee oder Tee mit Waldbeergeschmack und Multivitaminsaft gereicht.

Zwanzigjährige

50 g Haferflocken	168 Kcal
150 g Erdbeeren	46 Kcal
100 g Magerquark	66 Kcal
50 g Joghurt (3,8 %)	36 Kcal
50 g Banane	52 Kcal
50 g Granatapfel	39 Kcal
150 ml Multivitaminsaft	72 Kcal
100 ml Milch für den Kaffee	47 Kcal
Insgesamt: 526 Kcal	

Dreijährige

15 g Haferflocken	50 Kcal
60 g Erdbeeren	19 Kcal
30 g Magerquark	20 Kcal
25 g Joghurt (3,8 %)	18 Kcal
30 g Banane	31 Kcal
10 g Granatapfel	8 Kcal
70 ml Multivitaminsaft	31 Kcal
120 ml Waldbeerentee	0 Kcal
Insgesamt: 177 Kcal	

Zweites Frühstück

> **BEISPIEL** Zum zweiten Frühstück werden Gurkensalat, Weintrauben und Mineralwasser gereicht.

Zwanzigjährige

300 g Gurke	45 Kcal
3 ml Öl	25 Kcal
Dill	0 Kcal
200 g Weintrauben	146 Kcal
150 ml Mineralwasser	0 Kcal
Insgesamt: 216 Kcal	

Dreijährige

160 g Gurke	24 Kcal
2 ml Öl	17 Kcal
Dill	0 Kcal
30 g Weintrauben	22 Kcal
120 ml Mineralwasser	0 Kcal
Insgesamt: 63 Kcal	

GRUNDLAGEN DER HAUSWIRTSCHAFT

Mittagessen

BEISPIEL Zum Mittagessen wird ein Linseneintopf gereicht und zum Nachtisch Honigmelone. Dazu gibt es Mineralwasser. Die zwanzigjährige Frau isst zusätzlich eine Scheibe Mischbrot.

Zwanzigjährige

200 g Honigmelone	100 Kcal
70 g Linsen	221 Kcal
120 g Kartoffeln	84 Kcal
50 g Möhre	11 Kcal
25 g Sellerie	6 Kcal
80 g Kasseler	140 Kcal
1 Scheibe (40 g) Mischbrot	86 Kcal
200 ml Mineralwasser	0 Kcal
Insgesamt: 648 Kcal	

Dreijährige

100 g Honigmelone	50 Kcal
30 g Linsen	95 Kcal
30 g Kartoffeln	21 Kcal
25 g Möhre	5 Kcal
15 g Sellerie	4 Kcal
20 g Kasseler	35 Kcal
150 ml Mineralwasser	0 Kcal
Insgesamt: 210 Kcal	

Zwischenmahlzeit

BEISPIEL Es wird ein Obstsalat angeboten, dazu gibt es Milchkaffee oder Kräutertee.

Zwanzigjährige

80 g Apfel	43 Kcal
60 g Erdbeeren	18 Kcal
70 g Orange	33 Kcal
50 g Kiwi	31 Kcal
50 g Banane	52 Kcal
100 ml Milch für den Kaffee	47 Kcal
Insgesamt: 224 Kcal	

Dreijährige

40 g Apfel	22 Kcal
20 g Erdbeeren	6 Kcal
20 g Orange	10 Kcal
30 g Kiwi	18 Kcal
20 g Banane	21 Kcal
150 ml Kräutertee	0 Kcal
Insgesamt: 77 Kcal	

Abendessen

> **BEISPIEL** Jetzt werden Vollkornschnitten mit Butter und Hähnchenbrust gereicht, dazu gemischter Salat und Möhrensaft. Als Getränk erhält das dreijährige Mädchen Früchtetee, die zwanzigjährige Frau erhält zusätzlich eine halbe Banane.

Zwanzigjährige		Dreijährige	
80 g Roggenvollkornbrot	173 Kcal	40 g Roggenvollkornbrot	87 Kcal
50 g Hähnchenbrust	54 Kcal	25 g Hähnchenbrust	27 Kcal
15 g Butter	112 Kcal	5 g Butter	37 Kcal
250 ml Möhrensaft	70 Kcal	100 ml Möhrensaft	28 Kcal
100 g Eisbergsalat	13 Kcal	30 g Eisbergsalat	4 Kcal
50 g Tomate	9 Kcal	10 g Tomate	2 Kcal
40 g Gurke	6 Kcal	10 g Gurke	2 Kcal
40 g Radieschen	6 Kcal	10 g Radieschen	2 Kcal
50 g Paprika	17 Kcal	15 g Paprika	5 Kcal
50 g Banane	45 Kcal	100 ml Früchtetee	0 Kcal
8 Kräuter	0 Kcal	8 Kräuter	0 Kcal
Insgesamt: 505 Kcal		**Insgesamt: 194 Kcal**	

3.7 Kindergartenkinder versorgen

Ab dem dritten Geburtstag wird das Thema „Essen" spannend und kann auch zu einer Herausforderung werden. Die Kinder in diesem Alter äußern klar, was sie essen wollen und was nicht. Deshalb ist es umso wichtiger, die Kinder neugierig auf neue Mahlzeiten zu machen bzw. ihre Lieblingsgerichte so zu kombinieren, dass sie ausgewogen sind. Kinder lassen sich auch gern durch Werbung leiten. Hier ist sehr viel Geduld gefragt. Der Markt an sogenannten Kinderlebensmitteln ist ausgesprochen groß. Durch lustige Werbung, bunte Aufmachung und zusätzliches Spielzeug sollen die Kinder darauf aufmerksam gemacht werden. Doch brauchen Kinder wirklich ihre eigenen Lebensmittel? Ernährungsphysiologisch lautet die Antwort klar: „Nein". Kinder können ab dem ersten Lebensjahr am Familienessen teilnehmen.

„Kinderlebensmittel" enthalten zusätzliche ›Vitamine‹ und ›Mineralstoffe‹. Doch wenn Kinder ausgewogen ernährt werden, benötigen Sie keine zusätzlichen Vitamine oder Mineralstoffe z. B. in Wurst. Des Weiteren unterliegen diese Lebensmittel nicht, wie Säuglings- und Kleinkindernahrung, der **Diätverordnung**. In dieser wurden bestimmte Kriterien festgelegt, z. B. Mindestwerte für Rückstände. Ein weiterer Aspekt, der nicht gerade für die Kinderlebensmittel spricht, ist die Tatsache, dass es sich dabei meist um kleine Portionen handelt, die einen höheren Preis haben. Umweltfreundlich sind die Kinderlebensmittel auch nicht. Sie sind meist aufwendig und mehrfach verpackt.

Vitamine → S. 32
Mineralstoffe → S. 30

GRUNDLAGEN DER HAUSWIRTSCHAFT

Wir kochen selbst – Bildrezepte zum Ausprobieren

Eine bessere Alternative zu Kinderlebensmitteln heißt „Selbstmachen". Bereiten Sie mit den Kindern den Joghurt, den Quark, das Müsli oder einfach mal einen Fruchtspieß selbst zu. Dabei erfahren die Kinder, wie Speisen zubereitet werden, lernen gleichzeitig einige Fertigkeiten in der Küche und wissen, welche Lebensmittel in ihrem Essen enthalten sind. Kinder wollen in vielen Dingen im Alltag mithelfen. So auch beim Kochen. Pädagogisch betrachtet wird auf diese Weise die ›Motorik‹ der Kinder geschult. Gleichzeitig lernen sie alltägliche Tätigkeiten kennen, die sie für das spätere Leben brauchen, wie z. B. abwiegen und unterscheiden verschiedener Lebensmittel, Garverfahren oder den Umgang mit Gerätschaften in der Küche.

Für die nachfolgenden Rezepte wurden die Zutaten für vier Personen berechnet.

KP Motorik → S. 154

Obstschiffchen

Zutaten
700 g frisches Obst (Honigmelone, Erdbeeren, Kiwi, Apfel, Birne, Weintrauben)

1. Das Obst waschen. 
2. Honigmelone halbieren. Mit einem großen Löffel das Innere herausholen.
3. Melonenhälften vierteln. 
4. Nach Geschmack können die Schiffchen mit dem restlichen Obst dekoriert werden. 

Kartoffelsuppe mit Igelwurst

Zutaten
800 g Kartoffeln
2 Möhren
100 g Sellerie
100 g Porree
1 kleine Zwiebel
20 g Butter
1 l Brühe
Gewürze: Salz, Pfeffer, Majoran, Liebstöckel,
2 Lorbeerblätter
Petersilie zur Deko
4 Wiener Würstchen

1. Kartoffeln, Möhren, Sellerie, Porree, Zwiebel waschen. 
2. Anschließend das Gemüse schälen. 
3. Das Gemüse in grobe Stücke schneiden. 
4. Die Butter in einem größeren Topf schmelzen und das Gemüse darin andünsten. 
5. Gewürze in den Topf geben und mit Brühe ablöschen. Die Suppe ca. 20 Min. kochen lassen. 
6. Lorbeerblätter entfernen. Die Suppe pürieren und anschließend abschmecken. 
7. Würstchen halbieren und an den Enden einschneiden. Danach anbraten. 
8. Petersilie waschen und zerkleinern. Anrichten.

3. Kinder versorgen können

Nudeleintopf

1. Geflügelschenkel abwaschen und mit 2 Litern Wasser und Gewürzen zum Kochen bringen. Das Ganze ca. 45 Min. garen lassen.

2. Das Suppengrün waschen.

3. Das Gemüse schälen.

4. Gemüse kleinschneiden und zu den Geflügelschenkeln geben.

5. Muschelnudeln nach Packungsanweisung kochen.

6. Muschelnudeln in ein Sieb gießen und abschrecken.

7. Geflügelschenkel aus dem Sud nehmen, etwas abkühlen lassen und anschließend von Knochen und Haut befreien.

8. Lorbeerblätter aus dem Sud entfernen. Nudeln, kleingeschnittenes Geflügelfleisch und gehackte Petersilie in den Sud geben und abschmecken.

Zutaten
3 Geflügelschenkel
2 Lorbeerblätter, Salz, Pfeffer
300 g Muschelnudeln
1 Bund Suppengrün
Petersilie

Gemüsesticks mit einem Kräutersauerrahmdip

1. Das Gemüse waschen.

2. Das Gemüse schälen.

3. Das Gemüse wird in Stifte geschnitten.

4.

5. Sour Cream und Quark in eine Schlüssel geben und vermengen.

6. Olivenöl, Salz, Pfeffer und zerdrückte Knoblauchzehe dazugeben.

7. Kräuter waschen, abtupfen und zerkleinert in die Masse geben, anschließend verrühren.

8. Abschmecken, evtl. nachwürzen.

Zutaten
700 g frisches Gemüse (Gurke, Radieschen, Paprika, Kohlrabi, Möhre)
200 g Sour Cream
20 g Magerquark
Olivenöl, Salz, Pfeffer
1 Knoblauchzehe
Dill, Petersilie, Schnittlauch

GRUNDLAGEN DER HAUSWIRTSCHAFT

Zutaten
25 g Hefe
100 ml warmes Wasser
300 g Vollkornmehl
1 EL Olivenöl
50 g Zwiebeln
1 TL Öl
1 kleine Dose geschälte Tomaten
Gewürze: Salz, Pfeffer, Oregano
jeweils 4 Streifen gelbe und rote Paprika
1 große Tomate
80 g Geflügelwurst
30 g Geflügelwiener
150 g geriebenen Käse
frisches Basilikum

Kinderpizza

1 Backofen auf 170 °C vorheizen. Hefe in warmem Wasser auflösen. Mehl in eine Schüssel geben. In eine Mulde die aufgelöste Hefe geben und ca. 10–15 Min. gehen lassen.

2 In der Zwischenzeit die Zwiebeln waschen und in kleine Würfel schneiden.

3 Die geschälten Tomaten in ein hohes Gefäß geben und pürieren.

4 1 TL Öl in einem Topf erhitzen. Zwiebeln darin andünsten und mit der Tomatenmasse ablöschen. Würzen und etwas einkochen lassen.

5 Das Olivenöl zum Hefeteig geben. Mit 2 Prisen Salz würzen und alles miteinander verkneten. Der Teig darf nicht kleben. Nochmals ca. 30 Min. gehen lassen.

6 Tomate waschen. Tomate und Wurst in Scheiben schneiden.

7 Teig ausrollen und vier kleine Pizzen ausstechen. Anschließend belegen: zuerst Soße, Käse, Tomate, Wurst und schließlich Paprika.

8 Pizzen ca. 20 Min. backen. Anschließend mit Basilikum dekorieren.

Zutaten
300 g Spagetti
Salz, 3 l Wasser
150 g Möhren
150 g TK-Erbsen
100 g Schinkenwürfel
2 Eier
100 ml Sahne
100 ml Milch
Salz, Pfeffer
100 g geriebenen Käse

Bunter Spagettiauflauf

1 Backofen auf 170 °C vorheizen. Wasser mit Salz aufsetzen und die Spagetti nach Anleitung al dente kochen.

2 Möhren waschen und in feine Würfel schneiden.

3 In einer beschichteten Pfanne die Schinkenwürfel anbraten. Möhren und Erbsen dazugeben. Alles ca. 5 Min. garen.

4 Nudeln abgießen und abschrecken.

5 Eier, Sahne, Milch und Käse verrühren und kräftig würzen.

6 Die Spagetti in die eingefettete Form legen.

7 Gemüse und verquirlte Eimasse darübergeben und ca. 20 Min. überbacken lassen.

6 Anrichten und servieren.

3. Kinder versorgen können

Bananenmilchshake

1 Die Zitrone auspressen.

2 Bananen schälen und in ein hohes Gefäß geben.

3 Zitronensaft, Sahne, Milch und Agavendicksaft dazugeben und alles mit einem Pürierstab pürieren.

4 Bananenmilchshake sofort servieren.

Zutaten
½ Zitrone
3 Bananen
1 EL Agavendicksaft
50 ml Sahne
400 ml Milch

Erdbeereis

1 Erdbeeren waschen, putzen und in einem hohen Gefäß pürieren.

2 Joghurt und Agavendicksaft dazugeben. Alles vermischen.

3 Masse in Eisförmchen gießen und ca. 3 Stunden im Eisfach gefrieren lassen.

4 Förmchen vor dem Verzehr kurz unter Wasser halten, damit sie sich leichter lösen.

Zutaten
400 g Erdbeeren
500 g Joghurt (3,8 %)
4 EL Agavendicksaft

Kirschmuffins (ergibt 12 Stück)

1 Backofen auf 200 °C vorheizen. Kirschen abtropfen lassen.

2 Butter, Zucker und Vanillezucker in eine Schüssel geben und schaumig rühren.

3 Eier dazugeben und verrühren.

4 Milch dazugeben und verrühren.

5 Mehl und Backpulver vermischen. Nach und nach zu der Masse geben und vermischen.

6 Die abgetropften Kirschen dazugeben und unterheben.

7 Den Teig in eine Muffinform oder mehrere kleine Förmchen geben und ca. 15 Min. backen lassen.

8 Die Muffins können nach dem Backen mit Puderzucker bestäubt werden.

Zutaten
1 Glas Süßkirschen
100 g weiche Butter
100 g Zucker
1 Päck. Vanillezucker
2 Eier
125 ml Milch
200 g Mehl
1 TL Backpulver

GRUNDLAGEN DER HAUSWIRTSCHAFT

Zutaten
5 Eigelb
200 g Zucker
1 Päck. Vanillezucker
125 ml warmes Wasser
250 ml Öl
350 g Mehl
1 Päck. Backpulver
5 Eiweiß
2 EL Kakaopulver

Zebrakuchen

1. Backofen auf 180 °C vorheizen. Eigelb, Zucker und Vanillezucker in eine Schüssel geben und schaumig rühren.

2. Anschließend warmes Wasser und Öl dazugeben und verrühren.

3. Mehl und Backpulver mischen und unter die Masse geben.

4. Eiweiß zu Eischnee schlagen.

5. Den Eischnee unter die Teigmasse heben.

6. Den Teig teilen. In eine Hälfte Kakaopulver einrühren.

7. Backform einfetten und von der Mitte aus abwechselnd kellenweise den Teig einfüllen.

8. Den Kuchen ca. 50 Min. backen. Anschließend kann er mit Puderzucker bestäubt werden.

3.8 Hortkinder versorgen

Für die Kinder ist der Übergang zur Schule ein entscheidender Lebensabschnitt. In dieser Zeit ändert sich alles. Sie müssen lernen, längere Zeit stillzusitzen, lernen viele neue Menschen und eine neue Umgebung kennen und müssen selbst entscheiden, wann sie was aus ihrer Brotdose essen. All diese Eindrücke müssen die Schulkinder erst einmal verarbeiten. Deshalb ist eine enge Zusammenarbeit zwischen Eltern, Schule und Hort ein gutes Fundament für die Entwicklung der Kinder.

> **BEISPIEL** Birte (6;2) ist schon ganz aufgeregt. Morgen ist der erste Schultag und ihre neue Brotdose liegt bereit, um mit einem leckeren Pausensnack gefüllt zu werden.

3.8.1 Der Start in den Tag

Um eine gleichbleibende Leistungsfähigkeit über den Tag hinweg zu gewährleisten, ist ein guter Start eine wichtige Grundlage. Das bedeutet einerseits, dass die Schulkinder ihren ›Schlafbedarf‹ ausreichend decken, andererseits aber auch den Tag ohne Hektik und Stress beginnen. Wichtige Punkte sind hier:

- rechtzeitig schlafen gehen
- alle benötigten Dinge bereitlegen
- die Schultasche am Abend packen
- genügend Zeit haben, sich zu einem gemeinsamen Frühstück zu treffen

SB GÖ Schlafbedarf

Zum Frühstück können angeboten werden:
- Vollkornbrötchen oder -schnitte, Knäckebrot, Müsli
- als Aufstrich: Butter, Frischkäse, Quark
- Joghurt (ggf. mit Früchten)
- Obst und Gemüse
- Konfitüre, Marmelade, Pflaumenmus, ›Gelee, Honig‹
- Käse, Wurst
- Getränke: Milch, Tee, Frucht- und Gemüsesäfte

Gelee und Honig selbermachen → S. 152

Es gibt viele Kinder, die zur frühen Stunde nichts essen können. Sie sollten aber wenigstens ein Glas Milch, Fruchtmilch (Milch mit pürierten Früchten) oder Saft trinken. In diesem Fall muss der Inhalt der Brotdose reichhaltiger ausfallen, damit das Kind seinen ›Energiebedarf‹ decken kann.

Energiebedarf → S. 37

| Grundsätzlich sollte kein Familienmitglied mit leerem Magen aus dem Haus gehen.

3.8.2 Das Pausenbrot und das richtige Getränk

Nichts ist wichtiger als die Pause in der Schule. Sie soll dazu dienen, neue Kraft zu tanken und einfach mal für ein paar Minuten abzuschalten. Deshalb sollten die Kinder diese Zeit nutzen, um auch mal in ihre Brotdose zu greifen.

Die Pausenmahlzeit sollte jeden Tag schmackhaft, abwechslungsreich und vollwertig sein. Darüber hinaus muss sie einige Stunden ohne Kühlung auskommen. Deshalb sind für die Vorbereitung folgende Kriterien zu berücksichtigen:
- Verwenden Sie verschiedene Brot- und Brötchensorten, auch in verschiedenen Formen (Stange, Bagel, Schnitte, Brötchen, Hörnchen, Baguette, Wrap).

Abb. 3.20 Der Inhalt der Brotdose sollte abwechslungsreich sein.

- Als Aufstrich können je nach Belag Butter, Frischkäse, Senf oder Tomatenmark verwendet werden.
- Greifen Sie beim Belag auf Putenschinken, Hähnchenbrustfilet, Käse, Thunfisch, Ei, Quark oder Salami zurück.
- Garnieren Sie mit Salatblättern, Gurken, Radieschen-, Gewürzgurken- oder Tomatenscheiben sowie mit frischen Kräutern (Schnittlauch).
- Geben Sie Gemüsesorten wie Paprika, Gurke, Cocktailtomaten, Möhre, Kohlrabi oder Radieschen in verschiedenen Varianten mit.
- Auch Obstsorten wie Äpfel, Birnen, Weintrauben oder Mandarinen können Sie problemlos mitgeben.
- Bei der Auswahl von Gemüse-und Obstsorten sollte der ›Saisonkalender‹ beachtet werden.

Saisonkalender → S. 62

- Seien Sie bei Milch und Milchprodukten kritisch. Diese Produkte dürfen nicht mehrere Stunden ohne Kühlung aufbewahrt werden. Klären Sie das Kind über die Notwendigkeit eines baldigen Verzehrs auf. Angeboten werden können: Quark, Joghurt, Milch oder Käsesticks.

Beispiele für eine Woche mit verschiedenen Pausenmahlzeiten

Montag
Vollkornstange, bestrichen mit Senf und Salat

als Belag Ei mit Schnittlauch

dazu Paprikastreifen und Weintrauben

als Getränk Kräutertee

Dienstag
Mehrkornwrap, bestrichen mit Joghurtcreme, gefüllt mit Salat, Hähnchenstreifen, Gurke und Tomate

dazu Apfel- und Birnenspalten

als Getränk Fruchtmilch

Mittwoch
Vollkornschnitte, bestrichen mit Kräuterbutter und Salat

als Belag Käse

dazu Gurken- und Radieschenscheiben

eine Banane

als Getränk Mineralwasser

Donnerstag
Vollkornbagel, bestrichen mit Pesto und Salat

als Belag Tomaten und Mozzarella

dazu Joghurt mit Früchten

als Getränk Fruchtsmoothie

Freitag
Vollkornbaguette, bestrichen mit Frischkäse und Salat

als Belag Putenschinken, garniert mit Gewürzgurkenscheiben

dazu Möhren- und Kohlrabisticks

als Getränk Fruchtschorle

Damit die Kinder die Pausenmahlzeit und das Getränk gut transportieren können, empfehlen sich Behälter, die sich sicher und leicht öffnen und reinigen lassen. Verwenden Sie getrennte Behälter für die Schnitte / das Brötchen und für Obst bzw. Gemüse. Dazu ist eine Getränkeflasche mitzugeben.

3.8.3 Fastfood

Fastfood ist allgegenwärtig. Werbung und Angebote sprechen gerade Kinder an. Schnell werden die Speisen zubereitet und in wenigen Minuten auch schon verzehrt. Dadurch aber kann kein ›**Sättigungsgefühl**‹ entstehen, da dieses erst nach ca. zwanzig Minuten eintritt. Die Speisen werden durch die ›Garverfahren‹ Braten, Grillen oder Frittieren hergestellt und weisen viele ›gesättigte **Fettsäuren**‹ (besonders Transfettsäuren), viel Salz und Geschmacksverstärker auf. ›Vitamine‹, ›Mineralstoffe‹ und vor allem ›Ballaststoffe‹ bleiben dagegen auf der Strecke.

Fastfood komplett abzulehnen wird mit Kindern schwierig. Sie finden alles, was verboten ist, besonders interessant und spannend. Wenn im Alltag abwechslungsreiche und ausgewogene Speisen auf den Tisch kommen, kann einmal in der Woche durchaus Fastfood gegessen werden. Folgende Tipps unterstützen einen guten Umgang damit:

- Bereiten Sie die Speisen selbst zu.
- Wählen Sie z. B. Vollkornprodukte für Hotdogs oder Burger aus.
- Pommes schmecken auch aus dem Backofen.
- Bieten Sie zu jedem Fastfood-Essen einen frischen Salat an.
- Bieten Sie alternativ zu Limonade eine Schorle oder Milch an.
- Als Nachtisch bietet sich ein frischer Obstsalat an.

Sättigungsgefühl → S. 21

Garverfahren → S. 65

Fettsäuren → S. 24

Vitamine → S. 32

Mineralstoffe → S. 30

Ballaststoffe → S. 29

Fastfood selbst zubereiten

Die nachfolgenden Rezepte zeigen, dass gerade mit Kindern Fastfood-Gerichte schnell zubereitet werden können. Darüber hinaus sind die Rezepte so angelegt, dass sie schnell abgewandelt werden können.

Unser Hackfleischburger in einem Quark-Öl-Teig-Brötchen

Zutaten für den Quark-Öl-Teig
150 g Mehl, ½ Päckchen Backpulver, 3 EL Milch, 3 EL Öl, 75 g Magerquark, 2 Prisen Salz, 1 Eigelb, 20 g Sesam

Zubereitung Quark-Öl-Teig
Backofen auf 180 °C vorheizen. Alle Zutaten bis auf Eigelb und Sesam in eine Schüssel geben und zu einem Teig verarbeiten. Er darf nicht mehr kleben. Anschließend den Teig in vier Teile teilen und zu flachen, runden Brötchen formen. Diese mit Eigelb bepinseln und mit Sesam bestreuen. Ca. 10 Min. backen. Auskühlen lassen und in der Mitte aufschneiden.

Zutaten für den Hackfleischteig
200 g Rinderhack, ½ Brötchen, ca. 60 ml Milch, ½ kleine Zwiebel, Salz, Pfeffer, Öl

Zubereitung Hackfleischteig
Das Brötchen in Milch einlegen und aufweichen lassen. Die Zwiebel waschen und in kleine, feine Würfel schneiden. Brötchen ausdrücken. Rinderhack, ausgedrücktes Brötchen und Zwiebel in eine Schüssel geben und vermengen. Anschließend mit Salz und Pfeffer würzen. Den Teig in vier Teile teilen und zu flachen, runden Scheiben formen. In einer Pfanne Öl erhitzen und die Scheiben von beiden Seiten ca. 2–3 Min. braten.

Zutaten für Belag
80 g Eisbergsalat, 1 große Tomate, 2 Gewürzgurken, 1 EL Senf, 1 EL Ketchup

Zubereitung der Burger
Eisbergsalat waschen, mit Küchenkrepp abtupfen und etwas klein zupfen. Tomate waschen, Stielansatz entfernen und in feine Scheiben schneiden. Gewürzgurken in feine Scheiben schneiden.
Brötchen aufklappen und mit Ketchup bestreichen. Dann mit etwas Eisbergsalat belegen und die Hackfleischscheiben darauflegen. Mit Senf verfeinern und mit Tomaten- und Gewürzgurkenscheiben belegen. Anschließend das Brötchen zuklappen und servieren.

Unser Hotdog schmeckt lecker

Zutaten
4 Vollkornstangen, 4 Geflügelwiener, 4 Gewürzgurken, 2 EL Röstzwiebeln, Senf und Ketchup nach Geschmack

Zubereitung
Die Geflügelwiener erwärmen. Die Vollkornstangen einschneiden. (Vorsicht: nicht ganz aufschneiden!) Die Gewürzgurken in feine Scheiben schneiden. Ein Würstchen in die Vollkornstange legen. Anschließend Senf und Ketchup auf das Würstchen geben und mit Röstzwiebeln und Gewürzgurken dekorieren.

Unsere Nuggets sind richtig saftig und knusprig

Zutaten
400 g Hähnchenbrustfilet, 120 g Cornflakes, 1 Ei, 50 g Mehl, Salz, Pfeffer, Öl

Zubereitung
Cornflakes in eine Tüte geben und mit einem Nudelholz zerkleinern. Das Ei auf einem Teller aufschlagen, verrühren und mit Salz und Pfeffer würzen. Auf zwei weitere Teller jeweils Mehl und zerkleinerte Cornflakes geben. Das Hähnchenbrustfilet waschen, mit Küchenkrepp abtupfen und in kleine Stücke schneiden. Hähnchenstücke zuerst in Mehl, dann in Ei und anschließend in Cornflakes wälzen. Öl in einer Pfanne erhitzen und Hähnchenstücke darin goldgelb braten.

ZUM WEITERDENKEN Fastfood ist bei regelmäßigem Verzehr nicht nur ernährungsphysiologisch bedenklich. Es schadet auch aufgrund der Tierhaltung und z. B. dem Benutzen von Einweggeschirr der Umwelt erheblich. Über diese Aspekte lässt sich schon mit älteren Kindern sprechen und sie dafür bewusst machen.

3.9 Speisen aus anderen Kulturen zubereiten

BEISPIEL Marco Nowak arbeitet als Erzieher in der Kindertagesstätte „Tippeltappel". In seiner Gruppe betreut er zusammen mit der Kinderpflegerin Pauline Richter 18 Kinder verschiedener Nationalitäten. Einmal im Monat kochen die pädagogischen Fachkräfte gemeinsam mit der Gruppe in der Kinderküche der Einrichtung selbstständig ihr Mittagsmenü.

Zurzeit führt die Einrichtung eine Themenwoche mit dem Titel „Die Welt ist kunterbunt" durch. Deshalb überlegen sich Marco Nowak und Pauline Richter ein spezielles Menü für die Kinder. Außerdem wollen sie zu jedem Gericht eine kulturelle Geschichte aus dem jeweiligen Land erzählen.

Interkulturelle Erziehung ist ein wichtiger Bestandteil der pädagogischen Arbeit in Kindertageseinrichtungen und wird immer mehr zum Alltag. Interkulturelle Kompetenzen lassen sich nicht nur durch gemeinsame Projekte, sondern vor allem auch durch das gemeinsame Zubereiten von Speisen praktisch vermitteln. Wenn Kinder verschiedener Nationalitäten gemeinsam deutsche und ›internationale‹ Gerichte kochen, fördert das die Aufgeschlossenheit gegenüber anderen Ländern und Sitten. Gleichzeitig werden durch die besonderen Speisen kulturelle Inhalte der verschiedenen Länder, Kulturen und Religionen vermittelt.

Das Zubereiten eines **interkulturellen Menüs** macht Kindern sehr viel Spaß. Die Gerichte des Menüs können auch aus verschiedenen Ländern stammen. Die Mengenabgaben im Folgenden sind für vier Personen kalkuliert.

Abb. 3.21 Gemeinsames Kochen verbindet kulturelle Unterschiede in der Ernährung → S. 49

3. Kinder versorgen können

Die Vorspeise: Hummus mit Gemüsesticks und Fladenbrot

Zutaten
1 Dose Kichererbsen (265 g Abtropfgewicht),
½ Zitrone, je 1 Prise Salz und Zucker, 2 EL Olivenöl,
2 EL Joghurt, 100 ml Gemüsebrühe, Petersilie

Zubereitung
Die Kichererbsen abgießen und einige für die Dekoration beiseitelegen. Danach alle Zutaten außer der Petersilie in eine Schüssel geben und pürieren. Anschließend die fertige Masse auf kleine Schälchen verteilen, mit der Petersilie und den restlichen Kichererbsen dekorieren.
Der Hummus kann als Dip für Gemüsesticks oder auf Fladenbrot angeboten werden.

Die Hauptspeise: Chinesische Bratnudeln mit Hähnchen

Zutaten
200 g Mienudeln (50 g pro Kind), 150 g Hähnchen, 1 mittelgroßes rote Paprika, 1 mittelgroße Möhre, 1 Bund Frühlingszwiebeln, eine Handvoll Zuckerschoten, Mungobohnensprossen und Bambussprossen nach Bedarf, Öl, 5 EL Sojasauce

Zubereitung
Die Nudeln in leicht gesalzenes, kochendes Wasser geben. Den Topf vom Herd nehmen und die Nudeln 4 Min. ziehen lassen. Das Fleisch und die Paprika in kleine Streifen schneiden. Die Frühlingszwiebeln in kleine Ringe schneiden. Die Möhre mit einem Sparschäler längs in Streifen schneiden und mundgerecht zerkleinern.
Zuerst das Öl in einem Wok oder einer heißen Pfanne erhitzen. Das Fleisch darin ca. 4 Min. scharf anbraten, anschließend aus der Pfanne nehmen. Nun die Zwiebeln, die Paprika, die Möhre, die Zuckerschoten sowie nach Bedarf die Bambus- und die Mungobohnensprossen hinzufügen und alles gut mischen.
Die Nudeln in Öl kurz anbraten. Jetzt das Gemüse und das Fleisch dazugeben und alles gut durchmischen. Die Sojasoße über die Zutaten geben (nicht zu viel) und einkochen lassen.

Die Nachspeise: Griechischer Joghurt mit Walnüssen

Zutaten
500 g griechischer Joghurt, 4–6 EL Honig,
60 g Walnüsse oder Obst (falls Kinder mit einer Nussallergie dabei sind)

Zubereitung
Den Joghurt in kleine Schälchen geben. Eine dünne Schicht Honig darauf verteilen und mit Walnüssen oder Obst garnieren.

GRUNDLAGEN DER HAUSWIRTSCHAFT

3.10 Den Tisch eindecken

Die Mahlzeiten in einer Kindertageseinrichtung bilden zentrale Eckpunkte im Alltag der Kinder. Alle finden sich zusammen und genießen gemeinsam das Essen. Doch damit alles reibungslos abläuft, müssen gewisse Kriterien bereits im Vorfeld beachtet werden.

Abb. 3.22 Kindgerecht eingedeckter Tisch

- Zunächst müssen Sie die **Tischgröße** auf die Anzahl der Personen ausrichten. Dazu sollte ein Platzbedarf pro Kind mit ca. 50 cm berechnet werden.
- Der Tisch muss vor dem Eindecken sauber sein.
- Im Alltag ist es nicht erforderlich, eine Tischdecke zu verwenden.
- Um eine gemütliche Atmosphäre zu schaffen, reicht eine Mitteldecke (80 × 80 cm) oder ein Tischläufer.
- Wählen Sie bruchsicheres, aber auch leichtes **Geschirr** für Kinder aus.
- Wird farbiges Geschirr gewählt, sollten Sie eine einheitliche Farbe benutzen.
- Das Geschirr soll für die Kinder handlich sein. Die Kinder sollen beim Eindecken und Abdecken des Tisches helfen können.
- Bei der Auswahl des **Bestecks** müssen Sie darauf achten, dass es dem Alter und Entwicklungsstand der Kinder entspricht.
- Es empfiehlt sich, für jedes Kind ein eigenes **Platzdeckchen** mit entsprechendem Motiv zu gestalten. So hat jedes Kind seinen Platz am Tisch.
- Der Teller wird beim Eindecken so gestellt, dass er vor dem Kind und eine Daumenbreite von der Tischkante entfernt steht.
- Die Gabel liegt links, Löffel oder Messer (mit der Schneide nach innen) liegen rechts.
- Das **Getränk** steht rechts oberhalb von Löffel oder Messer. Zwischen Getränk und Besteck muss etwas Abstand gehalten werden.
- Stellen Sie den Tisch nicht zu voll.
- Keine Töpfe oder Pfannen auf den Esstisch stellen. Verwenden Sie **Anrichtegeschirr** (Platten, Schlüsseln, Sauciere) oder geben Sie die Portionen gleich auf die Teller.
- Reichen Sie den Nachtisch erst nach der Hauptspeise.
- Stellen Sie evtl. Feuchttücher, Taschentücher und einen Eimer mit Lappen in unmittelbarer Nähe zum Tisch bereit. So können Sie schnell reagieren, wenn kleine Missgeschicke passieren.
- Sorgen Sie für etwas ›**Tischdekoration**‹. Ein paar Blumen in einer Vase lockern die Atmosphäre auf. Dabei sollten die Blumen aber nicht zu hoch sein. Alle Kinder sollten sich beim Essen sehen können. Ein kritischer Punkt ist das Verwenden von ›Kerzen‹. Hier gehen die Meinungen stark auseinander.

Elemente der Tischdekoration
→ S. 159

Kerzen → S. 160

3.11 Die Verpflegung in der Kindertageseinrichtung

Rund zwei Millionen Kinder nehmen täglich am Mittagessen in einer Kindereinrichtung teil. In erster Linie sollen die Kinder mit ihren entsprechenden Bedürfnisse, Vorlieben und Abneigungen an eine gesunde, ›vollwertige‹ und abwechslungsreiche Ernährung im Alltag herangeführt werden. Zusätzlich werden bei den Mahlzeiten die pädagogischen Regeln der einzelnen Einrichtung vermittelt.

Dennoch stellt die Verpflegung in der Kindertageseinrichtung eine große Herausforderung dar. Viele unterschiedliche Aspekte müssen aufeinander abgestimmt werden, z. B. die zur Verfügung stehenden Räumlichkeiten und deren Zuschnitt, die Ausstattung und das zur Verfügung stehende Personal.

Vollwertkost → S. 42

Weitere Informationen und Zahlen zur Verpflegung in Kindertagesstätten finden Sie in der Studie „Is(s)t KiTa gut?" unter:

www.bertelsmann-stiftung.de/de/publikationen/publikation/did/isst-kita-gut

3.11.1 Das Verpflegungskonzept

Damit es nicht zu späteren Kommunikationsschwierigkeiten zwischen Eltern und Einrichtung kommt, sollte das Verpflegungskonzept den Eltern noch vor der Aufnahme des Kindes vorgestellt werden. Ein Kind kann je nach Einrichtung und Betreuungsumfang das erste und/oder zweite Frühstück, eine Obstmahlzeit am Vormittag, das Mittagessen, eine Zwischenmahlzeit am Nachmittag oder sogar das Abendessen in der Tagesstätte einnehmen.

Die jeweilige Einrichtung bestimmt mit ihrem Verpflegungskonzept folgende Aspekte:

Abb. 3.23 Das Verpflegungskonzept legt fest, welche Mahlzeiten in der Kita eingenommen werden.

- Werden alle Mahlzeiten gegen Entgelt zur Verfügung gestellt?
- Wird ein Teil der Mahlzeiten mitgebracht und werden die restlichen Mahlzeiten selbst oder von Dienstleistern zubereitet?
- Werden alle Mahlzeiten mitgebracht?
- Werden abwechselnd die Zutaten einer Mahlzeit von den Eltern mitgebracht?
- In welcher Form werden die Getränke gestellt oder mitgebracht?

Alle Varianten des Verpflegungskonzeptes haben ihre Vor- und Nachteile. Sie müssen vom pädagogischen Team individuell abgewogen werden. Auf jeden Fall muss die Teilnahme des Kindes an den verschiedenen Mahlzeiten im **Betreuungsvertrag** festgehalten werden.

3.11.2 Verpflegungssysteme in der Kindertageseinrichtung

In der Studie der Bertelsmann Stiftung „Is(s)t KiTa gut?" sind in den Kindertageseinrichtungen vier unterschiedliche Verpflegungssysteme anzutreffen:
- Warmhaltesystem
- Frisch- und Mischküche
- Tiefkühlsystem
- Kühlkostsystem

GRUNDLAGEN DER HAUSWIRTSCHAFT

Das Warmhaltesystem (Cook and Hold)
Die meisten Einrichtungen (über 50 %) bieten ihr Mittagessen mit einem Warmhaltesystem an. Das bedeutet, dass es einen externen Dienstleister (**Catering**) gibt, der die Speisen an einem anderen Ort kocht. Das Essen wird dann bereits verzehrfertig angeliefert. Es muss nur noch portioniert werden.

Von der Lieferung bis zur Ausgabe des Essens muss bei warmen Speisen eine Temperatur von mind. 65 °C aufrechterhalten werden, bei kalten Speisen eine Temperatur von maximal 7 °C.

Je länger die Speisen bis zum Verzehr lagern, desto größer sind die Qualitätsverluste in Bezug auf Farbe, Konsistenz, Nährstoffverluste, z. B. bei ›Vitaminen‹, und Geschmack. Die maximale Warmhaltezeit von warmen Speisen beträgt drei Stunden.

Abb. 3.24 Externe Dienstleister kochen die Speisen vor.

Vitamine → S. 32

Die Vorteile dieses Systems bestehen darin, dass die Einrichtung kein zusätzliches Fachpersonal für die Speisenzubereitung benötigt. Wenn die Räumlichkeiten keine Küche in der Einrichtung ermöglichen, ist das Warmhaltesystem eine gute Alternative. Es gibt allerdings wenige Möglichkeiten, auf die Speiseplangestaltung einzuwirken.

Die Frisch- und Mischküche (Cook and Serve)
33 % der Kindertageseinrichtungen können die Frisch- und Mischküche anbieten. Das heißt, sie kochen vor Ort. Das Mittagessen wird frisch zubereitet und sofort serviert. Dadurch sind die Warmhaltezeiten und die Qualitätsverluste erheblich geringer. Außerdem kann ein größeres Spektrum z. B. an frischen Salaten, Gemüse, Obst und Aufläufen angeboten werden.

Vor Ort muss entsprechend qualifiziertes **Fachpersonal** die Mahlzeiten zubereiten. Dabei spielen ›hygienische‹ Anforderungen an Personal, Lebensmittel und Räumlichkeiten eine große Rolle. Die Erzieher, vor allem aber auch die Kinder, können bei der Speiseplangestaltung mitwirken.

hygienische Anforderungen an die Speisenzubereitung → S. 94, Hygiene in Küchenbereichen → S. 117

Das Tiefkühlsystem (Cook and Freeze)
Weniger als 10 % der Kindertageseinrichtungen nutzen das Tiefkühlsystem. Dessen Anbieter kochen die Speisen oder einzelne Komponenten davon. Diese werden nach dem Kochen sofort schockgefroren und bei −18 °C gelagert. Vom Transport zur Einrichtung bis zur Zubereitung darf die Kühlkette nicht unterbrochen werden.

In der Einrichtung selbst müssen entsprechende Tiefkühlkapazitäten in der Küche sein. Dort werden die einzelnen Speisen oder Komponenten zu Mahlzeiten zusammengestellt und auf mindestens 70 °C erhitzt. Ergänzt werden kann das Tiefkühlsystem mit frischem Salat wie z. B. Rohkostsalat.

Durch die einheitliche Zubereitung der Speisen kann es auf Dauer zu einer Geschmacksermüdung kommen. Auch können nicht alle Gerichte angeboten werden. Es gibt wenig Spielraum für ein Einwirken auf die Speiseplanung.

Das Kühlkostsystem (Cook and Chill)

Das Kühlkostsystem wird von 3 % der Einrichtungen genutzt. Dabei kochen der Anbieter oder Fachkräfte in der Einrichtung die Speisen selbst und lassen diese schnell abkühlen. Anschließend werden sie bei ca. 2 °C gelagert. Die Speisen sind ca. drei Tage haltbar. Die Kühlkette darf nie unterbrochen werden.

Bevor die Speisen ausgegeben werden dürfen, müssen sie auf mindestens 70 °C erhitzt werden. Für das System müssen entsprechende Kühlkapazitäten vorhanden sein. Auch können nicht alle Gerichte angeboten werden. Es gibt wenige Einflussmöglichkeiten auf die Speiseplanung.

Abb. 3.25 Blick in eine Kindergartenküche

3.12 Rechtliche Vorschriften für die Speisenzubereitung

3.12.1 Lebensmittel- und Hygienerecht

Das Zubereiten und Ausgeben von Mahlzeiten in pädagogischen Einrichtungen oder in der Kindertagespflege unterliegt dem **Lebensmittelrecht**. Dieses regelt die Behandlung und Produktion von Lebensmitteln und umfasst zahlreiche Vorschriften. Dabei ist es egal, ob Speisen regelmäßig oder nur gelegentlich in Kindertagesstätten ausgegeben werden. Wird in der Einrichtung gelegentlich mit den Kindern gekocht, gebacken oder ein Obstsalat hergestellt, unterliegen auch diese Tätigkeiten ›**hygienerechtlichen Anforderungen**‹. Dazu zählt auch das Speisenangebot bei Festen und Feierlichkeiten, z. B. wenn bei einem Kinderfest gegrillt oder Kuchen angeboten wird.

Seit 2006 gilt in Deutschland ein neues Lebensmittelhygienerecht. Die alte nationale Lebensmittelhygieneverordnung (LMHV) wurde durch die Verordnung der Europäischen Gemeinschaft (EG) Nr. 852/2004 über Lebensmittelhygiene ersetzt. Dadurch wurden einheitliche Standards in der Europäischen Union geschaffen. Die Inhalte der alten LMHV wurden grundsätzlich übernommen und um die **Pflicht zur Dokumentation** der Lebensmittelhygiene erweitert. Diese ist allerdings abhängig von der Art und Größe des Betriebes.

Außerdem sind alle Unternehmen, die mit Lebensmitteln umgehen, verpflichtet, ein Eigenkontrollsystem für den Umgang mit Lebensmitteln einzuführen. Es wird empfohlen, sich dabei an dem ›HACCP-Konzept‹ zu orientieren.

hygienische Anforderungen an die Speisenzubereitung → S. 94, Hygiene in Küchenbereichen → S. 117

HACCP-System → S. 94

> **ZUM WEITERDENKEN** Auch für Tagesmütter und -väter gelten die Anforderungen an die Lebensmittelhygiene. Sie entsprechen allerdings nicht denen an eine Großküche. Vielmehr handelt es sich in diesem Bereich um Elemente der Basishygiene. Der Bundesverband der Kindertagespflege (BVKTP) hat dazu Leitlinien formuliert. Diese enthalten viele Anregungen und Tipps für eine alltägliche praxisgerechte Umsetzung.

Die Leitlinien für eine gute Lebensmittelhygienepraxis in der Kindertagespflege finden Sie unter:

http://bvktp.de/files/bvktp_leitlinie-lebensmittel_02.pdf

HACCP

engl. Hazard Analysis and Critical Control Points: Gefahrenanalyse und kritische Kontrollpunkte

Hygienekonzept → S. 115

3.12.2 Das HACCP-Konzept

Bei der Herstellung von Speisen wurde in der Vergangenheit häufig das Endprodukt kontrolliert. Wies dieses Fehler auf, war es sehr schwierig, im Nachhinein den Fehler im Prozess zu finden. Das ›HACCP-Konzept‹ soll dagegen Risiken erkennen und Fehler bereits während des Prozesses, sozusagen von vornherein, aufspüren und ausschalten. Zum Herstellungsprozess zählen alle Stufen der Lebensmittelzubereitung, Verarbeitung, Herstellung, Verpackung, Lagerung, Beförderung, Verteilung, Behandlung und des Verkaufs. Jede Einrichtung, die mindestens eine Tätigkeit innerhalb dieses Prozesses ausübt, ist demzufolge verpflichtet, ein HACCP-System anzuwenden. Ziel des Systems ist es, Lebensmittelvergiftungen durch Mikroorganismen vorzubeugen. Für die Umsetzung ist der verantwortliche Leiter der Einrichtung zuständig.

Das HACCP-Konzept umfasst **sieben Grundsätze**. Individuell soll es auf dem jeweiligen ›Hygienekonzept‹ der Einrichtung aufbauen.

1. Verfahren und Produkt definieren
2. Risikofaktoren identifizieren
3. Risikoträchtige Prozessabschnitte bestimmen
4. Risikoträchtige Prozessabschnitte unter Kontrolle bringen
5. Risikoträchtige Prozessabschnitte überwachen
6. System zur Fehlerkorrektur
7. HACCP-System auf Wirksamkeit überprüfen

3.13 Hygienische Anforderungen an die Speisenzubereitung

Alle Unternehmen, die mit Lebensmitteln umgehen, haben eine besondere **Sorgfaltspflicht**. Beim Zubereiten von Mahlzeiten für Säuglinge, Kleinkinder und Kinder sowie beim gemeinsamen Kochen mit Kindern sind besondere Hygienemaßnahmen im Umgang mit Lebensmitteln erforderlich. Die Gesundheit dieser Personen bedarf eines besonderen Schutzes, da sie ein höheres Infektionsrisiko gegenüber Krankheitserregern aufweisen.

Damit sich Krankheitserreger nicht vermehren können und somit das Auftreten von Krankheiten eingegrenzt wird, muss in folgenden Bereichen besondere Vorsicht gelten:
- Individualhygiene
- Lebensmittelhygiene

3.13.1 Individualhygiene

BEISPIEL Die Auszubildende Anke Goumou ist seit vier Wochen als Praktikantin in der Kita „Sonnenland". Gemeinsam mit den Kindern möchte sie in der Kinderküche eine Kirschmarmelade zubereiten. Während sie in der Küche alle Materialen überprüft, fällt ihr auf, dass sie auch sich selbst überprüfen muss. So stellt sie fest, dass sie unbedingt ihre Haare zusammenbinden muss. Außerdem muss sie ihren roten Nagellack entfernen und ihre Armreifen ablegen. Schließlich will Anke ja ein Vorbild für die Kinder sein.

Ein einwandfreies äußeres Erscheinungsbild ist die Grundlage für einen hygienischen Umgang mit Lebensmitteln. Das Erscheinungsbild einer Person umfasst neben der Körperpflege auch die Kleidung und den Körperschmuck.
Demzufolge gilt:
- Achten Sie darauf, sich täglich zu duschen oder zu waschen und Zähne zu putzen.
- Tragen Sie täglich frische Kleidung.
- Wechseln Sie täglich die Geschirrtücher.
- Binden Sie Ihre Haare zusammen. In Großküchen verwenden Sie eine Kopfbedeckung.
- Legen oder kleben Sie ihren Körperschmuck ab.
- Halten Sie ihre Fingernägel möglichst kurz, sauber und ohne Nagellack.
- Tragen Sie eine Schürze und rutschfestes, geschlossenes Schuhwerk.
- Wunden müssen Sie so verbinden, dass keine Keime ein- oder ausdringen können.
- Haben Sie eine Hautinfektion oder eine Krankheit wie z. B. einen Magen-Darm-Infekt, ist der Umgang mit Lebensmitteln laut § 42 des Infektionsschutzgesetzes (IfSG) für Sie verboten.
- Rauchen Sie nicht in der Nähe von Lebensmitteln.

Das Infektionsschutzgesetzt finden Sie unter:

www.gesetze-im-internet.de/bundesrecht/ifsg/gesamt.pdf

Abb. 3.26 Beim gemeinsamen Kochen Hygieneregeln einhalten

Das ›Händewaschen‹ stellt den wichtigsten Faktor der Individualhygiene dar, da mit den Händen die Lebensmittel zubereitet werden. Aus diesem Grund sollte es vor Arbeitsbeginn, nach jedem Toilettengang, nach jedem Niesen, Husten oder Naseputzen erfolgen. Verwenden Sie dazu immer Flüssigseife.

Händehygiene → S. 116

GRUNDLAGEN DER HAUSWIRTSCHAFT

3.13.2 Lebensmittelhygiene

Mikroorganismen wie z. B. Bakterien finden auf Lebensmitteln einen idealen Nährboden. Sie sind die häufigste Ursache für lebensmittelbedingte Erkrankungen. Aus diesem Grund müssen im Umgang mit Lebensmitteln und bei deren Zubereitung spezielle Regeln eingehalten werden:

- Achten Sie bereits beim Einkauf auf die Qualität und sichere Lagerung der Lebensmittel. Bei gekühlten oder gefrorenen Speisen darf die Kühlkette nicht unterbrochen werden. Kontrollieren Sie das ›**Mindesthaltbarkeitsdatum**‹.
- Werden Speisen geliefert, muss dies in geschlossenen Behältnissen erfolgen.
- Schneiden Sie Salat und rohes Fleisch nie mit dem gleichen Messer und auf demselben Schneidebrett.
- Trennen Sie rohes Fleisch von verzehrfertigen Speisen.
- Verwenden Sie das Auftauwasser von Lebensmitteln nach dem Auftauen nicht weiter, sondern entsorgen Sie es.
- Entnehmen Sie Speisen, die gekühlt werden müssen und leicht verderblich sind, immer erst kurz vor dem Verzehr aus dem Kühlschrank.
- Erhitzen Sie Fleisch, insbesondere Hackfleisch, völlig durch und mindestens bei 70 °C.
- Halten Sie warme Speisen nicht unter 65 °C und nicht zu lang warm (max. zwei Stunden).
- Achten Sie darauf, dass frische Speisen immer abgedeckt werden.
- Verwenden Sie beim Abschmecken oder Probieren der Speisen immer einen sauberen Löffel. Geben Sie damit die Speise auf einen Teller und probieren Sie davon mit einem zweiten Löffel.
- Benutzen Sie für die Essensausgabe saubere Gerätschaften.
- Fassen Sie zubereitete Speisen für andere nie mit den Händen an.
- Frieren Sie übriggebliebene Speisen nicht ein.
- Achten Sie nicht nur vor, sondern auch während der Nahrungszubereitung immer auf eine sorgsame ›**Händehygiene**‹.
- ›Abfälle‹, die während der Verarbeitung entstehen, müssen sofort und umweltfreundlich entsorgt werden. Ebenso müssen die Abfallräume in einem sauberen und schädlingsfreien Zustand sein.

Bestimmte Lebensmittel bieten Krankheitserregern sehr gute Wachstumsbedingungen. Aus diesem Grund benötigen sie besondere Aufmerksamkeit bei der Zubereitung und eine sorgfältige Aufbewahrung. Zu diesen Lebensmitteln zählen:

- tierische Lebensmittel wie z. B. Fleisch, Geflügel, Wurstwaren, Fisch, Ei
- Milch und Erzeugnisse aus Milch, z. B. Speiseeis
- pflanzliche Lebensmittel, die mit Roheiprodukten verfeinert wurden, z. B. Feinkostsalate und Mayonnaisesalate
- Desserts, z. B. Tiramisu und Mousse au Chocolat

Mindesthaltbarkeitsdatum
→ S. 60

Abb. 3.27 Frische Speisen abdecken

Händehygiene → S. 116

Abfälle richtig entsorgen
→ S. 184

> **ZUM WEITERDENKEN** Wenn man mit Kindern backen will, sollte man aufgrund der Salmonellengefahr Rezepte ohne Eier verwenden, da Kinder gerne vom rohen Teig probieren.

> Pädagogische Fachkräfte sollten regelmäßig Weiterbildungen zum Thema Lebensmittelhygiene besuchen, um ihr Wissen aufzufrischen.

3.13.3 Die fünf Schlüssel der Weltgesundheitsorganisation

Die Weltgesundheitsorganisation (WHO) hat die zahlreichen einzelnen Regeln und Maßnahmen, die bei der Nahrungszubereitung einzuhalten sind, übersichtlich zusammengefasst. Die Anwendung der „Fünf-Schlüssel-Strategie" soll zu einem sicheren Umgang mit Lebensmitteln beitragen und lebensmittelbedingten Erkrankungen vorbeugen.

Halten Sie Sauberkeit.		Saubere Arbeitsflächen und Hände verhindern das Vermehren von Mikroorganismen.
Trennen Sie Rohes und Gekochtes.		Rohes Fleisch kann gefährliche Mikroorganismen enthalten, welche auf andere Lebensmittel übertragen werden können. Auch Arbeitsutensilien wie Messer oder Schneidebretter müssen getrennt verwendet werden.
Erhitzen Sie gründlich.		Gefährliche Mikroorganismen werden bei einer Temperatur von 70 °C fast alle getötet. Besondere Vorsicht gilt bei Hackfleisch und großen Fleischstücken. Auch gekochte Lebensmittel, z. B. ein Eintopf, müssen gründlich aufgewärmt werden.
Lagern Sie Lebensmittel bei sicheren Temperaturen.		Werden Lebensmittel bei Raumtemperatur gelagert, haben Mikroorganismen gute Chancen, sich sehr schnell zu vermehren. Vorteilhaft sind Temperaturen unter 5 °C und über 60 °C.
Verwenden Sie sauberes Wasser und unbehandelte Zutaten.		Verunreinigtes Wasser oder ungewaschenes Obst und Gemüse können gefährliche Mikroorganismen oder Chemikalien enthalten.

> **Warum muss ich das für meinen Beruf wissen?**
>
> Die Grundlagen der ›Ernährung‹ lassen sich am besten durch die praktische Umsetzung vermitteln. Dazu zählt bereits das richtige Einkaufen und Lagern von Lebensmitteln. Das gemeinsame Herstellen von Speisen bereitet Kindern sehr viel Freude und umfasst einen wichtigen Teil der täglichen pädagogischen Arbeit. Dafür benötigt die Fachkraft Wissen darüber, wie Speisen zubereitet werden und welche Art der Versorgung dem jeweiligen Alter entspricht. Rezepte müssen kindgerecht dargestellt werden, damit Kinder selbstständig agieren können.
> Der Bildungsort Küche muss allerdings auch den hygienischen Anforderungen genügen, damit keine Krankheiten entstehen. Dabei ist es die Aufgabe der pädagogischen Fachkraft, zwischen dem Einhalten der Hygieneregeln und dem Spaß, den die Kinder bei der Zubereitung von Speisen haben sollen, die richtige Balance zu finden.

Über Ernährung Bescheid wissen → S. 18

4 RÄUME EINRICHTEN UND GESTALTEN

5. April

14:12 Hallo Tijen, du weißt doch sicherlich noch, dass ich mich als Tagesmutter selbstständig machen möchte und dass ich nach Räumlichkeiten gesucht habe.

14:23 Ja. Jetzt muss die Wohnung aber noch richtig gestaltet und eingerichtet werden. Dafür bräuchte ich deine Hilfe.

14:15 Klar weiß ich das noch. Hast du schon etwas gefunden?

14:29 Kein Problem, ich helfe dir gerne. Wir müssen aber so einiges beachten!

BEISPIEL Tijen will sich als Tagesmutter selbstständig machen. Dafür hat sie eine Wohnung angemietet. Tijen selbst wohnt in einer Einraumwohnung, die lediglich eine kleine Küchenzeile mit Herd und einen darunter befindlichen Kühlschrank sowie eine Schlafcouch und ein kleines Bad enthält. Persönlich mag sie die Farbe Rot sehr gerne und hat daher eine Wand komplett rot gestrichen. Für ihre Tätigkeit als Tagesmutter hat sie eine Wohnung angemietet, in der sie fünf Kinder betreuen wird.

Bei der Einrichtung von Räumlichkeiten für die Betreuung von Kindern müssen zahlreiche Entscheidungen getroffen werden. Viele Räume in pädagogischen Einrichtungen ähneln denen in der eigenen Wohnung. Bei anderen Räumen hingegen muss beachtet werden, dass sie im fachlichen Umfeld bestimmte Kriterien erfüllen müssen.

- Stimmen Sie die Anzahl und Größe der **Möbel** entsprechend der Wohnungsgröße ab. Schaffen Sie möglichst viel Bewegungsfreiraum.
- Wenn Ihre Wohnung wenig Stellfläche besitzt, greifen Sie auf Möbel mit mehreren Funktionen zurück (z. B. Couch mit Schlaffunktion und Stauraum)
- Beim Kauf der Möbel ist die **Arbeitshöhe** für ein rückenschonendes Arbeiten zu beachten. Diese richtet sich nach der Körpergröße. Die Arbeitshöhe ist ideal zur Körpergröße eingestellt, wenn Ober- und Unterarm beim Arbeiten mindestens einen Neunziggradwinkel bilden.
- Hängeschränke sind so anzubringen, dass Sie mit ausgestrecktem Arm den kompletten Inhalt des obersten Fachs erreichen können.
- Um die Augen nicht zu sehr zu beanspruchen, sollten Sie helles, warmes, nicht blendendes und von links oben einstrahlendes **Licht** verwenden.

> **ZUM WEITERDENKEN** Um sich in den eingerichteten Räumen wohlzufühlen, ist eine Raumtemperatur von 18–23 °C empfehlenswert. Hierbei sollte die geringste Temperatur im Schlafbereich und die höchste im Wohn-, Bad- und Kinderzimmerbereich herrschen. Die Luftfeuchtigkeit sollte ca. 50 % betragen. Die Räume sollten regelmäßig durch Stoßlüftung belüftet werden.

4.1 Hauswirtschaftliche Räume einrichten

4.1.1 Die Küche

In jedem Haushalt spielt die Küche eine zentrale Rolle. Hier wird nicht nur gekocht, sondern auch kommuniziert. Wie eine Küche eingerichtet werden kann, entscheidet der **Raumgrundriss**. Als einfachste Form ist die einzeilige Küchenform zu nennen.

In Anlehnung an die Standardmaße lassen sich beispielhaft folgende Aspekte festhalten:

- Neben dem Herd sollte sich eine Abstellfläche von mindestens 30 cm Breite befinden.
- Der Herd hat die Größe von 60 × 60 cm.
- Zwischen Herd und Spüle sollte sich eine Ablagefläche von mindestens 60 cm Breite für verschmutztes Geschirr befinden.

Abb. 4.1 Einzeilige Küche

- Darunter kann einen Geschirrspülmaschine eingebaut werden.
- Der Spülbereich selbst benötigt mindestens 90 cm Breite.
- Für die Vorbereitungen ist neben der Spüle eine Arbeitsfläche vorgesehen.
- Für den Kühlschrank ist eine Fläche von 60 × 60 cm eingeplant.
- Über der gesamten Fläche sind an den Wänden Hängeschränke angebracht, z. B. zum Aufbewahren von Geschirr oder Kochutensilien.

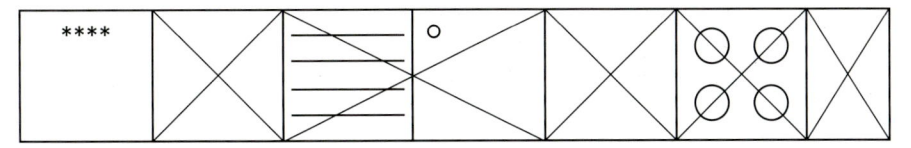

Abb. 4.2 Schema einer Küchenzeile mit den einzelnen Bereichen für reibungsloses Arbeiten: Vorrat (Kühlschrank), Vorbereitung, Spülen, Zubereitung

Ist der Grundriss geräumiger, so kann die Küche variiert werden. Um ›ergonomisch‹ arbeiten zu können, sollte für Rechtshänder die Küche so eingerichtet werden, dass sie von rechts nach links arbeiten können – für Linkshänder entsprechend umgekehrt. Weiterhin sollte darauf geachtet werden, dass der Herd nicht in unmittelbarer Nähe zum Kühl- oder Gefrierschrank steht.

ergonomisch

an den Körper angepasst

GRUNDLAGEN DER HAUSWIRTSCHAFT

Lagerung von Lebensmitteln
→ S. 58

4.1.2 Der Vorratsraum

Abb. 4.3 Vorratsschrank

Schließt sich gleich neben der Küche die Möglichkeit an, einen ›Vorratsraum‹ einzurichten, so können in Regalen problemlos Lebensmittel wie Trockenprodukte, Konserven und Getränke verstaut werden. Ebenso wie in der Küche sollte eine übersichtliche Anordnung vorherrschen. Beim Einräumen neuer Vorräte sollte darauf geachtet werden, dass die neuen Produkte hinter die bestehenden gestellt werden. Fachlich ausgedrückt nennt man dies **„first in – first out" (Fifo)**. Ist die Möglichkeit eines Vorratsraums nicht gegeben, empfiehlt es sich, einen Vorratsschrank einzurichten.

4.1.3 Der Hausarbeitsraum

Die Einrichtung eines gesonderten Hausarbeitsraumes wird in vielerlei Hinsicht als Bereicherung angesehen. Hier können alle anfallenden Tätigkeiten wie **Waschen, Trocknen und Bügeln** erledigt werden. Ebenso eignet sich ein Hausarbeitsraum für alle Arten von Ausbesserungsarbeiten, das Umtopfen von Blumen, das Reinigen von Schuhen und Herstellen von Dekorationen. Darüber hinaus bietet er **Stauraum** für Geräte wie Staubsauger, Leiter oder ›Reinigungsutensilien‹ und -mittel. Insgesamt erleichtert ein Hausarbeitsraum eine bessere Strukturierung der gesamten Wohnung. Bevorzugte „Rümpelecken" hinter Türen oder Schränken verschwinden.

hauswirtschaftliche Räume reinigen → S. 110

Der Hausarbeitsraum gehört zum Idealfall eines Haushaltes. In der Praxis sieht die Situation aber oft anders aus. Die eigenen Räumlichkeiten bieten häufig keine Möglichkeit, einen gesonderten Hausarbeitsraum einzurichten. Er würde zusätzliche Kosten verursachen oder der Grundriss der angemieteten Wohnung gibt diese Möglichkeit nicht her.

Als **Alternativen** können ein Mehrzweckschrank im Flur und ein Vorratsschrank im Küchenbereich eingerichtet werden. Der Mehrzweckschrank bietet je nach Größe Stauraum für den Staubsauger, Reinigungsutensilien und Reinigungsmittel, die Nähmaschine, Nähutensilien, das Bügelbrett sowie Bügeleisen. Ebenso wie beim Haushaltsraum sollte darauf geachtet werden, dass der Mehrzweckschrank ›verschließbar‹ ist. Gerade Kinder sind sehr neugierig und finden Reinigungsmittelflaschen interessant.

Unfälle im Haushalt vermeiden → S. 170

> Ein Vorrats- oder Hausarbeitsraum schafft mehr Struktur und Ordnung in einem Haushalt.

4.1.4 Hauswirtschaftliche Räume in pädagogischen Einrichtungen

Für die Einrichtung von Hauswirtschaftsräumen in pädagogischen Einrichtungen gibt es keine pauschale Lösung. Jede Einrichtung hat ihre eigenen örtlichen Gegebenheiten und unterschiedliches Fachpersonal. Daher müssen sich die Verantwortlichen der Einrichtung zunächst einmal einen Überblick verschaffen. Danach müssen sie einschätzen, in welchem Umfang ›hauswirtschaftliche Tätigkeiten‹ erledigt werden können.

Hauswirtschaft im sozialpädagogischen Berufsfeld → S. 12

Dennoch ist es in jeder Einrichtung wichtig, einen separaten Raum für diese Tätigkeiten einzurichten. Einerseits können hier hauswirtschaftliche Tätigkeiten erledigt werden, andererseits bietet ein Hauswirtschaftsraum beauftragten Dienstleistungsfirmen die Möglichkeit, Geräte oder Reinigungsutensilien fachgerecht aufzubewahren.

Die Betreuung in der **Kindertagespflege** erfolgt meist im Privathaushalt. Hier prüft das zuständige Jugendamt, ob die Räumlichkeiten den Anforderungen entsprechen. Gegebenenfalls müssen Veränderungen in der eigenen Wohnung vorgenommen werden, um eine Betriebserlaubnis zu erhalten. Laut dem Handbuch für Kindertagespflege zählen zu den wichtigsten Anforderungen an den Haushalt einer Tagespflegeperson:

- ausreichend Platz für Spielmöglichkeiten
- eine anregungsreiche Gestaltung
- geeignete Spiel- und Beschäftigungsmaterialien
- ›unfallverhütende‹ und gute ›hygienische‹ Verhältnisse
- eine Schlafgelegenheit insbesondere für Kleinkinder
- Möglichkeiten zum Spielen und Erleben in der Natur, in Wald- oder Parkanlagen

🌐 Das Handbuch für Kindertagespflege des Bundesministeriums für Familie, Senioren, Frauen und Jugend finden Sie unter:

www.handbuch-kindertages
pflege.de/files/pdf/application/
pdf/3.pdf

Unfälle vermeiden → S. 170
hauswirtschaftliche Räume reinigen → S. 110

4.2 Räume für Kinder gestalten

Für die Nutzung eines Raums ist es weniger wichtig, wie er geschnitten ist. Vielmehr kommt es darauf an, wie er eingerichtet und ausgestaltet wird. Eine angemessene Raumgestaltung mit verschiedenen Elementen stärkt das Wohlbefinden.

Im pädagogischen Bereich hat der Zusammenhang zwischen Raumgestaltung und Entwicklung des Kindes große Bedeutung. Daher sollen pädagogische Räume bestimmte Funktionen erfüllen. Sie sollen

- gemütlich und beruhigend sein (z. B. im Schlaf- oder Kuschelbereich).
- offen, hell und freundlich sein (z. B. im Garderoben- oder Gemeinschaftsbereich).
- zum Lernen anregen (z. B. im Spielbereich).
- nicht zu viele Reize beinhalten, da das Kind seine Umwelt mit allen Sinnen begreifen lernt und sonst überfordert wird (z. B. in Themenräumen).
- Kindern Sicherheit und Geborgenheit bieten.

> **ZUM WEITERDENKEN** In der Reggio-Pädagogik wird der ›Raum‹ sogar als „dritter Erzieher" bezeichnet. Auch in der Montessori-Pädagogik wird der Raum zum Erzieher. Die Kinder sollen darin die Möglichkeit haben, selbstständig und selbstbestimmt zu handeln. Nur so können sie sich selbst und die Welt erkunden. Auch andere pädagogische Ansätze formulieren anhand ihrer Grundsätze individuelle Raumgestaltungsmöglichkeiten.

KP Raum als dritter Erzieher → S. 301

Nachdem festgelegt wurde, wie ein Raum genutzt werden soll, hängt seine Ausgestaltung von den pädagogischen Fachkräften ab. In jedem Fall sollte das gesamte Team einbezogen werden, um ein zuvor gemeinsam beschlossenes Konzept umsetzen zu können.

> Die Entwicklungsmöglichkeiten der Kinder sind abhängig von der Raumgestaltung. Während ein Spiel- und Lernbereich bunt und vielseitig sein kann, sollte ein Ruhebereich eher wenige Reize enthalten.

4.2.1 Räume flexibel gestalten

Allein durch das Anwenden einiger Kenntnisse hinsichtlich **Farben, Tapeten, Beleuchtung und Dekoration** kann jeder Raum in eine Wohlfühloase verwandelt werden. Dabei sollte der Raum vermitteln, dass er nicht allein dem Aufenthalt dient, sondern dass in ihm gelebt wird.

In manchen pädagogischen Einrichtungen finden sich kahle bzw. kalte Räume. Falsch gewählte Farben, zu viele oder zu wenige Möbel, kahle Fenster, fehlende Pflanzen sowie ungeeignete Dekorationen lassen die Räume wie Funktionsräume oder Aufenthaltsorte wirken.

Pädagogische Räume sollen an die **Bedürfnisse** der Kinder angepasst sein und ihnen Entwicklungsmöglichkeiten bieten. Sicherlich sind aufgrund zahlreicher Sicherheitsbestimmungen nicht dieselben Freiheiten bei der Gestaltung wie im privaten Haushalt gegeben. Dennoch sollte die Bedeutung der Raumgestaltung den pädagogischen Fachkräften bewusst sein und das eigene Raumkonzept kritisch hinterfragt werden.

Auch die Kinder sollten in die Raumgestaltung einbezogen werden. Vorteilhaft ist es, sich einmal in die Hocke zu begeben, um den Raum aus Kinderperspektive zu betrachten. Bildungs- und Erziehungspläne betonen die **Beteiligung** (Partizipation) der Kinder. So heißt es z. B. im Bayerischen Bildungs- und Erziehungsplan von 2012: „Die Mitwirkung der Kinder an der Gestaltung der Räume ist sinnvoll und notwendig".

Schließlich sollte die Raumgestaltung flexibel und leicht zu ändern sein und nicht über Jahre hinweg gleich bleiben. So wie die Gruppen wechseln, sollten auch Gestaltungen wechseln. Dies spiegelt nicht nur die Bewegung der Gruppenveränderung wider, sondern auch die stetige Weiterentwicklung der Pädagogik.

> Den Bayerischen Bildungs- und Erziehungsplan finden Sie unter:
> www.ifp.bayern.de/imperia/md/content/stmas/ifp/bildungsplan.pdf

BEISPIEL Mette Jung arbeitet seit vielen Jahren in der Kindertagesstätte „Waldgeister". Ihre Gruppe besteht aus 16 Kindern, davon sind zehn bereits Vorschulkinder und werden ab September in die Schule gehen. Mette Jung und ihre Kollegin Mandy Hans bekommen zehn neue Kinder im Alter von drei bis vier Jahren in die Gruppe. Gemeinsam haben sie sich überlegt, dass sie den Gruppenraum verändern müssen. Die Dekorationen und der Experimentierbereich, den sie mit den älteren Kindern gestaltet haben, sind für die Jüngeren ungeeignet. Da die neuen Kinder erst einmal in der Einrichtung ankommen müssen und Sicherheit brauchen, wollen Mette Jung und Mandy Hans eine Kuschel- und Rückzugsecke einrichten. Gemeinsam mit den Eltern streichen sie die Wände neu und schaffen auf die kleinen Kinder ausgerichtete Elemente, wie z. B. Fühl- und Tastbilder.

Abb. 4.4 Kindgerechte Raumgestaltung mit flexiblen Elementen

> Die richtige Raumgestaltung in pädagogischen Einrichtungen ist wichtig für die kindliche Entwicklung. Die Kinder sollten in die Gestaltung stets einbezogen werden.

4.2.2 Farben auswählen

Die sogenannte Farblehre schreibt den einzelnen Farben unterschiedliche Wirkungen und Eigenschaften zu. Mit dem Wissen darüber ist es möglich, Stimmungen und Gefühle zu beeinflussen. Aus diesem Grund ist es sinnvoll, bei der Farbauswahl die **Funktionen** der betreffenden Räume zu beachten. Ein Gruppenraum z. B. erfüllt eine andere Funktion als ein Schlafraum.

Farben können unterschiedliche Bedeutung und Wirkung auf jeden Einzelnen haben. Die Tabelle zeigt im Überblick, welche Eigenschaften die einzelnen Farben im Allgemeinen ausstrahlen und wo sie bevorzugt eingesetzt werden.

Farbe	Eigenschaften	Empfohlener Einsatz
Rot	Farbe des Feuers, der Liebe und Leidenschaft, auch des Zorns → steht für Energie, Liebe, Leidenschaft	Es ist besser, Rot nur als Effekt einzusetzen, da es im Übermaß Unruhe ausstrahlt und beengt.
Orange	Farbe des Optimismus und der Lebensfreude → steht für Aufgeschlossenheit, Kontaktfreude, Selbstvertrauen, Heiterkeit	In Gemeinschaftsräumen wie z. B. Kochbereichen oder Speiseräumen.
Gelb	Farbe der Sonne → steht für Licht, Optimismus und Freude und fördert Konzentration und Kreativität	In kleinen Räumen, weil Gelb diese größer wirken lässt. Ideal für Spielzimmer/Kreativräume oder Zimmer mit wenig Tageslicht.
Grün	Farbe der Natur → steht für Sicherheit und Hoffnung, für Harmonie und Ruhe	Ideal für Ruhe-/Entspannungsbereiche, auch in Form von Pflanzen.
Türkis	Farbe der Offenheit und Freiheit, kann aber auch distanziert wirken → steht für Kühle und Frische	In Akzenten gut geeignet für Eingangsbereiche oder sanitäre Anlagen.
Blau	Farbe des Himmels → steht für Ruhe, Vertrauen und Sehnsucht	Kleine Räume wirken durch Blau größer. Wird gern für Räume verwendet, die der Entspannung dienen, z. B. Schlafräume, Badezimmer.
Violett	Farbe der Inspiration und Extravaganz → steht für Stolz und Selbstvertrauen, kann aber auch arrogant wirken	Eignet sich für Eingangsräume. Weniger gut für Speiseräume, weil es den Appetit zügelt.
Pink/Rosa	Farbe der Freude (sanfte Farben) → steht für Idealismus, Ordnung und Mitgefühl	Sehr gut geeignet für Schlafbereiche, weil Rosa besänftigt.
Weiß	Farbe von Eis und Schnee → steht für Reinheit, Klarheit und Unschuld	Ist die ideale Farbe zum Kombinieren, da Weiß aufhellt und neutralisiert.
Grau	Farbe der Neutralität und Zurückhaltung → steht für Unauffälligkeit und wird häufig mit Langeweile und Unsicherheit in Verbindung gebracht	In Räumen sollte Grau nie allein eingesetzt, sondern immer mit anderen Farben kombiniert werden.
Braun	Farbe der Erde → steht für Geborgenheit und materielle Sicherheit	Braun wirkt rustikal und ist für alle Arten von Räumen geeignet.
Schwarz	Farbe der Dunkelheit → steht einerseits für Trauer, andererseits auch für Würde und Ansehen	Schwarz als Wandfarbe ist eher ungeeignet, weil es den Raum düster und schwer wirken lässt.

GRUNDLAGEN DER HAUSWIRTSCHAFT

4.2.3 Mit Tapeten gestalten

Eine Alternative zur Wandgestaltung mit Farbe ist die Gestaltung mit Tapeten. Mithilfe einfacher Methoden können Wände in einem anderen Licht erscheinen. Durch die Vielzahl der erhältlichen Muster- und Strukturtapeten ist es möglich, ohne aufwendige Umbauarbeiten den Eindruck von Holz- oder Steinwänden zu schaffen.

Mit Tapeten können unterschiedliche Wirkungen erzielt werden. Zum Beispiel lässt sich in Kitas durch den Einsatz von Tapete der Schlafbereich vom Spielbereich trennen. Abwaschbare Tapeten sind für pädagogische Einrichtungen gut geeignet, weil Verschmutzungen einfach beseitigt werden können.

4.2.4 Die Beleuchtung auswählen

Licht ist ein lebenswichtiges Element. Steht Tageslicht nur begrenzt zur Verfügung, so bietet künstliches Licht eine Alternative. Im Handel gibt es eine große Auswahl an unterschiedlichen Leuchtmitteln. Mittlerweile gibt es viele künstliche Lampen oder Leuchten, die dem Sonnenlicht sehr nahekommen. Dabei spielen **LED-Lampen** eine immer größere Rolle.

Lichtverteilung und die Richtung für den Lichteinfall sind individuell wählbar. Wichtig ist, dass die Räume ihrer Nutzung entsprechend ausreichend ausgeleuchtet werden. Ist dies nicht gegeben, werden die Augen zu sehr beansprucht und ermüden schnell. Der richtige Einsatz von Leuchten und Lampen kann durch direktes oder indirektes Einstrahlen für eine harmonische Atmosphäre im Raum sorgen.

Abb. 4.5 Deckenstrahler

Abb. 4.6 Hängelampe

Energie sparen → S. 183

Grundsätzlich wird zwischen LED-Leuchten und Energiesparlampen unterschieden. Alte Glühlampen mit niedriger ›Energieeffizienz‹ sollen nach und nach nicht mehr erhältlich sein.

Die Lampenkennzeichnung

In der EU sind Lampen und Leuchten etikettierungspflichtig. Die **Kennzeichnung** auf der Verpackung gibt viele Informationen zur Beleuchtung.

Bezeichnung	Erläuterung	Beispiel
Watt (W)	Die Wattzahl bezeichnet den Stromverbrauch pro Leuchtmittel	6 W = 6 Watt pro Stunde
Lebensdauer ($t_{[h]}$)	Damit ist die Zeit bis zum Ausfall der Leuchte gemeint. Sie wird in Stunden (h) angegeben.	15.000 h
Dimmen	Hier wird angegeben, ob die Lampe für das Dimmen (Helligkeitssteuerung) geeignet ist.	
Schaltzyklus	Hier wird angegeben, wie oft Sie die Lampe ein- und ausschalten können, bevor sie ausfällt.	50.000 x
Lumen (lm)	Der Begriff kommt aus dem Lateinischen und bedeutet „Licht, Leuchte". Die Einheit bezeichnet die Helligkeit der Lampe.	470 lm
Kelvin (K; $T_{[Kelvin]}$)	Mit Kelvin wird die sogenannte Lichtfarbe oder Farbtemperatur angegeben, z. B. warmweiß (2700 K).	2700 K
Energieeffizienzklasse	Gibt den Energieverbrauch an. A+ ist die höchste Klasse mit dem niedrigsten Energieverbrauch.	A+
Abmessung	Es wird die Größe der Lampe in Millimetern angegeben. Dazu wird der Sockel der Lampe abgebildet.	95 mm × 48 mm
Anlaufzeit	Hier wird in Sekunden angegeben, wie lange es dauert, bis die endgültige Helligkeit der Lampe erreicht ist.	< 100 s = 60 % light

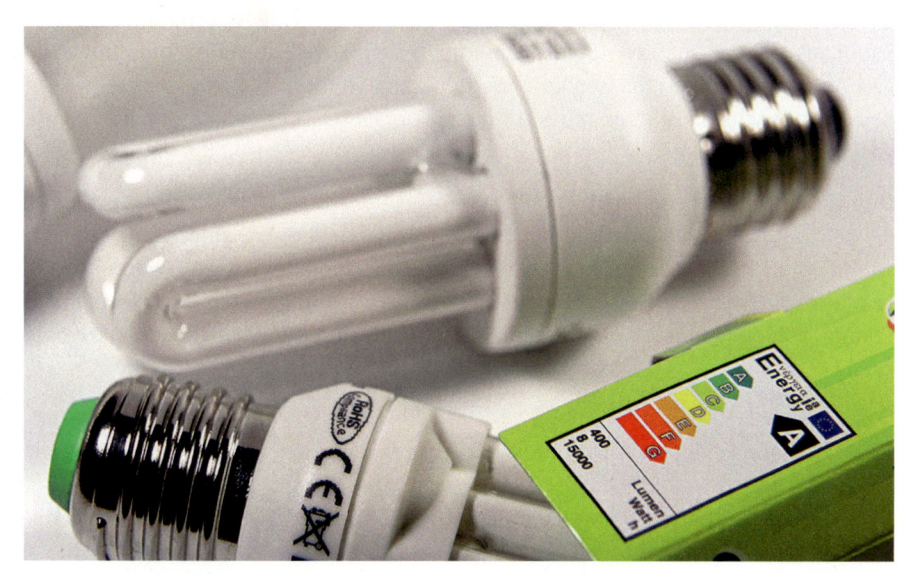

Abb. 4.7 Energiesparlampe mit Energieeffizienzklasse auf der Verpackung

GRUNDLAGEN DER HAUSWIRTSCHAFT

LED- und Energiesparlampen

Beim Lampenkauf werden Sie feststellen, dass es sehr viele verschiedene Leuchten und Lampen gibt. Dabei werden Sie auch vor der Frage nach dem Unterschied zwischen LED-Lampen und Energiesparlampen stehen.

Abb. 4.8 LED-Lampe

Abb. 4.9 Energiesparlampe

LED-Lampe	Energiesparlampe (Kompaktleuchtstofflampe)
• Ihre Leuchtkraft ist sofort nach dem Einschalten vorhanden. • Sie enthält kein Quecksilber. • LED-Lampen haben meist die Energieeffizienzklasse A+. Außerdem weisen Sie einen hohen ›Schaltzyklus‹ und eine lange Lebensdauer auf.	• Sie entfaltet nur langsam ihre Leuchtkraft. Das kann bis zu einhundert Sekunden dauern. • Sie enthält Quecksilber. • Im Vergleich zur LED-Lampe hat sie einen geringeren Schaltzyklus und eine kürzere Lebensdauer. Die Energieeffizienzklasse kann maximal „A" sein.

Schaltzyklus → S. 105

Der Preisunterschied zwischen LED-Lampen und Energiesparlampen ist verhältnismäßig gering geworden.

Die nächste Sammelstelle für alte Lampen und Leuchtmittel finden Sie auf:
www.lightcycle.de

> LED- und Energiesparlampen dürfen nicht im normalen Hausmüll entsorgt werden. Sie enthalten aus ökologischer Sicht wertvolle Rohstoffe wie z. B. elektronische Bauteile, Glas und Metalle, die recycelt und wiederverwendet werden können.

Beim Wechseln von Lampen sollten Sie immer darauf achten, dass der Stromkreis zuvor unterbrochen wird. Wenn eine Energiesparlampe zerbricht, ist es wichtig, zunächst den Raum ausreichend zu lüften. Beim Zusammenkehren bitte Haushaltshandschuhe tragen. Auch die Scherben müssen gesondert entsorgt werden.
Beim Austausch von Lampen muss auf die maximale Leistung (Wattzahl) der Leuchte geachtet werden.

Direktes und indirektes Licht

Bei der Gestaltung von Innenräumen ist das richtige Licht entscheidend. Je nach Nutzung lässt sich direktes oder indirektes Licht einsetzen. Idealerweise werden beide Lichtarten verwendet. Die richtige Mischung wird als angenehm empfunden und schafft Wohlbehagen. Für die jeweiligen Lichtarten sind unterschiedliche **Merkmale** kennzeichnend.

Direktes Licht:
- Die Lichtquelle gibt das Licht unmittelbar in den Raum ab, z. B. eine Lampe über einem Esstisch.
- Geeignet für Arbeiten, die viel Licht benötigen, z. B. eine Schreibtischlampe.
- Wirkt kühler als indirektes Licht.
- Wirft einen Schatten und kann blenden.

Indirektes Licht:
- Die Lichtquelle ist nicht sichtbar, demzufolge blendet das Licht nicht.
- Das Licht wird von Decken und Wänden reflektiert.
- Wirft kaum Schatten.
- Wird als weiches Licht wahrgenommen.
- Ist schonend für die Augen und gesünder für den menschlichen Organismus.
- Achtung: Zu viel indirektes Licht wirkt künstlich!
- Sollte als Ergänzung zur Hauptlichtquelle genutzt werden.
- Schafft Effekte und hebt bestimmte Bereiche hervor, z. B. Lampen hinter Möbelstücken oder Strahler in Blumentöpfen.

Abb. 4.10 Indirektes Licht setzt Akzente.

In pädagogischen Einrichtungen sollte direktes und indirektes Licht immer kombiniert werden. Die Beleuchtung muss in allen Räumen ausreichend sein, darf die Kinder aber nicht blenden. Die Schalter sollten kindgerecht befestigt und gesichert werden, sodass die Kinder sie selbstständig bedienen können. Dies vermeidet Unfälle.

4.2.5 Den Fußbodenbelag auswählen

BEISPIEL In der Kita „Kleine Kobolde" steht eine Renovierung an. Das pädagogische Team soll Vorschläge für den Fußbodenbelag machen. Erzieherin Bianca Lehmann ist für Linoleum oder PVC-Belag. Kinderpflegerin Cindy Neumann möchte gern Laminat. Ihr Kollege Michael Heinz schlägt Teppichboden vor. Die Leiterin der Einrichtung, Mandy Witzig, wägt die Vor- und Nachteile der einzelnen Beläge ab. Sie persönlich findet einen Korkboden vorteilhaft.

Wie das Beispiel zeigt, gibt es viele Möglichkeiten, einen Boden zu gestalten. Welcher Belag der richtige ist, hängt auch hier von der Art der Nutzung ab. Im privaten Haushalt sind mehr Freiheiten gegeben als in pädagogischen Einrichtungen. Dort ist der Boden aufgrund der Beanspruchung anderen Belastungen ausgesetzt als zu Hause.

GRUNDLAGEN DER HAUSWIRTSCHAFT

Bei der **Fußbodengestaltung in Kindertageseinrichtungen** müssen einige Merkmale beachtet werden.

Merkmale von Fußböden in pädagogischen Einrichtungen:
- Bequem, weiche Oberfläche
- Hygienisch
- Strapazierfähig
- Fußwarm
- Leicht zu reinigen
- Brandsicher
- Geruchsneutral
- Schadstoffarm
- Rutschhemmend
- Schalldämmend

Bevorzugt wird natürliches **Linoleum**. Es ist sehr belastbar und hat eine hohe Lebensdauer. Im Gegensatz zum PVC-Boden wird es aus Naturprodukten hergestellt. Das preiswerte ›**PVC**‹ hingegen enthält Weichmacher, die als gesundheitsschädlich gelten. **Laminat** ist weniger geeignet, da es empfindlich auf Flüssigkeiten reagiert. Durch häufige feuchte Reinigung quellen die Ränder schnell auf.

Textile Beläge wie z. B. **Teppiche** vermitteln zwar eine gemütliche Atmosphäre, lassen sich aber nicht so gründlich und hygienisch reinigen. Dennoch sollte es in Gruppenräumen kleine Spiel- oder Bauteppiche geben, damit die Kinder auf dem Boden spielen können. Diese Teppiche können flexibel umgeräumt werden, lassen sich leicht transportieren und regelmäßig in eine professionelle Reinigung bringen. Ein **Korkboden** ist weich, isoliert von unten und dämpft Geräusche. Allerdings ist er sehr feuchtigkeitsempfindlich.

4.2.6 Möbel auswählen

Bei der Einrichtung von Räumen sollten einige Regeln für die Verwendung von Möbeln beachtet werden. So muss das **Verhältnis** zwischen Gegenständen und Raum stimmen. Zu viele Möbelstücke lassen einen Raum kleiner und enger wirken. Ist ein Zimmer allerdings zu wenig möbliert, wirkt dies kalt. Der Raum erscheint unfertig und leer.

Die **Anordnung** der Möbelstücke sollte so gewählt sein, dass Verkehrswege frei bleiben und keine ›Gefährdungen‹ entstehen.

Möbel sollten nicht nur nach ihrem Aussehen angeschafft werden. Vielmehr müssen sie auch zweckmäßig sein und viel Stauraum bieten. In Kindertageseinrichtungen ist es vorteilhaft, offene und geschlossene Schränke zu kombinieren. Einerseits sollten die Kinder eigenständig auf Materialien zugreifen können, andererseits ist es wichtig, bestimmte Materialien und gefährliche Gegenstände wegschließen zu können.

Die Größe von Stühlen sowie Tischen und Arbeitsplatten sollte dem jeweiligen Alter der Kinder entsprechen.

PVC
Abkürzung für Polyvinylchlorid. Dabei handelt es sich um einen Kunststoff, der durch Weichmacher formbar wird.

Der Bund für Umwelt und Naturschutz (BUND) hat einen Ratgeber für PVC-freie Kindereinrichtungen gestaltet:
www.bund.net/fileadmin/bundnet/publikationen/chemie/140710_bund_chemie_pvc_ratgeber_broschuere.pdf

Die Stiftung Warentest hat die Vor- und Nachteile verschiedener Bodenbeläge getestet und in einer Übersicht anschaulich zusammengefasst:
www.test.de/Bodenbelaege-Plastisch-und-elastisch-1097230-0

Unfälle vermeiden → S. 170

4.2.7 Räume dekorieren

Nachdem bei der Raumgestaltung Farben, Licht, Böden sowie Möbel aufeinander abgestimmt wurden, können Räume durch ›Dekorationen‹ zusätzlich eine individuelle Note erhalten. Zur Dekoration zählen alle Elemente, die sich ohne großen finanziellen und zeitlichen Aufwand verändern lassen. Dies kann ›Tischschmuck‹ sein, aber auch Textilien, kleine Accessoires oder Bilder. Werden Dekorationselemente richtig eingesetzt, können sie als **Sichtschutz** oder **Raumtrenner** dienen.

Feste und Feiertage gestalten
→ S. 154

das Eindecken eines Tisches
→ S. 90

Abb. 4.11 Naturmaterialien eignen sich für die Raumgestaltung mit Kindern.

In privaten wie auch in pädagogischen Räumen ist es vorteilhaft, die **Jahreszeiten** in die Dekoration einzubeziehen. Bei der Gestaltung können außerdem **Naturmaterialien** verwendet werden. Je nach Jahreszeit lassen sich die Räume gemeinsam mit den Kindern dekorieren. Dazu bietet sich beispielsweise ein neutraler Zweig an, der mit selbst gemalten und gebastelten Blüten oder Schneeflocken verziert werden kann. ›Blumen‹ und **Pflanzen** sind generell ein Muss in jedem Raum.

Blumen pflegen können
→ S. 144

> **ZUM WEITERDENKEN** Mit wenigen Dingen kann oft eine große Wirkung erzielt werden. So lassen sich Kissenbezüge austauschen, kleine Details oder jahreszeitlicher Tischschmuck nutzen, um neue und frische Akzente zu setzen.

Warum muss ich das für meinen Beruf wissen?

Kenntnisse über sinnvolle Raumgestaltung sind wichtig für den pädagogischen Beruf. Die Einrichtung von hauswirtschaftlichen Räumen dient der Arbeitserleichterung und Organisation. Hier stehen praktische Gesichtspunkte im Vordergrund, deren Kenntnisse Ihnen bei der täglichen Routine helfen.
Eine pädagogische Fachkraft muss für die Kinder Lernorte schaffen und gestalten. Dabei sollte sie die Bedeutung des Raums als pädagogisches Instrument beachten. Setzt sie Farben, Bodenbelag, Licht und Dekoration richtig ein, schafft sie allein dadurch optimale Voraussetzungen für effektives Lernen.
Für Kinder muss der Ort, an dem sie sich täglich aufhalten, vielen Bedürfnissen gerecht werden. Dazu zählen z. B. das Rückzugsbedürfnis, das Sicherheitsbedürfnis, das Harmoniebedürfnis, das Ruhebedürfnis, das Lernbedürfnis sowie das Bedürfnis, selbstständig zu handeln. Daher sollten die Kinder die Möglichkeit haben, ihre Räume mitzugestalten.
Kreativität wird gefördert, wenn alle Sinne angesprochen werden. Dann kann auch eine optimale Entwicklung auf allen Ebenen stattfinden. Dies umzusetzen ist das Ziel jeder pädagogischen Fachkraft. Mit einem sinnvoll eingerichteten und gestalteten Raum hat sie hierfür einen „unsichtbaren" Begleiter.

GRUNDLAGEN DER HAUSWIRTSCHAFT

5 HAUSWIRTSCHAFTLICHE RÄUME REINIGEN

19. März

9:39 – Hallo Binka, wusstest du, dass jede sozialpädagogische Einrichtung einen eigenen Hygieneplan erstellen muss?

9:43 – Hallo Tijen, nein, das ist mir neu. Was macht man da?

9:51 – Man verfasst Hygienegrundsätze und Reinigungspläne, die festlegen, wer was und wann sauber macht (oder reinigt).

In **Privathaushalten** reichen die üblichen Reinigungsmaßnahmen aus. Spezielle Vorkehrungen zur Vorbeugung von Krankheiten, insbesondere Maßnahmen der Desinfektion, sind nur in **Gemeinschaftseinrichtungen** notwendig.

Wenn man über die richtige Reinigung spricht, ist es wichtig, zunächst die Begriffe Reinigung und Desinfektion voneinander zu unterscheiden.

Reinigung	Desinfektion
Beim Reinigen von Räumen oder Einrichtungsgegenständen geht es in erster Linie darum, den sichtbaren Schmutz zu entfernen. So werden Keime reduziert und ihr Nährboden wird beseitigt.	Unter Desinfektion wird verstanden, dass alle Maßnahmen ergriffen werden, um die Keimanzahl so zu reduzieren, dass keine Ansteckungs- und Übertragungsgefahr besteht. Durch eine Desinfektion wird jedoch keine vollständige Keimfreiheit erzielt.

5.1 Die Haushaltsreinigung

In privaten Haushalten bedeuten Hygiene und Sauberkeit nicht, dass die Wohnung keimfrei sein muss. Desinfektionsmittel werden hier normalerweise nicht benötigt. Nur in seltenen Ausnahmefällen kann der Arzt bei gesundheitlichen Problemen entsprechende Produkte empfehlen.

Auch Kombinationspräparate zum Reinigen und Desinfizieren sind nicht sinnvoll. Mehr Sauberkeit bringen sie nicht und als Desinfektionsmittel wirken sie nicht ausreichend. Staatliche Gesundheitsbehörden warnen vor Reinigungsmitteln mit antibakteriellen oder antimikrobiellen Zusätzen. Diese stehen im Verdacht, Allergien auszulösen oder sogar die Entstehung besonders widerstandsfähiger Erreger zu begünstigen.

5.1.1 Die unterschiedlichen Reinigungsarten

Im Schmutz fühlen sich Bakterien sehr wohl und haben ideale Lebensbedingungen. Das kann zu Krankheiten führen und Allergien auslösen. Durch eine regelmäßige Reinigung der Wohnung beugt man dem vor und trägt so zum Erhalt der Gesundheit bei. Außerdem fühlt sich der Mensch in einer sauberen, aufgeräumten Wohnung viel wohler.

Eine Reinigung erfolgt täglich, wöchentlich oder in noch größeren Abständen. Unterschieden wird zwischen **Sicht-, Unterhalts- und Grundreinigung**.

> Wenn Reinigungsarbeiten in Wohnheimen oder fremden Haushalten durchführt werden, sollten die Bedürfnisse der dort lebenden Menschen berücksichtigt werden.

Sichtreinigung	Unterhaltsreinigung	Grundreinigung
Es handelt sich vorwiegend um Aufräumarbeiten von Dingen, die man sieht. Die Sichtreinigung wird dann erledigt, wenn sie anfällt: mehrmals in der Woche, täglich oder mehrmals täglich. Dazu gehören Tätigkeiten wie z. B.: • Gegenstände oder Geschirr wegräumen • Oberflächen (z. B. Tisch) abwischen • Müllbehälter entleeren • Betten machen • verwelkte Blumenblätter beseitigen • Spinnweben entfernen	Hier handelt es sich um alle Aufräum- und Reinigungsarbeiten, die im Alltag wiederkehren und meist einmal in der Woche erledigt werden sollten, z. B.: • Staubsaugen • Wäsche bügeln • Staubwischen • Fußböden reinigen • Kühlschrank auf verdorbene Lebensmittel kontrollieren und auswischen • WC, Waschbecken, Dusche/Badewanne reinigen • Schuhe putzen	Bei der Grundreinigung werden alle Einrichtungsgegenstände und Geräte intensiv gereinigt. Diese Reinigungsart benötigt viel Zeit und wird deshalb in größeren Abständen (z. B. zwei- bis dreimal im Jahr) durchgeführt. Hierzu gehört z. B.: • Reinigung von Geräten wie E-Herd, Geschirrspülmaschine • Fenster- und Türenreinigung • Abtauen des Gefrierschranks • Schränke innen und außen reinigen, aussortieren und wieder einräumen

Um zeiteffizient zu arbeiten, ist es von Vorteil, die Wohnung für das Reinigen vorzubereiten. Dazu werden alle Flächen freigeräumt, die abgewischt, gereinigt oder abgesaugt werden sollen. Auch sollten zuvor alle benötigten Reinigungsmittel oder -geräte zusammengetragen werden. Dadurch werden Arbeitsunterbrechungen vermieden.

5.1.2 Die Reinigungsfaktoren

Zu den Reinigungsfaktoren gehören:
- Mechanik (z. B.: Wie kräftig muss ein Topf mit einem Spülschwamm gereinigt werden?)
- Chemie (z. B.: Welcher Reiniger wird für welche Einrichtungsgegenstände benutzt?)
- Zeit (z. B.: Wie lange muss ein Reiniger einwirken?)
- Temperatur (z. B.: Wie heiß muss das Wasser sein, mit dem der Boden des Bades gewischt wird?)

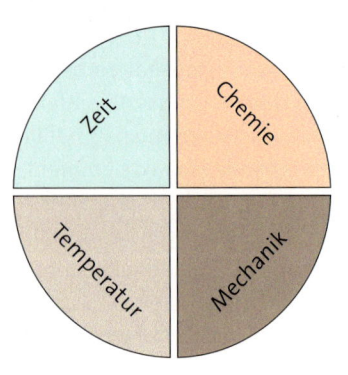

Abb. 5.1 Reinigungsfaktoren

Diese vier Faktoren sind voneinander abhängig. Wenn z. B. die Topfreinigung mit weniger Reinigungsmittel erfolgt, muss mit dem Topfschwamm kräftiger gereinigt und gleichzeitig mehr Zeit aufgebracht werden (Faktoren Zeit und Mechanik). Unter Umständen können dadurch im Topf Kratzer entstehen. Eine Alternative wäre es, sehr verkrustete Verschmutzungen vor dem Reinigen mit heißem Wasser für eine Weile einzuweichen (Faktoren Temperatur und Zeit).

> Wenn man Kenntnisse über Reinigungsmittel und Reinigungsgeräte besitzt, können diese genau auf das jeweilige Material abgestimmt werden. So können die Oberflächen der Materialien geschont werden.

5.1.3 Die Reinigungsmittel

Reinigungsmittel sind Stoffe zur Reinigung verschiedener Gegenstände und Objekte. Bei vielen Verschmutzungen, z. B. bei Bratenfett in einer Pfanne, ist die Zugabe von Reinigungsmitteln (Geschirrspülmittel) unumgänglich, um die Verschmutzungen zu lösen.

Um das richtige Reinigungsmittel einzusetzen, muss zunächst die Art der Verschmutzung bestimmt werden. Für die Beseitigung können verschiedene Reinigungsverfahren genutzt werden.

Neben den Reinigungsmitteln gibt es als Hilfsmittel **Arbeitsgeräte**, z. B.:
- Besen, Handfeger, Schaufel, Eimer
- verschiedene Lappenarten, Schwamm, Bürste
- Wischgeräte (z. B. Wischmopp)
- Zahnstocher, Zahnbürste
- Geschirrtücher, Fensterleder

Zu den sogenannten **Stoffgemischen** gehören Reinigungsmittel, die der europäischen ›CLP-Verordnung‹ unterliegen. Deshalb werden sie, je nach ihren Inhaltsstoffen, eingestuft und mit ›Gefahrenpiktogrammen‹ entsprechend gekennzeichnet.

Die **Gebrauchsanweisung** auf dem Produkt gibt Hinweise zu Dosierung und Handhabung des Reinigungsmittels sowie zu ›Schutzmaßnahmen‹, z. B. ob Handschuhe getragen werden sollten oder ob beim Einsatz das Fenster zu öffnen ist.

Das oberste Gebot ist es, die Reinigungsmittel für Kinder unzugänglich zu machen. Durch fälschliche Einnahme können schwere Vergiftungen auftreten. Außerdem ist ein Umfüllen von Reinigungsmitteln in Getränkeflaschen nicht anzuraten. Die Gefahr der Verwechslung mit einem Lebensmittel ist groß.

CLP-Verordnung

engl. Classification, Labeling and Packaging: Klassifikation, Auszeichnung und Verpackung. System für die Einstufung, Kennzeichnung und Verpackung von Stoffen und Gemischen

Gefahrenpiktogramme → S. 172

Sicherheitshinweise für die Reinigung → S. 170

5. Hauswirtschaftliche Räume reinigen

> **ZUM WEITERDENKEN** Eine Alternative zu chemischen Reinigungsmitteln bieten „Hausmittel". Diese sind oft bereits im Haushalt vorhanden und haben sich schon sehr lange Zeit bewährt. Daneben sind sie umweltfreundlich, haut- und materialschonend. So können z. B. Kalkflecken im Bad mit Essig und Zitrone entfernt werden. Die Fugen von Fliesen bekommt man wieder weiß, wenn sie mit einer Zahnbürste und Backpulver behandelt werden. Bei Vasen mit enger Öffnung können zerkleinerte Eierschalen die mechanische Reinigung übernehmen.

5.1.4 Die Reinigungsverfahren

Die Reinigungsverfahren lassen sich in Trocken-, Feucht- und Nassreinigungsverfahren unterteilen. Sie unterscheiden sich in ihrer Anwendung und Intensität.

Trockenreinigungsverfahren	Feuchtreinigungsverfahren	Nassreinigungsverfahren
Dieses Verfahren wird angewendet, wenn es sich um groben, nicht anhaftenden Schmutz handelt. Für fast alle Oberflächen auch textiler Art (z. B. Teppich oder Sofa) geeignet.	Dieses Verfahren wird angewendet, um feinen, leicht anhaftenden Schmutz zu beseitigen. Für empfindliche Oberflächen wie z. B. Parkett, Laminat oder versiegelten Kork geeignet.	Es handelt sich um ein intensives Reinigungsverfahren, bei dem anhaftender, hartnäckiger Schmutz entfernt wird. Für unempfindliche Oberflächen wie z. B. PVC- oder Steinböden geeignet.
Es wird bei diesem Verfahren viel Staub aufgewirbelt.	Der Staub wird bei diesem Verfahren gebunden.	Dieses Verfahren ist sehr gründlich, aber auch sehr arbeits- und zeitintensiv.
Arbeitsgeräte Staubsauger, Besen, Handfeger und Schaufel	**Arbeitsgeräte** Wischgerät, Wischtücher	**Arbeitsgeräte** Eimer, Wischgerät, Wischbezug, Presse, Handfeger und Schaufel
Die Reinigung mit dem Besen wird in einem Raum auf der der Tür gegenüberliegenden Seite begonnen und bewegt sich in Türrichtung. Mit dem Staubsaugen wird neben der Tür begonnen und dann wird weiter nach links gearbeitet.	Die Wischtücher dürfen nur leicht feucht sein. Zuerst die Außenkanten des Raumes wischen. In der rechten Raumseite beginnen. Reinigung schlangenförmig zur Mitte des Raumes in Türrichtung fortsetzen, dann die linke Raumseite wischen.	Dieses Verfahren geschieht in zwei Arbeitsgängen. Der erste Arbeitsgang ist das Trockenreinigungsverfahren (z. B. Fegen des Bodens), dann wird der Boden wie beim Feuchtreinigungsverfahren mit nassem Wischbezug (z. B. Lappen) gewischt. Die Feuchtigkeit kann im Anschluss mit einem trockenen Tuch aufgenommen werden.
Vorsicht: Bei empfindlichen Oberflächen kann es zur Kratzerbildung kommen.	Vorsicht: Gefahr bei Verwendung von zu viel Flüssigkeit. Die Oberflächen können aufquellen.	Vorsicht: Fußboden muss gegen Feuchtigkeit unempfindlich sein, vor allem an Kanten und Stößen.

5.1.5 Verschiedene Materialien reinigen

Im Haushalt gibt es verschiedene Materialien wie z. B. Glas, Keramik, Kunststoff, Holz, Metall oder Leder. Jeder dieser Werkstoffe hat eine andere Oberflächenbeschaffenheit und ist unterschiedlich empfindlich. Daher stellen sie an die Reinigung auch verschiedene Anforderungen. Es ist also wichtig, die Reinigungsmittel, die Arbeitsgeräte und das Reinigungsverfahren auf das jeweilige Material abzustimmen. Daneben ist auch der jeweilige Verschmutzungsgrad zu berücksichtigen.

Abb. 5.2 Essig dient zur Kalkentfernung in Sanitärbereichen.

Was reinige ich?	Womit reinige ich?	Wie reinige ich?	Besonderheiten
Gläser	Geschirrspülmittel, Spülschwamm, Spültuch, Bürste, fusselfreies Geschirrtuch	Gläser spülen, nachspülen, kurz abtropfen lassen und sofort abtrocknen.	Es können Trübungen und Kratzer im Glas entstehen.
Fenster	Allzweckreiniger, Spiritus, Essig, Fensterleder, fusselfreies Geschirrtuch, Fensterabzieher mit Schwamm, Handfeger und Kehrschaufel, Abfalleimer, Eimer mit warmem Wasser, Sicherheitsleiter	Von oben nach unten und von innen nach außen in folgender Reihenfolge reinigen: zuerst abkehren, Rahmen, Scheiben und Fensterbrett reinigen, dann Griffe und Scharniere.	Fenster können „blind" werden, wenn sie bei direkter Sonneneinstrahlung gereinigt werden.
Tassen, Teller, Schüsseln aus Keramik	Geschirrspülmittel, Essig, Salz, Spülschwamm, Spültuch, Geschirrtuch	Geschirr spülen, nachspülen, kurz abtropfen lassen und abtrocknen.	Gegen Tee- oder Kaffeeränder helfen Essig und Salz.
Waschbecken, Dusche, Badewanne, Toilette, Fliesen	Allzweckreiniger, Scheuermilch, Essig, Salz, Backpulver, Reinigungsschwamm, Allzwecktuch, Geschirrtuch, Zahnbürste	Gegenstände mit Reiniger und Schwamm oder Allzwecktuch abreiben und gründlich nachspülen. Hartnäckige Verschmutzungen mit Zahnbürste beseitigen.	Bei hartnäckigem Schmutz Scheuermilch verwenden. Kalkränder behandeln Sie mit Essig und Salz.
Schüsseln, Vorratsdosen aus Kunststoff	Geschirrspülmittel, Allzweckreiniger, Spültuch, Spülschwamm, Geschirrtuch	Gegenstände spülen, nachspülen und anschließend abtrocknen.	Für die Reinigung kein Scheuermittel verwenden.
Pfannen (beschichtet, z. B. mit Teflon)	Geschirrspülmittel, dunkles Geschirrtuch, Spültuch, evtl. Holzspieß oder Wattestäbchen	Gegenstände abwaschen, nachspülen, kurz abtropfen lassen und abtrocknen. Ecken und Stiel mit Holzspieß oder Wattestäbchen reinigen.	Keine kratzenden Reiniger verwenden. Die Beschichtung ist nicht kratzfest. Beschädigungen können gesundheitsschädlich sein.
Holzbrettchen	Geschirrspülmittel, Allzweckreiniger, Scheuermittel, Bürste, Spültuch, Geschirrtuch	Bretter abwaschen, Verschmutzungen mit Bürste und Scheuermittel entfernen, nachspülen und abtrocknen. Anschließend Bretter an der Luft trocknen lassen.	Bretter nur mit der Hand spülen und nicht im Wasser liegen lassen. Sie quellen sonst auf. Trocknen an einer Heizung kann das Holz spalten.

Was reinige ich?	Womit reinige ich?	Wie reinige ich?	Besonderheiten
Möbel, poliert, aus Holz	Möbelpflegemittel, Bienenwachs, Staubtuch, weiches Allzwecktuch, weiches Poliertuch	Gegenstände abstauben, Möbelpflegemittel auf das Allzwecktuch geben und mit der Maserung auftragen. Mit Poliertuch polieren.	Für die Reinigung von Holzmöbeln möglichst kein Wasser verwenden, damit das Holz nicht aufquillt.
Kochgeschirr, Besteck aus Edelstahl	Geschirrspülmittel, Scheuermilch, Spültuch, weicher Topfschwamm, dunkles Geschirrtuch	Gegenstände spülen, bei Bedarf mit Scheuermilch abreiben, nachspülen, kurz abtropfen lassen und sofort abtrocknen. Edelstahl bekommt sonst Flecken.	Edelstahl mit der Bezeichnung „18/10" ist spülmaschinengeeignet. Bei Verkrustungen Gegenstände einweichen. Kein Scheuerpulver und keine groben Topfschwämme verwenden.

5.2 Sauberkeit und Hygiene in sozialpädagogischen Einrichtungen

Wie im privaten Haushalt ist auch in sozialpädagogischen Einrichtungen eine regelmäßige Reinigung unabdingbar. Das tägliche Zusammenkommen vieler Personen erhöht in diesen Einrichtungen die Gefahr der Keimübertragung. Aus diesem Grund bedarf die Reinigung besonderer Aufmerksamkeit, vor allem in folgenden hygienerelevanten Bereichen:

- Gruppen-, Spiel-, Ruhe- und Schlafräume
- Turn-, Sporträume
- Sanitärräume
- Kuschelecken, Krabbelbereiche
- Spielsachen/Geräte und Sandkasten
- Küche/Essenszubereitung/Essensausgabe
- Entsorgung/Abfall
- Putzmittelräume, Erste-Hilfe-Raum

5.2.1 Der Hygieneplan

Laut dem Infektionsschutzgesetz (IFSG) muss jede sozialpädagogische Einrichtung einen individuellen Hygieneplan erstellen und jährlich aktualisieren. Dieser Plan soll sich an den organisatorischen und baulichen Gegebenheiten der Einrichtung orientieren. Nur so wird ein effektives Einhalten gewährleistet. Die Mitarbeiter können sich dafür beim zuständigen Gesundheitsamt Hilfe holen.

Das Infektionsschutzgesetz finden Sie unter:

www.gesetze-im-internet.de/ifsg

BEISPIEL Die Kindertagesstätte „Mäuseburg" existiert seit knapp einem Jahr. Organisatorisch und baulich hat sich seitdem einiges verändert. Gemeinsam setzen sich die pädagogischen Fachkräfte zusammen, um den Hygieneplan zu überarbeiten und anzupassen. Frau Sauber vom Gesundheitsamt steht dem Team mit Rat und Tat zur Seite.

Ein Hygieneplan legt u. a. fest, welche Hygienemaßnahmen in welchen Zeitabständen nötig sind.

5.2.2 Der Reinigungsplan

Ein weiterer wichtiger Teil des Hygieneplans ist der Reinigungsplan. Dieser muss festhalten, was wer wann womit und wie reinigt. Für jeden Raum muss ein solcher Plan in schriftlicher Form vorliegen und sichtbar aushängen.

Reinigungsplan für die Küche

!!! Händehygiene beachten!!!

Was?	Wer?	Wann?	Womit?	Wie?
Töpfe, Geschirr, Besteck	sozialpädagogische oder hauswirtschaftliche Fachkraft	nach Benutzung	Geschirrspülmittel	manuell oder in der Maschine
Arbeitsflächen	sozialpädagogische oder hauswirtschaftliche Fachkraft	nach Benutzung, Verunreinigung	Reinigungsmittel, Desinfektionsreiniger, Flächendesinfektionsmittel	feucht wischen, desinfizieren
Fußböden	Dienstleister	täglich	Reinigungsmittel	feucht wischen
usw.				

Tab. 5.3 Beispiel eines Reinigungsplans

5.2.3 Händehygiene als Grundlage des Miteinanders

In § 1 des Infektionsschutzgesetzes heißt es: „Zweck des Gesetzes ist es, übertragbaren Krankheiten beim Menschen vorzubeugen, Infektionen frühzeitig zu erkennen und ihre Weiterverbreitung zu verhindern."

Die wichtigste Maßnahme stellt in diesem Zusammenhang das regelmäßige Händewaschen dar. Dadurch werden Verschmutzungen beseitigt und die Übertragung von Keimen vermindert. Pädagogische Fachkräfte wie auch die Kinder sollten dies immer vor bzw. nach folgenden Tätigkeiten tun:

- vor und nach dem Essen
- nach dem Spielen
- nach dem Toilettengang/Wickelvorgang
- nach dem Kontakt mit Tieren
- vor und nach dem Umgang mit Lebensmitteln
- nach Tätigkeiten mit Verschmutzungen, z. B. dem Malen mit Fingermalfarben oder dem Basteln mit Kleber

Abb. 5.4 Händereinigung ist in pädagogischen Einrichtungen sehr wichtig.

Um ein hygienisches Händewaschen zu ermöglichen, sollte ein **Handwaschplatz** entsprechend eingerichtet sein. Dazu gehören:

- fließendes warmes und kaltes Wasser
- Flüssigseife
- Spender für Händedesinfektionsmittel
- Hautpflegemittel

Auf Stückseife und Gemeinschaftshandtücher ist zu verzichten. Zum Abtrocknen der Hände sollten Mitarbeiter Einmalhandtücher verwenden. Die Kinder benutzen jeweils ihr eigenes Handtuch, das regelmäßig ausgetauscht wird.

> Das hygienische Händewaschen mit Händedesinfektionsmittel ist unter anderem erforderlich bei Kontakt mit Stuhl, Urin, Erbrochenem, Blut oder bei Durchfallerkrankungen.

5.2.4 Hygiene in Küchenbereichen

In Küchenbereichen wird täglich mit Lebensmitteln gearbeitet. Dies erfordert hohe hygienische Standards. Aus diesem Grund wurden 2004 in der **EU-Lebensmittel-Hygiene-Verordnung** einheitliche Richtlinien geschaffen. Diese Richtlinien beschreiben den sicheren und richtigen ›Umgang mit Lebensmitteln‹. Ebenso wichtig und notwendig ist die gründliche und regelmäßige Reinigung oder Desinfektion der benutzten Flächen und Gegenstände in diesem Bereich, z. B.:

- Arbeitsflächen
- Fußböden
- Schränke
- Essenswagen

Lagerung von Lebensmitteln → S. 58, hygienische Anforderungen an die Speisenzubereitung → S. 94

Geschirr sollte in Schränken gelagert und nach jeder Benutzung gereinigt werden. Ein täglicher Wechsel der Geschirrtücher sowie die Entsorgung des Abfalls sind unverzichtbar.

Werden Kleinstkinder betreut, die ›**Flaschennahrung**‹ erhalten, gelten besondere Hygienevorschriften:

Flaschennahrung → S. 71

- Spülen Sie die Flasche, den Sauger und den Ring sofort nach Gebrauch aus. So trocknen die Milchreste nicht an.
- Danach sollten Sie die Flasche, den Sauger und den Ring mit einer Flaschenbürste und Seifenlauge gründlich von allen Milchrückständen befreien und mit klarem Wasser ausspülen.
- Anschließend wird alles sterilisiert. Hierfür benötigen Sie einen Topf und heißes Wasser. Legen Sie die Flaschen, Sauger und Ringe in einen Topf und lassen diese für mindestens 3–10 Minuten kochen. Dabei sollten alle Teile mit Wasser bedeckt sein.
- Lassen Sie abschließend alles gut auf einem ausgebreiteten sauberen Tuch trocknen. Bewahren Sie die Flaschen in separaten luftdichten Behältern auf.
- Achten Sie darauf, dass der Topf und die Flaschenbürste ausschließlich für die Flaschen-, Sauger- und Ringreinigung verwendet werden. Ersetzen Sie in regelmäßigen Abständen die Sauger.
- Um in pädagogischen Einrichtungen eine Verwechslung der Flaschen, Sauger und Ringe zu vermeiden, ist eine wasserfeste Beschriftung dieser Utensilien notwendig.

Abb. 5.5 Sterilisieren im Topf

ZUM WEITERDENKEN Für die Sterilisation von Babyflaschen kann auch ein Sterilisator verwendet werden.

5.2.5 Hygiene in Gemeinschaftsräumen und im Außenbereich

Gruppen-, Aufenthalts- und Spielräume müssen täglich feucht gewischt werden. Ebenso sollte Staub nur feucht entfernt werden, um dessen Aufwirbeln zu verhindern. Textile Bodenbeläge in Kuschelecken oder dem Krabbelbereich erfordern ein tägliches Absaugen. Kissen und Kissenbezüge müssen regelmäßig gewaschen werden.

Vor allem im **Krippenbereich** sollten Spielsachen und Geräte so beschaffen sein, dass sie einfach zu reinigen sind. Kinder im Alter unter drei Jahren lecken Spielgeräte häufig an oder nehmen sie in den Mund.

Die Abfalleimer in den Gemeinschafträumen müssen täglich entleert werden. Sie sollten einen Deckel besitzen, damit die Kinder keinen Zugang zum Abfall haben.

Im **Außenbereich** muss vor allem der Sandkasten vor der Benutzung gründlich kontrolliert werden. Es empfiehlt sich eine Abdeckung, um Verunreinigungen durch Tierkot vorzubeugen. In regelmäßigen Abständen sollte der Spielsand ausgetauscht werden. Spielgeräte wie Roller, Dreiräder oder Autos sind in größeren Abständen zu reinigen.

> In pädagogischen Einrichtungen eignen sich Spielgeräte, die einfach zu reinigen sind.

5.2.6 Hygiene in Sanitärbereichen

Abb. 5.6 Sanitärbereich in einer Kindertageseinrichtung

In sozialpädagogischen Einrichtungen und der Kindertagespflege zählen zu den Sanitäranlagen die Waschräume, Toiletten und der Wickelbereich der Kinder. Um in diesen Räumlichkeiten einen täglichen hygienischen Umgang zu gewährleisten, sollte auf folgende Faktoren geachtet werden:

- Jedes Kind hat einen eigenen Kamm, Zahnputzbecher, Zahnbürste, Handtuch. Diese können z. B. mit kleinen Bildchen oder Symbolen gekennzeichnet werden. Achten Sie darauf, dass die Kinder immer ihre Utensilien verwenden und diese regelmäßig ausgewechselt werden.
- Desinfizieren Sie nach jeder Benutzung die Wickelkommode sowie die Töpfchen und Toilettensitzauflagen.
- Reinigen Sie täglich die Toiletten mit Sanitärreiniger. Bei Auftreten von Magen-Darm-Infektionen ist unbedingt eine Desinfektion nötig.
- Reinigen Sie täglich die Waschbecken, das Mobiliar und die Fußböden feucht (Desinfektion nur bei Durchfall und Erbrechen). Verwenden Sie dafür täglich frische Putzlappen und Wischmopps.

Liegt die Reinigung in der Hand von **Dienstleistungsfirmen**, ist eine regelmäßige Kontrolle notwendig. Das Reinigungspersonal muss sofort informiert werden, wenn Magen-Darm-Erkrankungen auftreten.

5.2.7 Hygiene im Umgang mit Tieren

Wenn in pädagogischen Einrichtungen Tiere gehalten werden, muss die Hygiene immer im Vordergrund stehen. Eine Zusammenarbeit mit dem Gesundheitsamt kann hilfreich sein, um Informationen über geeignete Maßnahmen und Gefahren zu erhalten.

Im Allgemeinen sollten folgende Regeln bei der Tierhaltung beachtet werden:

- Die Tiere sollten in separaten Räumen gehalten werden. Lüften Sie diese intensiv und wischen Sie diese täglich feucht.
- Käfige oder Gehege sollten alle zwei bis drei Tage gereinigt werden. Lagern Sie die Pflegeutensilien separat und unzugänglich für die Kinder.
- Es sollten regelmäßige tierärztliche Untersuchungen stattfinden.
- Die Kinder sollten die Tiere niemals ohne Aufsicht betreuen.
- Die Kinder sollten sich von den Tieren nicht belecken lassen bzw. diese nicht küssen.
- Nach dem Umgang mit den Tieren sollten sich die Kinder umkleiden und gründlich die Hände waschen.
- Achten Sie darauf, dass Kinder mit einer Tierhaarallergie keinen Körperkontakt zu den Tieren haben.

Abb. 5.7 Bei der Tierhaltung sind besondere Hygieneregeln zu beachten.

> **ZUM WEITERDENKEN** In pädagogischen Einrichtungen finden sich eher Kleintiernager wie z. B. Meerschweinchen oder Zwergkaninchen. Aufgrund der einfachen Pflege sind Aquarien ebenso beliebt. Hunde hingegen sind aufgrund der zeitaufwendigen Pflege und Betreuung eher selten.

Warum muss ich das für meinen Beruf wissen?

Das tägliche Miteinander in sozialpädagogischen Einrichtungen erfordert nicht nur ein hygienisches Umfeld, sondern auch einen verantwortungsbewussten und hygienischen Umgang miteinander. Da Kinder gegenüber Krankheitserregern sehr anfällig sind, müssen täglich hygienische Grundregeln beachtet werden. Hygiene bedeutet in diesem Rahmen, Gesundheitsschäden vorzubeugen und die Gesundheit möglichst zu erhalten.

Die Aufgabe der pädagogischen Fachkraft ist es, mit den Kindern Hygieneerziehung praktisch umzusetzen. Damit dies gelingt, ist das Einüben und Erklären hygienischer Maßnahmen wichtig. Nur durch stetige Wiederholung gelingt es, ein Hygienebewusstsein im Alltag zu schaffen.

Wird den Kindern Verantwortung übertragen, erhöht dies ihre Motivation und Selbstständigkeit. So kann z. B. wöchentlich ein Kind als Hygieneverantwortlicher bestimmt werden. Auch Rituale können helfen, die Hygieneregeln spielerisch umzusetzen.

GRUNDLAGEN DER HAUSWIRTSCHAFT

6 WÄSCHE UND TEXTILIEN RICHTIG PFLEGEN

> **19:57** — Hallo, Binka, heute war vielleicht ein schrecklicher Tag! Christian, ein Kind aus dem Hort, hat mir einen Kaugummi auf meine Lieblingsbluse geschmiert. Jetzt bekomme ich ihn nicht mehr ab. ☹
>
> **20:04** — Hallo, Tijen, das ist ja richtig ärgerlich. Du, ich habe mal gelesen, man soll die Sachen in solchen Fällen einfrieren. 😐
>
> **20:09** — Wie? Ich soll meine Bluse einfrieren? 😳
>
> *20. Juni*

Um Wäsche und Textilien richtig zu pflegen, müssen sie eventuell vorbehandelt und anschließend gewaschen werden. Danach schließen sich das Trocknen, das Bügeln und das Legen der Wäsche an.

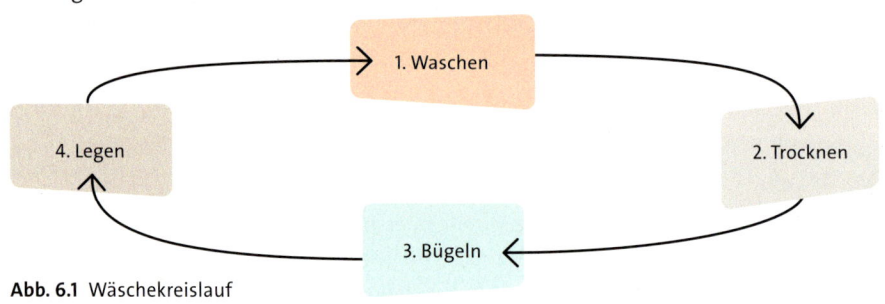

1. Waschen → 2. Trocknen → 3. Bügeln → 4. Legen → (Kreislauf)

Abb. 6.1 Wäschekreislauf

6.1 Der Waschvorgang

Der Waschvorgang umfasst die folgenden Tätigkeiten:
- das Vorsortieren der Wäsche
- die ›Vorbehandlung‹ der Wäsche
- die Auswahl des Waschmittels und des Waschprogramms

Vorbehandlung → S. 122

6.1.1 Die Wäsche vorsortieren

Ein entscheidender Faktor beim Waschen von Wäsche ist das Vorsortieren. Hier ist es wichtig, sorgfältig vorzugehen, da sonst zusätzliche Arbeiten anfallen können.

6. Wäsche und Textilien richtig pflegen

- Kontrollieren Sie vor dem Waschen immer alle Taschen, damit keine Kleinteile die Waschmaschine zerstören oder Fusseln eines Papiertaschentuchs auf der gesamten Wäsche verteilt werden.
- Entkrempeln Sie Ihre Textilien, vor allem die Ärmel und Hosenbeine, damit diese optimal gereinigt werden. Bänder sollten Sie locker verknoten.
- Verschließen Sie Knöpfe und Reißverschlüsse der Kleidung, damit keine unnötigen Beschädigungen auftreten. Bei Bettwäsche reicht es, wenn Sie jeden zweiten Knopf schließen und die Wäsche vorher auf links wenden.
- Verwenden Sie für kleine oder empfindliche Wäschestücke (z. B. für BHs) einen Wäschesack, damit z. B. keine Bügel aus dem BH die Waschmaschine beschädigen.
- Sortieren Sie die Wäsche nach hellen und dunklen Farben, um Verfärbungen zu vermeiden. Haben Sie bestimmte Wäschestücke bisher noch nicht gewaschen, dann waschen Sie diese separat. Sonst kann die restliche Wäsche verfärben.

Pflegesymbole für Textilien

In allen Kleidungsstücken befinden sich innen am Halsausschnitt oder an der Innennaht eingenähte Etiketten. Darauf sind auch die sogenannten Pflegesymbole abgebildet. Sie können an diesen Informationen ablesen, wie die Textilien gewaschen, getrocknet und gebügelt werden sollten, damit das Material keinen Schaden nimmt. Außerdem können die Pflegesymbole zu einer Kaufentscheidung beitragen. Darf z. B. eine Bluse nur durch eine spezielle Reinigung gesäubert werden, entstehen zusätzliche Kosten und der Kauf ist nicht zu empfehlen.

Waschen (Waschbottich)	95 Normalwaschgang	95 Schonwaschgang	60 Normalwaschgang	60 Schonwaschgang	40 Normalwaschgang	40 Schonwaschgang	40 Spezialschonwaschgang	30 Normalwaschgang	30 Schonwaschgang	30 Spezialschonwaschgang	Handwäsche	Nicht waschen
	Die Zahlen im Waschbottich entsprechen den maximalen Waschtemperaturen, die nicht überschritten werden dürfen. Der Balken unterhalb des Waschbottichs verlangt nach einer (mechanisch) milderen Behandlung (z. B. Schongang). Er kennzeichnet Waschzyklen, die sich z. B. speziell für pflegeleichte und mechanisch empfindliche Artikel eignen. Der doppelte Balken kennzeichnet Waschzyklen mit weiter minimierter Mechanik, z. B. für Wolle.											

Bleichen (Dreieck)	Chlor- und Sauerstoffbleiche zulässig	Nur Sauerstoffbleiche zulässig, keine Chlorbleiche	Nicht bleichen

Bügeln (Bügeleisen)	Heiß bügeln (200 °C)	Mäßig heiß bügeln (150 °C)	Nicht heiß bügeln (110 °C) Vorsicht beim Bügeln mit Dampf	Nicht bügeln
	Die Punkte kennzeichnen die Temperaturbereiche der Reglerbügeleisen.			

Professionelle Textilreinigung (Reinigungstrommel)	P Professionelle Textilreinigung normales Verfahren	P Professionelle Textilreinigung Schonverfahren	P Professionelle Textilreinigung Spezial-Schonverfahren	F Professionelle Textilreinigung normales Verfahren	F Professionelle Textilreinigung Schonverfahren	Nicht professionell reinigen
	Die Buchstaben sind für den professionellen Textilpfleger bestimmt. Sie geben einen Hinweis auf die infrage kommenden Lösungsmittel. Der Balken unterhalb des Kreises verlangt bei der Reinigung nach einer Beschränkung der mechanischen Beanspruchung, der Feuchtigkeitszugabe und/oder der Temperatur.					

Trocknen im Tumbler	Trocknen im Tumbler möglich, normale Temperatur, normaler Trockenzyklus	Trocknen im Tumbler möglich, niedrige Temperatur, normaler Trockenzyklus	Nicht im Tumbler trocknen
	Die Punkte kennzeichnen die Trocknungsstufe im Tumbler (Wäschetrockner).		

GRUNDLAGEN DER HAUSWIRTSCHAFT

6.1.2 Die Wäsche vorbehandeln

Der meiste Schmutz lässt sich durch Waschmittel entfernen. Es gibt jedoch auch Flecken auf Kleidungsstücken, die vor dem Waschen in der Maschine behandelt werden sollten. Die folgenden Hinweise sollen dabei helfen, hartnäckige Flecken zu entfernen:

- Behandeln Sie die Flecken am besten sofort nach dem Missgeschick.
- Anhaftende Flecken, z. B. von Ei, können Sie vom Kleidungsstück entfernen, indem Sie diese vorsichtig mit einem Messer abschaben.
- Viele Fleckenmittel unterliegen der ›**Gefahrstoffverordnung**‹ (GefStoffV), weil sie z. B. eine reizende Wirkung besitzen. Deshalb Vorsicht beim Umgang! Lesen Sie die Gebrauchsanweisung sorgfältig durch.
- Ist der Einsatz eines Fleckenmittels unumgänglich, sollten Sie es an einer unsichtbaren Stelle (z. B. am Saum) ausprobieren. Dort können Sie eventuelle Farbveränderungen testen.
- Geben Sie das Fleckenmittel nicht direkt auf das Kleidungsstück. Verwenden Sie zum Auftragen ein Tuch und eine Unterlage, auf der das Kleidungsstück liegt.

Gefahrenpiktogramme → S. 172

Abb. 6.2 Verschiedene Fleckenmittel

Fleckenbehandlung der Wäsche

Um nicht sofort auf chemische Produkte für die Fleckenbehandlung zurückgreifen zu müssen, können zunächst alternative „Hausmittel" verwendet werden.

Art des Flecks	Behandlung
Blut	Waschen Sie den Fleck sofort mit kaltem Wasser aus.
Butter, Öl, Make-up, Lippenstift	Behandeln Sie diese Flecken mit Gallseife.
Gras	Behandeln Sie Grasflecken mit Spiritus oder Entfärber.
Harz	Geben Sie das Kleidungsstück in heiße Buttermilch und lassen Sie diese einwirken.
Kaugummi	Frieren Sie das Kleidungsstück einige Stunden im Gefrierschrank ein. Anschließend lässt sich der Kaugummi gut abheben.
Kerzenwachs	Legen Sie über die Flecken ein Blatt Löschpapier und bügeln Sie über den Fleck. Das Wachs wird weich und zieht in das Löschpapier.
Klebstoff	Klebstoffflecken entfernen Sie vorsichtig mit Nagellackentferner.
Obst	Behandeln Sie Obstflecken mit Zitronensaft oder warmer Buttermilch.
Rotwein	Geben Sie sofort Salz auf den frischen Rotweinfleck, es zieht die Flüssigkeit aus dem Kleidungsstück.

6.1.3 Das Waschmittel und das Waschprogramm auswählen

Waschmittel werden in flüssiger, gelartiger, pulveriger, gepresster Form (z. B. Tabs) oder als „Perls" im Handel angeboten. Sie enthalten waschaktive Substanzen, die Verunreinigungen in Textilien lösen.

Welche Form und welche Art von Waschmittel verwendet werden, hängt immer von den zu reinigenden Kleidungsstücken ab. Wäscht man z. B. schwarze Wäsche mit pulverförmigen Waschmitteln, so können Rückstände des Waschpulvers auf der Wäsche verbleiben. Hier ist ein flüssiges oder gelartiges Waschmittel besser geeignet. Die wichtigsten Waschmittel sind:

- **Vollwaschmittel:** Dieses eignet sich vor allem für weiße oder pastellfarbene Wäsche. Es enthält unter anderem optische Aufheller und Bleichmittel. Dadurch erhalten Sie strahlend weiße Wäsche und die Farbe der pastellfarbenen Wäsche wird aufgefrischt.
- **Colorwaschmittel:** Dieses wird für Buntwäsche verwendet. Es frischt die Farben der Wäsche auf. Im Gegensatz zum Vollwaschmittel enthält es keine optischen Aufheller oder Bleichmittel. Damit wird gewährleistet, dass die Buntwäsche nicht so schnell alt aussieht.
- **Feinwaschmittel:** Dieses Waschmittel ist für empfindliche bunte Wäsche geeignet. Es enthält wie das Colorwaschmittel keine optischen Aufheller oder Bleichmittel.
- **Woll- und Seidenwaschmittel:** Dieses Waschmittel wäscht besonders schonend und enthält keine Enzyme. Da viele Flecken aus Eiweiß bestehen, enthalten andere Waschmittel Enzyme, die Eiweiße angreifen. Wolle und Seide bestehen jedoch in ihrer Struktur ebenfalls aus Eiweiß. Enzyme können nicht unterscheiden, ob es sich um einen Fleck oder um das zu reinigende Textilstück handelt.

Abb. 6.3 Verschiedene Waschmittel

Für die richtige Dosierung gibt es auf jeder Waschmittelverpackung eine Anleitung und meist liegt auch eine Dosierhilfe bei. Zusätzlich werden Informationen über den **Härtegrad** des Wassers und den **Verschmutzungsgrad** der Wäsche benötigt. Diese haben Einfluss auf die Dosierung des Waschmittels. Liegt ein hoher Härtegrad des Wassers vor, muss entweder das Waschmittel höher dosiert oder ein Enthärter verwendet werden. Dieser schont die Heizstäbe vor Verkalkung.

> Den Härtegrad Ihres Wassers erfahren Sie beim zuständigen Wasserwerk Ihrer Stadt oder Gemeinde.

Ein Waschmittel in Kombination mit einem Weichspüler oder die ergänzende Zugabe von Weichspüler sind nicht zwingend notwendig. Weichspüler enthalten Duftstoffe, die die Wäsche zwar weich und duftend machen, aber auch die ›Umwelt‹ belasten und Allergien auslösen. Weiterhin legen sie sich wie ein Film über die Textiloberfläche, sodass Flecken schwieriger aus dem Textil gelöst werden können.

Umweltbewusst denken und handeln → S. 180

> Oft wird auf dem Markt sogenanntes Universalwaschmittel angeboten. Dieser Begriff ist allerdings irreführend. Bei unterschiedlichen Textilien liegen meist verschiedene Voraussetzungen vor, sodass jeweils andere Waschmittel verwendet werden müssen, um Beschädigungen an den Textilien zu vermeiden.

6.1.4 Die Waschmaschine

Eine Waschmaschine ist ein elektrisches Haushaltsgerät zur Reinigung von Textilien. In Deutschland ist die **Trommelwaschmaschine** am häufigsten zu finden. Diese wird durch die Ladeluke von oben (Toplader) oder von vorne (Frontlader) mit Wäsche befüllt. Das ›Waschmittel‹ wird in die **Waschmittelvorrichtung** gegeben. Diese besteht oft aus drei Kammern für folgende Mittel:

- Waschmittel für Vorwäsche oder Enthärter
- Waschmittel für die Hauptwäsche
- Weichspüler oder Wäschestärke (meist mit einer Blume gekennzeichnet)

Je nach Fabrikat können auch andere Kennzeichnungen vorliegen und die Kammern können in unterschiedlicher Reihenfolge angeordnet sein. Informieren Sie sich in der Gebrauchsanweisung Ihrer Waschmaschine.

Bevor der eigentliche Waschvorgang beginnen kann, müssen das **Waschprogramm** und die **Waschtemperatur** an der Waschmaschine eingestellt werden. Die Programmwahl der Waschmaschine richtet sich nach dem Verschmutzungsgrad und der Beschaffenheit der Wäsche (›Pflegesymbole‹). Meist reicht aber das Normalprogramm aus.

Im Anschluss an das Waschprogramm wird die Wäsche geschleudert, das heißt, durch schnelles Drehen der Waschtrommel wird überschüssiges Wasser aus den Textilien herauskatapultiert. Die **Schleuderumdrehung** pro Minute kann ebenfalls an der Waschmaschine eingestellt werden. Je höher die Schleudergeschwindigkeit ist, desto weniger Feuchtigkeit weist die Wäsche nach dem Waschen auf. Bei Textilien aus Wolle, Seide oder anderen empfindlichen Materialien sollte eine geringere Schleudergeschwindigkeit eingestellt werden.

Waschmittel → S. 123

Abb. 6.4 Waschmaschinenschublade mit Kammern

Pflegesymbole → S. 121

> Auf dem Markt gibt es verschiedene Waschmaschinenfabrikate. Um die Waschmaschine richtig zu bedienen, sollte vor Ersteinsatz die Bedienungsanleitung sorgfältig durchgelesen werden.

Abb. 6.5 Programmwahl einer Waschmaschine

> **ZUM WEITERDENKEN** Gerade Kinder haben eine empfindliche Haut. Kommen sie oft mit bestimmten Stoffen in Kontakt, können sie Allergien entwickeln. Bei der Wäschepflege, speziell für Kinder, kann darauf geachtet werden, dass Waschmittel mit den Aufschriften „Hautverträglichkeit dermatologisch getestet" und „parfümfrei" verwendet wird. Damit wird eine gute Hautverträglichkeit gewährleistet.

6.2 Textilien schrankfertig machen

6.2.1 Textilien trocknen

Das Trocknen der Wäsche schließt sich unmittelbar an das Waschen an. Dafür gibt es zwei Möglichkeiten:

- das Aufhängen der Wäsche auf einer Wäscheleine mit Wäscheklammern
- das Trocknen der Wäsche in einem elektrischen Wäschetrockner

Trocknen auf der Wäscheleine

Die idealsten Bedingungen für das Trocknen der Wäsche sind Wärme, Luftzirkulation (Wind) und eine geringe Luftfeuchtigkeit. Diese sind am ehesten im Sommer im Freien zu finden. Doch nicht jeder hat die Möglichkeit, seine Wäsche draußen auf der Wäscheleine aufzuhängen. In diesen Fällen muss auf einen Trockenraum zurückgegriffen werden oder die Wäsche wird in der Wohnung auf einem Wäscheständer getrocknet.

Abb. 6.6 Wäscheleine im Freien

Abb. 6.7 Wäscheständer in der Wohnung

Die Wäsche wird mit Wäscheklammern an der Leine aufgehängt. Dies ist zeit- und arbeitsintensiv, schont aber die ›Umwelt‹, da kein Strom verbraucht wird. Beim Aufhängen im Freien sollten folgende Hinweise beachtet werden:

- Schlagen Sie Ihre Wäsche vor dem Aufhängen aus. Somit entstehen weniger Falten und Sie benötigen weniger Zeit für das ›Bügeln‹.
- Hängen Sie die Wäsche so auf, dass die Abdrücke der Klammern später kaum zu sehen sind. Am besten setzen sie diese an Saum- oder Bundstellen.
- Seien Sie großzügig beim Aufhängen der Wäsche. Lassen Sie etwas Platz zwischen den Wäschestücken. Somit trocknet die Wäsche schneller.
- Setzen Sie die farbige Wäsche keiner direkten Sonneneinstrahlung aus. Dadurch können die Farben verblassen.

Umweltbewusst denken und handeln → S. 180

Bügeln → S. 120

GRUNDLAGEN DER HAUSWIRTSCHAFT

Trocknen im Wäschetrockner

Ein Wäschetrockner ist ein elektrisches Gerät, das sehr viel Energie verbraucht. Die Luft in der Trocknertrommel wird erwärmt. Dadurch kann sie der Wäsche die Feuchtigkeit entziehen. Durch die Verwendung eines Wäschetrockners ist man allerdings unabhängiger vom Wetter. Auch ist der ›Zeit- und Arbeitsaufwand‹ gegenüber dem Aufhängen auf der Leine geringer.

Arbeit koordinieren → S. 188

Beim Verwenden eines Wäschetrockners sollten folgende Hinweise beachtet werden:

Pflegesymbole → S. 121

- Achten Sie auf die ›Pflegesymbole‹. Sie zeigen an, ob die Wäsche für den Trockner geeignet ist.
- Wählen Sie den Textilien entsprechend das Programm aus.
- Legen Sie die Wäsche locker in die Trommel.
- Achten Sie dabei auf das angegebene Fassungsvermögen des Wäschetrockners.
- Nehmen Sie die Wäsche sofort nach dem Trocknungsprozess aus dem Trockner.
- Säubern Sie nach jedem Gebrauch den Trockner von Flusen und anderen Verschmutzungen.

> **ZUM WEITERDENKEN** Wenn die Wäsche in noch etwas feuchtem Zustand abgenommen oder im Trockner das Programm „bügelfeucht" eingestellt wird, erleichtert dies den nächsten Arbeitsschritt, das Bügeln. Wird unmittelbar im Anschluss gebügelt, erspart man sich das Anfeuchten der Wäsche. Weiß man allerdings schon im Vorfeld, dass das Bügeln nicht gleich erledigt werden kann, sollte die Wäsche vollständig getrocknet werden. Feuchte Wäsche bekommt Stockflecken.

6.2.2 Textilien bügeln

Das Glätten von Textilien erfolgt mittels Hitze und Druck. Diesen Vorgang nennt man Bügeln oder auch Plätten. Dazu benötigt man ein **Bügeleisen** und ein **Bügelbrett** mit einem **Bügelbezug**. Das Bügeleisen besteht aus einer heizbaren Platte und einem Griff. **Dampfbügeleisen** besitzen zusätzlich einen Wassertank. Dadurch können die Textilien besprüht oder mit Dampfstoß bearbeitet werden. Die für den jeweiligen Stoff auf dem ›Pflegesymbol‹ empfohlene Temperatur kann mit einem Wahlschalter eingestellt werden.

Pflegesymbole → S. 121

Für ein reibungsloses und ergonomisches Bügeln sollten folgende Hinweise berücksichtigt werden:

- Richten Sie Ihren Bügelplatz so ein, dass Sie ausreichend Licht und Platz haben, um von rechts nach links arbeiten zu können.
- Sortieren Sie die Wäschestücke so, dass die Teile mit hoher Bügeltemperatur unten und die mit niedrigerer oben im Wäschekorb liegen.
- Sortieren Sie außerdem die Wäsche nach Größe und Form.
- Vor dem Bügeln sollten Sie die Wäsche mit warmem Wasser einsprühen.
- Ziehen Sie die Wäsche anschließend in Form oder streichen Sie sie auf dem Bügelbrett glatt.
- Besonders große Wäschestücke (z. B. Bett- und Tischwäsche) können Sie auch in der Mitte falten und doppelt gelegt bügeln.
- Bei größeren Wäschestücken müssen Sie vom Körper weg arbeiten.
- Nutzen Sie die gesamte Breite bzw. die Form des Bügelbretts aus.
- Lassen Sie die gebügelten Wäschestücke auskühlen.

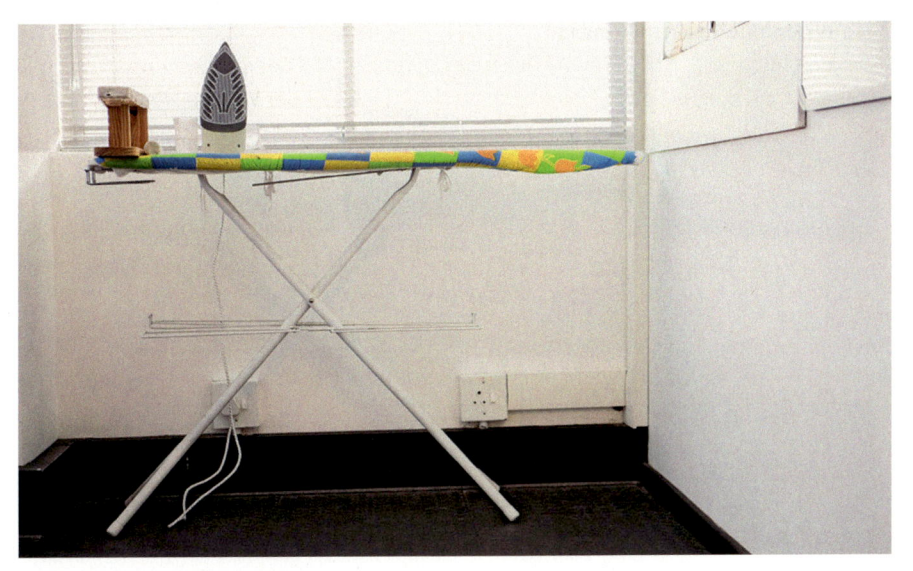

Abb. 6.8 Bügelbrett mit Bügeleisen

Hemden und Blusen bügeln
- Zuerst werden alle doppelten Teile (Passe, auch Schulterstück genannt, Kragen, Manschetten, Knopflochleiste und Knopfleiste) gebügelt – erst von links, dann von rechts.
- Anschließend sind die Ärmel zu bügeln. Dieser Schritt wird leichter, wenn Sie vom weiten zum engen Ärmelteil bügeln.
- Zum Schluss sind das rechte Vorderteil, das Rückenteil und das linke Vorderteil zu bügeln.

Geschirrtücher
- Geschirrtücher mit der linken Seite nach oben legen.
- Zuerst die Säume und den Aufhänger bügeln, dann die Tuchmitte.
- Das Geschirrtuch drehen und die rechte Seite genauso wie die linke bügeln.

Kopfkissen
Die Öffnung liegt oben. Knopf- und Knopflochleiste liegen übereinander und werden gebügelt. Anschließend wird nach und nach die restliche Kopfkissen- oder Bettbezugsfläche gebügelt.

6.2.3 Legen von Textilien

Für das Legen der Wäschestücke ist das Ordnungssystem im Schrank ausschlaggebend. Die Wäschestücke werden ordentlich zusammengelegt und anschließend auf einem Stapel mit dem Bruch nach vorn in den Schrank gelegt. Alternativ können sie auch auf einem Kleiderbügel in den Schrank gehängt werden.

Abb. 6.9 Textilien legen oder hängen

GRUNDLAGEN DER HAUSWIRTSCHAFT

Zusammenlegen eines Hemdes

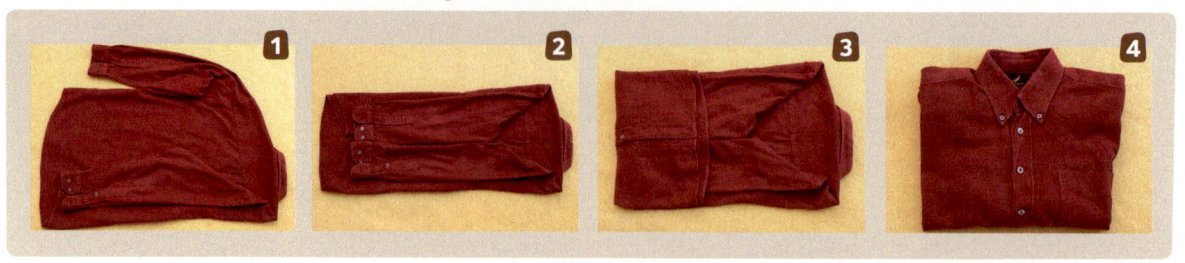

Zusammenlegen von Geschirrtüchern

1. Geschirrtuch glatt streichen. Linke Seite liegt nach oben. Aufhänger liegt rechts.
2. Das Geschirrtuch vom Körper weg um ein Drittel umschlagen.
3. Das andere Drittel von oben darüberlegen.
4. Von links nach rechts nochmals zweimal um ein Drittel umschlagen.
5. Das Tuch drehen. Die rechte obere Ecke muss zu öffnen sein. Der Aufhänger liegt oben.

6.3 Gemeinsam mit Kindern Wäsche und Textilien pflegen

In pädagogischen Einrichtungen wird die Kleidung eher selten gewaschen oder gepflegt. Hier gilt die Aufmerksamkeit vorzugsweise Handtüchern, Geschirrtüchern, Tischdecken oder Bettwäsche. Dennoch können die Kinder auch in diese hauswirtschaftlichen Tätigkeiten einbezogen werden.

- Lassen Sie die Kinder benutzte Handtücher selbstständig vom Haken nehmen und sammeln.
- Haben z. B. Gruppen verschiedenfarbige Handtücher, lassen Sie die Kinder diese nach Farben sortieren.
- Beziehen Sie die Kinder nach dem ›Waschvorgang‹ in das Aufhängen der Handtücher ein. Dies kann z. B. bei schönem Wetter gemeinsam im Garten erfolgen. Befestigen Sie dazu eine Kinderwäscheleine.

Waschvorgang → S. 120

Abb. 6.10 Kinder in die Textilpflege einbeziehen

6. Wäsche und Textilien richtig pflegen

- Das ›Bügeln‹ der Handtücher sollten Sie immer selbst durchführen. Im Umgang mit dem heißen Bügeleisen ist die Verbrennungsgefahr hoch. Allerdings gibt es Kinderbügeleisen und -bretter. Lassen Sie die Kinder auf diesen spielerisch mitbügeln.
- Das gemeinsame Zusammenlegen der Handtücher fördert bei den Kindern nicht nur die Feinmotorik, sondern bereitet auch Spaß.

Bügeln → S. 120

ZUM WEITERDENKEN Um den ›hygienischen‹ Anforderungen in pädagogischen Einrichtungen gerecht zu werden, sollten Puppenkleider, Kostüme, Decken und Kissenbezüge in der Einrichtung regelmäßig gewaschen und gepflegt werden. Dieser Vorgang kann ebenso mit den Kindern durchgeführt werden.

Hygiene → S. 115

Beim gemeinsamen Pflegen von Textilien muss immer darauf geachtet werden, dass die Kinder keinen Zugang zu Waschmitteln, Fleckentfernern oder anderen chemischen Mitteln haben, z. B. beim Aufenthalt im ›Hausarbeitsraum‹.
Ebenso sollten die Kinder nie ohne Aufsicht in der Nähe der Waschmaschine oder des Bügeleisens gelassen werden.

Hausarbeitsraum → S. 100, Sicherheitshinweise bei der Reinigung → S. 170

Abb. 6.11 Kinder nicht unbeaufsichtigt mit Waschmitteln oder Bügeleisen lassen.

Warum muss ich das für meinen Beruf wissen?

Die richtige Pflege von Wäsche und Textilien gehört zu den Grundkenntnissen einer pädagogischen Fachkraft. Die meisten pädagogischen Einrichtungen verfügen über eine Waschmaschine und waschen bestimmte Wäscheteile selbst. Daher ist es notwendig zu wissen, welche Textilien wie gewaschen, behandelt oder getrocknet werden dürfen. Außerdem kommt es im pädagogischen Alltag immer wieder zu verschmutzter oder nasser Kleidung der Kinder. Hier muss die Fachkraft wissen, welche Fleckbehandlung notwendig ist, damit die Textilien nicht zerstört werden. Manche Wäscheteile müssen aus hygienischen Gründen auch gleich gewaschen werden.
Der Prozess der Textilpflege kann immer auch unter Einbezug der Kinder erfolgen. Hier ergeben sich vielfältige Lern- und Entwicklungsmöglichkeiten.

GRUNDLAGEN DER HAUSWIRTSCHAFT

7 TEXTILIEN VERARBEITEN KÖNNEN

17. April

19:24 Hallo, Tijen, ich habe heute eine Tasche selbst genäht. Darauf bin ich sehr stolz.

19:29 Hallo, Binka, wie toll! Die Tasche musst du mir bei unserem nächsten Treffen unbedingt zeigen. Das war sicherlich schwierig.

19:33 Ganz einfach war es nicht, aber ich kenne ja einige Grundlagen. Dann ist der Umgang mit Nähmaschine, Nadel und Faden gar nicht so schwer.

19:37 Wie wäre es denn, wenn wir beide mal etwas zusammen nähen?

Als pädagogische Fachkraft müssen Sie kein Profi werden und Kleidungsstücke selbst nähen können. Doch es ist hilfreich, wenn man kleine Reparaturarbeiten im Alltag selbst durchführen kann. Jeder kennt die Situation, dass am Lieblingskleidungsstück eine Naht offen oder der Knopf abgefallen ist. Dann ist es gut, über einige Fertigkeiten im Nähen zu verfügen.

Abb. 7.1 Nähkästchen

> **BEISPIEL** Maja (4;7) hat zur Geburt von ihrer Patentante einen Teddy geschenkt bekommen. Der Teddy ist Majas Ein und Alles. Doch heute ist Maja sehr still und sitzt in der Ecke. Binka bemerkt das und fragt, was los ist. Maja erklärt ihr, dass sie auf ihre Mama wartet, weil sie mit dem Teddy schnell zum Doktor muss. Er ist sehr krank. Ihm tut der Arm weh. Dann beginnt sie zu weinen. Binka nimmt Maja in die Arme und merkt dann, dass die Naht am Arm des Bärs aufgegangen ist. Sie sagt: „Maja, für solche Fälle habe ich doch eine Krankenstation im Kindergarten eingerichtet. Wir bringen deinen Teddy dorthin." Maja willigt ein und Binka holt Nadel und Faden aus dem Personalraum. Nach einigen Stichen ist der Teddy wieder gesund und Maja darf noch ein Pflaster auf die Naht kleben.

7.1 Das Grundsortiment zum Nähen

Um rationell und zügig arbeiten zu können, muss ein bestimmtes Grundsortiment vorhanden sein oder angeschafft werden. Zur besseren Aufbewahrung ist ein **Nähkästchen** besonders gut geeignet. Die Nähmaterialien sollten für Kinder unzugänglich sein.

Abb. 7.2 Grundsortiment

7. Textilien verarbeiten können

Gegenstand	Verwendung
Handschere, Zuschneideschere, Stickschere 	Sind verschiedene Scheren vorhanden, so kann für die Näharbeiten immer die passende Schere benutzt werden. Wird z. B. beim Abschneiden eines Fadens die große Zuschneideschere genutzt, ist die Verletzungsgefahr sehr groß. Bei Verwendung der kleinen Handschere dagegen kann dieser Arbeitsgang zeitintensiv sein oder evtl. ungenau erfolgen.
Zackenschere 	Die Zackenschere wird eingesetzt, um Kanten zu versäubern und um das Ausfransen einer einfachen Naht zu verhindern.
Nadeln 	Für das Nähen mit der Hand gibt es verschiedene Nadeln (Nähnadeln, Stopfnadeln, Sticknadeln). Die Auswahl einer Nadel erfolgt je nach Tätigkeit, z. B. das Sticken eines Bildes oder das Annähen eines Knopfes. **Hinweis:** Die Nadel muss immer dem Garn angepasst sein.
Stecknadeln 	Um ein besseres Nähergebnis zu erreichen, sind Stecknadeln sehr hilfreich. Sie dienen dazu, das Verrutschen der Stoffteile während des Nähens zu verhindern. **Hinweis:** Quergesteckte Nadeln können beim Nähen mit der Maschine besser herausgezogen werden.
Garne 	Um Heimtextilien oder Kleidungsstücke herzustellen, benötigt man Garn, um die Stoffteile miteinander zu verbinden. Garne bestehen aus unterschiedlichen Materialien und sollten dem verwendeten Stoff angepasst werden.
Handmaß, Maßband 	Um Abmessungen für das Zuschneiden von Stoffen vorzunehmen, wird ein Maßband mit einer Länge von 1,5 m benötigt. Das Handmaß kommt zum Einsatz, wenn während der Näharbeit die Maße kontrolliert oder kleine Markierungen vorgenommen werden sollen.
Fingerhut 	Der Fingerhut hat die Aufgabe, beim Nähen mit der Hand den Mittelfinger zu schützen.
Schneiderkreide, Anzeichenstifte 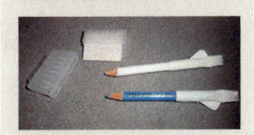	Diese Gegenstände dienen dem Anzeichnen von Markierungen auf einem Stoff. Die Markierungen sollten auf der linken Seite des Stoffes erfolgen. Kreide und Stifte sind in verschiedenen Markierungsfarben erhältlich.
Nahttrenner 	Nahttrenner werden für das Aufschneiden von Maschinenknopflöchern und das Auftrennen von Nähten oder das Abtrennen von Reißverschlüssen benötigt.

7.2 Grundbegriffe der Textilarbeit

In vielen Anleitungen für die Textilarbeit werden Fachbegriffe verwendet. Das kann Laien oder Nähanfänger überfordern. Im schlechtesten Fall weiß man nicht, was man machen soll, und gibt schließlich auf. Daher werden in der folgenden Übersicht Begriffe erläutert, die für die Textilarbeit von Bedeutung sind.

1. Den Stoff in den Bruch legen
Dazu muss ein Stoffstück übereinandergelegt werden. Dabei entsteht eine Schlaufe, die anschließend gebügelt wird, sodass eine Kante entsteht.

2. Das Nähstück knappkantig abnähen
Dabei wird das Nähstück sehr nah an der Kante abgenäht, beispielsweise mit einem Abstand von 3 mm.

3. Das Nähstück füßchenbreit abnähen
Das bedeutet, dass das Füßchen der Nähmaschine genau mit dem Rand des Stoffs abschließt. Anschließend wird abgenäht.

4. Die Kanten versäubern
Die Kanten eines Stoffstücks werden mit einer Zackenschere abgeschnitten. Dadurch können die Kanten nicht mehr ausfransen.

5. Eine Naht ausbügeln
Die genähte Naht wird mit einem Bügeleisen auseinandergebügelt, sodass sie glatt ist und evtl. in den Bruch gelegt werden kann.

6. Was ist eine linke Seite?
Die linke Seite eines Stoffes erkennt man daran, dass sie heller ist bzw. bei einfarbigem Stoff Knötchen oder Unregelmäßigkeiten aufweist.

7. Was ist eine rechte Seite?
Die rechte Seite eines Stoffes ist die „schöne" Seite. Sie weist eine kräftigere Farbgebung gegenüber der linken Seite auf. Auch sind keine Unregelmäßigkeiten zu sehen.

8. Was ist eine Applikation?
Motive, die auf das Nähstück aufgenäht oder -gestickt werden. Sie sind im Handel erhältlich, können aber auch selbst hergestellt werden. Applikationen dienen zur Verschönerung, das Nähstück erhält eine persönliche Note.

9. Was ist eine Nahtzugabe?
Für die Naht wird eine zusätzlich Zugabe zum benötigten Stoff für die Naht berechnet.

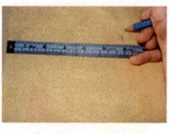

10. Was ist Füllstoff?
Füllstoff ist ein Material, das zum Befüllen z. B. eines Kissens benötigt wird. Dadurch erhält es sein Volumen.

> Beim Nähen ist das Bügeleisen eine sehr große Hilfe. Alte Stoffreste eignen sich sehr gut für Zierarbeiten. Durch Applikationen erhält das Nähstück eine persönliche Note.

7.3 Das Nähen mit einer Maschine

Das Nähen mit der Maschine benötigt ein wenig Übung. Dabei können Nähübungen auf Papier helfen. Dafür gibt es Papierbögen, auf denen verschiedene Linien abgebildet sind, die mit der Nähmaschine ohne Faden nachgenäht werden. Beherrscht man den Umgang mit der Maschine, kann man viele verschiedene Dinge nähen. Auch Reparaturarbeiten können selbst durchgeführt werden.

7.3.1 Aufbau der Nähmaschine

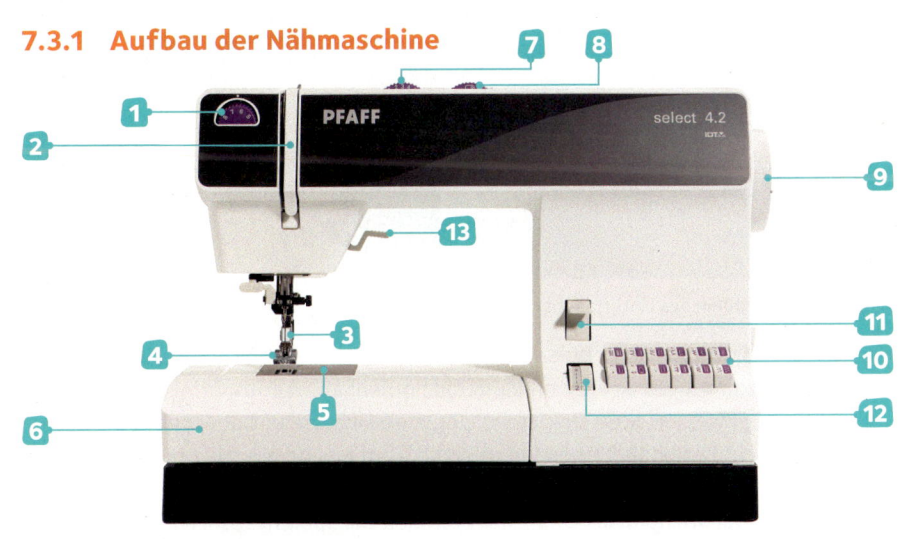

Abb. 7.3 Nähmaschine, © Pfaff select 4.2

Legende:
(1) Einstellung der Oberfadenspannung
(2) Fadenheber
(3) Nadelstange mit Nadel
(4) Nähfuß
(5) Stichplatte
(6) Abnehmbares Zubehörfach mit verschiedenen Utensilien
(7) Stichbreitenrad
(8) Rad für die Nadelposition
(9) Handrad mit Vorrichtung zum Aufspulen des Unterfadens
(10) Tasten für die Stichauswahl
(11) Rückwärtstaste
(12) Stichlänge
(13) Nähfußheber

Für ein ordentliches Ergebnis und einen reibungslosen Nähvorgang ist es wichtig, den **Unterfaden** richtig zu spulen und einzusetzen. Ebenso muss das richtige Einfädeln des **Oberfadens** gewährleistet sein.

7.3.2 Der Oberfaden

Um den Oberfaden richtig einzufädeln, muss die Gebrauchsanweisung der Maschine zur Hand genommen werden. Jedes Fabrikat hat seine eigene Einfädeltechnik. Hilfreich ist es, wenn bereits an der Maschine Pfeile angebracht sind, die den richtigen Weg zum Einfädeln des Oberfadens zeigen.

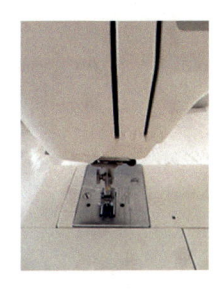

Abb. 7.4 Das Einfädeln des Oberfadens

7.3.3 Der Unterfaden

Abb. 7.5 Das Einfädeln des Unterfadens

Für das Einfädeln des Unterfadens muss zunächst die Klappe des **Zubehörfaches** (Abb. 7.3, 6) geöffnet werden. Dann kann die Spulenkapsel entnommen werden. Die volle Spule so einsetzen, dass sie sich im Uhrzeigersinn dreht. Dabei den Faden durch den Einfädelschlitz ziehen. Der Faden muss ca. 7 cm aus dem Schlitz herausschauen. Bevor jetzt die Spule wieder eingesetzt werden kann, überprüft man, dass sich die Nadel nicht in der **Stichplatte** (Abb. 7.3, 5) befindet. Die Spulenkapsel wieder einsetzen und die Klappe schließen. Um den Unterfaden aus der Stichplatte herauszuholen, wird der Oberfaden mit der linken Hand festgehalten, während man mit der rechten Hand das **Handrad** (Abb. 7.3, 9) zu sich hin bewegt. Dabei senkt sich die Nadel in die Stichplatte und holt den Unterfaden heraus. Jetzt kann mit dem Nähen begonnen werden.

> Um das Nähstück nicht zu zerstören, ist es hilfreich, immer eine Probenaht durchzuführen.

Eine Probenaht wird auf einem Stück Stoff angefertigt, das nicht benötigt wird. Mit der Nähmaschine wird eine ca. 10 cm lange Naht abgenäht. Anschließend kann die Naht auf dem Stoffstück kontrolliert werden. Auf diese Weise können die Fadenspannung, das richtige Einlegen der Spulenkapsel, die ausgewählte Stichnaht und die Größe der Stichnaht geprüft werden.

7.3.4 Maschinennähte

Nähte werden für das Verbinden von verschiedenen Stoffstücken benötigt. Häufig werden sie auch als „Zierelemente" an Kleidungsstücken eingesetzt. Dazu wird eine auffällige Stichart gewählt oder mit andersfarbigem Garn genäht.
Die häufigsten verwendeten Maschinennähte sind:
- einfache Naht
- Rechts-links-Naht (Doppelnaht)
- Flach- oder Kappnaht

7. Textilien verarbeiten können

Einfache Naht

Die einfache Naht wird angewendet, wenn die Naht nicht besonders beansprucht wird, z. B. beim Anfertigen eines ›Dekorationskissens‹.

Muttertagsgeschenk → S. 143

Arbeitsschritte

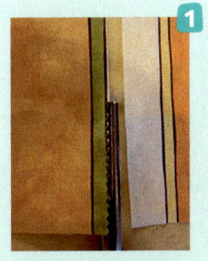

1 Die Stoffteile werden zunächst mit der Zackenschere versäubert. So wird ein anschließendes Ausfransen verhindert.

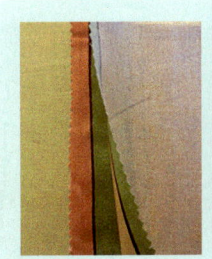

2 Die beiden Stoffteile werden rechts auf rechts gelegt und gesteckt.

3 Jetzt wird füßchenbreit abgenäht.

4 Die Stecknadeln entfernen. Die Naht mit dem Bügeleisen auseinanderbügeln. Eventuell restliche Fäden abschneiden.

Rechts-links-Naht (Doppelnaht)

Die Rechts-links-Naht wird beim Anfertigen von strapazierfähigen Kleidungsstücken und Heimtextilien eingesetzt, z. B. für einen ›Freizeitbeutel‹.

Freizeitbeutel → S. 141

Arbeitsschritte

1 Beide Stoffteile links auf links legen. (Die rechten Seiten der beiden Stoffteile liegen oben und unten, die linken Seiten aufeinander.) Anschließend zusammenstecken.

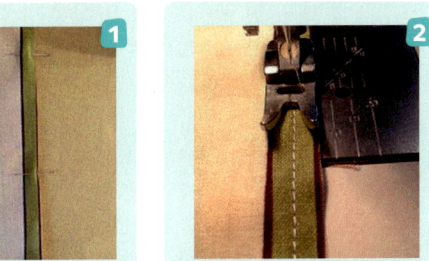

2 Füßchenbreit abnähen und Stecknadeln entfernen.

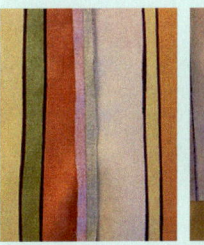

3 Die Naht mittels Bügeleisen auseinanderbügeln. Die beiden Stoffteile wieder aufeinanderklappen, sodass sie jetzt rechts auf rechts liegen. Anschließend wird gesteckt.

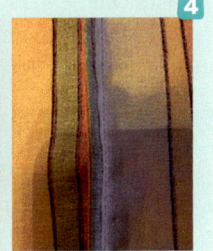

4 Das Abnähen erfolgt 1,5 cm vom Rand.

GRUNDLAGEN DER HAUSWIRTSCHAFT

Flach- oder Kappnaht

Die Flach- oder Kappnaht ist als **Ziernaht** bei Bekleidung, z. B. bei Jeans, zu finden. Außerdem ist sie sehr strapazierfähig.

Arbeitsschritte

1 Die Stoffteile links auf links legen. Das untere Stoffteil ragt dabei 1,5 cm unter dem oberen Stoffteil heraus. Es wird alles abgesteckt und vom oberen Stoffteil aus füßchenbreit abgenäht.

2 Danach die Naht ausbügeln.

3 Das untere Stoffteil wird kurz vor der weißen Naht eingeschlagen und gebügelt. Dabei muss das untere Stoffteil im Einschlag liegen.

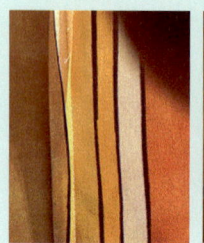

4 Die eingeschlagene Naht muss nochmals umgeschlagen werden. Jetzt wird die andere Naht sichtbar (hier blaue Naht). Den Umschlag abstecken.

5 Anschließend wird knappkantig abgenäht.

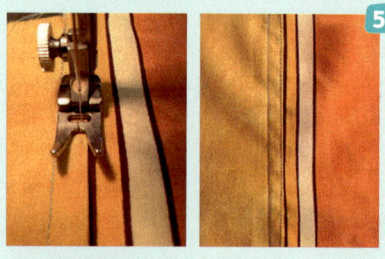

7.4 Das Nähen mit der Hand

Das Nähen mit der Hand hat gegenüber dem Nähen mit der Maschine einige Vorteile. So entfällt das Aufbauen der Maschine. Auch können kleine Ausbesserungsarbeiten jederzeit und überall erledigt werden.
Beim Handnähen muss allerdings sorgfältig gearbeitet werden. Deshalb sind der Anfang und das Ende besonders gut zu sichern. Um die Stiche beim Nähen mit der Hand besser einteilen zu können, lässt sich zwischen Nähstichen und Zierstichen unterscheiden.

Abb. 7.6 Beispiele für das Nähen mit der Hand

Nähstiche	Zierstiche
• Heftstich • Steppstich • Schlingstich 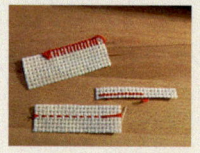	• Kreuzstich • Hexenstich • Kettenstich 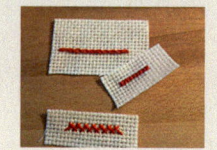

136

7.4.1 Heftstich

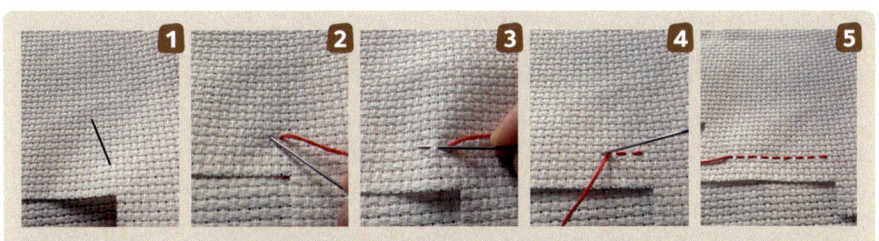

1. Von hinten mit der Nadel in den Stoff einstechen.
2. Mit der Nadel von vorn in das nächste Loch einstechen und …
3. … gleich wieder von hinten mit der Nadel in das Loch einstechen.
4. Faden durchziehen und wieder von vorn in das nächste Loch einstechen.
5. Schritte 2 und 3 wiederholen, bis die Naht fertig ist.

Der Heftstich wird genutzt, um ein Verschieben beim Nähen von zwei und mehreren Stoffteilen zu verhindern.

7.4.2 Steppstich

Als Zierstich, zum Ausbessern oder zum Zusammennähen von Stoffteilen mit der Hand wird der Steppstich verwendet.

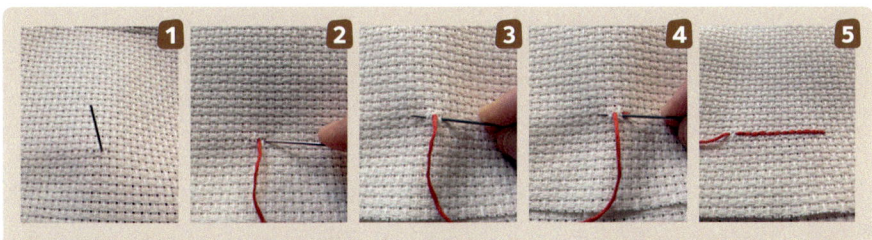

1. Von hinten mit der Nadel in den Stoff einstechen.
2. In das Loch hinter dem Fadenaustritt von vorn einstechen und …
3. … gleich von hinten in das vordere Loch des Fadenaustritts einstechen.
4. Faden durchziehen und wieder in das Loch hinter dem Fadenaustritt einstechen.
5. Schritte 2 und 3 wiederholen, bis die Naht fertig ist.

7.4.3 Schlingstich

Der Schlingstich wird zur Kantenversäuberung angewendet.

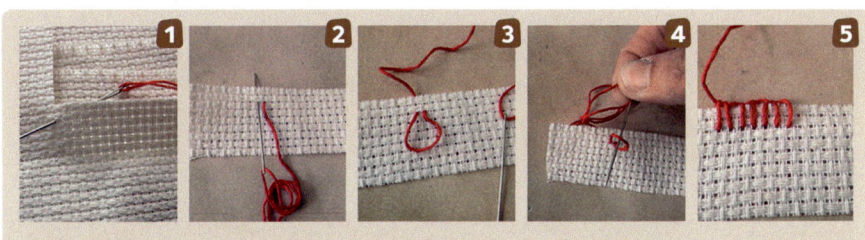

1. Von hinten mit der Nadel in den Stoff einstechen.
2. Mit der Nadel von vorn in das vordere Loch des Fadenaustritts einstechen.
3. Den Faden nach unten legen, sodass eine Schlaufe entsteht.
4. Die Nadel von hinten durch die Schlaufe führen und Faden durchziehen.
5. Die Schritte 2 bis 4 wiederholen.

7.4.4 Kreuzstich

Der Kreuzstich wird zum Sticken von Motiven verwendet.

1. Von hinten mit der Nadel in den Stoff einstechen. Mit der Nadel von vorn in das vordere Loch des Fadenaustritts einstechen.
2. In das diagonal gegenüberliegende obere Loch von vorn einstechen.
3. Von hinten nach vorn in das untere Loch einstechen und Faden durchziehen.
4. Mit der Nadel von vorn in das jetzt diagonal gegenüberliegende Loch einstechen.
5. Jetzt werden die Schritte 2 bis 4 wiederholt.

7.4.5 Hexenstich

Ein Hexenstich wird für Borten oder Bordüren angewendet.

1. Von hinten mit der Nadel in den Stoff einstechen.
2. In das diagonal gegenüberliegende obere Loch von vorn, dann von hinten in das vordere parallele Loch einstechen und Faden durchziehen.
3. Mit der Nadel von vorn in das vom Anfang gezählte dritte untere Loch einstechen und gleich von hinten in das vordere parallele Loch einstechen.
4. Faden durchziehen.
5. Die Schritte 2 bis 4 wiederholen.

7.4.6 Kettenstich

Der Kettenstich bildet den Rahmen bei Motiven.

1. Von hinten mit der Nadel in den Stoff einstechen.
2. Mit dem Faden von vorn eine Schlaufe legen und mit der Nadel von vorn in den Ausgangspunkt stechen und ...
3. ... von hinten in das zweite Loch vom Ausgangspunkt durch die Schlaufe die Nadel führen.
4. Den Faden durchziehen.
5. Die Schritte 2 bis 4 wiederholen.

7.5 Verschlüsse

Verschlüsse erfüllen nicht nur eine Funktion, sondern zieren heutzutage zusätzlich das Kleidungsstück. Seitdem es Verschlüsse gibt, wurden sie immer weiterentwickelt und ihre Einsatzform hat sich immer wieder geändert. So werden jetzt an einer Jeans anstelle eines Reißverschlusses Knöpfe angebracht oder an Bettwäsche ist ein Reißverschluss anstelle von Knöpfen eingenäht.

Abb. 7.7 Verschiedene Knöpfe

7.5.1 Knöpfe annähen

Wie Knöpfe angenäht oder angebracht werden, ist abhängig vom Kleidungsstück und dem verwendeten Knopf.

1 Das Ende des Fadens mit einem Knoten sichern.

2 Der Stoff wird an der Stelle, an der der Knopf befestigt werden soll, in den Bruch gelegt. Von unten im Bruch mit der Nadel einstechen und durchziehen.

3 Der Knopf wird hinter den Bruch gelegt. Dabei ist die linke Seite des Knopfes zu sehen.

4 Mit der Nadel von vorn in das untere Loch des Knopfes einstechen und durchziehen.

5 Von hinten in das obere Loch des Knopfes einstechen.

6 Mit der Nadel durch den Bruch von vorn in das untere Loch des Knopfes einstechen.

7 Schritte 4 bis 6 drei- bis viermal wiederholen. Dabei sind zwischen Knopf und Stoff lockere Fäden zu sehen.

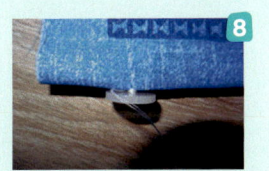

8 Die lockeren Fäden werden anschließend mit dem Faden umwickelt, sodass ein Stiel entsteht.

Druckknopf anbringen

1 Das entsprechende Sortiment gibt es als Set im Fachgeschäft oder in Drogeriemärkten zu kaufen.

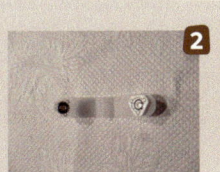

2 Für den Verschluss des Druckknopfes werden die ersten beiden oberen Teile aus Abb. 1 benötigt. Sie werden wie im Bild in die Vorrichtung gelegt.

3 Das Teil mit den Zacken muss auf der linken Seite des Stoffes platziert werden. Anschließend etwas eindrücken.

4 Die Vorrichtung schließen und kräftig mit einem Hammer draufschlagen.

5 Der Druckknopfverschluss von der linken und rechten Seite.

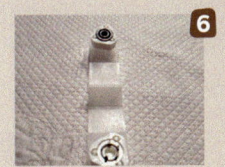

6 Jetzt werden die beiden unteren Teile aus Abb. 1 in die Vorrichtung gelegt.

7 Dabei ist darauf zu achten, dass das kleine Köpfchen des Teils nach unten in der Vorrichtung liegt. Das Teil mit den Zacken muss wie bei Abb. 3 liegen.

8 Die Vorrichtung schließen und kräftig mit dem Hammer draufschlagen.

9 Der Druckknopf von der linken und rechten Seite.

10 Der angebrachte Druckknopf.

GRUNDLAGEN DER HAUSWIRTSCHAFT

Jeansknopf anbringen

1	2	3	4	5
Das entsprechende Sortiment gibt es als Set im Fachgeschäft oder in Drogeriemärkten zu kaufen.	Den Schraubenkopf und den Jeansknopf in die Vorrichtung einlegen.	Die Vorrichtung so in der Jeans platzieren, dass die Schraube innen und der Jeansknopf außen liegt.	Die Vorrichtung umklappen und festhalten.	Abschließend kräftig mit einem Hammer draufschlagen.

7.5.2 Klettverschluss

Aufgrund seiner praktischen Handhabung wird der Klettverschluss in der Textilarbeit sehr häufig genutzt. Das Anbringen eines Klettverschlusses erfolgt durch Aufbügeln oder Annähen. Beim **Aufbügeln** entfällt eine zusätzliche Naht auf der sichtbaren (rechten) Seite. Der Verschluss ist außerdem schnell auf dem Textilstück angebracht.

1. Ein Klettverschluss besteht immer aus einem Haken- und einem Flauschband.
2. Die Klebefolie von beiden Bändern entfernen.
3. Jetzt die Bänder aufkleben.
4. Die Stoffteile auf links drehen und mit dem Bügeleisen fixieren.

7.6 Wir nähen selbst

In diesem Abschnitt soll es darum gehen, das Wissen und die Grundkenntnisse in der Textilverarbeitung an praktischen Beispielen auszuprobieren und umzusetzen. Dabei sind der Fantasie keine Grenzen gesetzt. Diese Beispiele zeigen aber auch Möglichkeiten, bewusster mit ›Ressourcen‹ umzugehen. Viele „alte" Textilien lassen sich gut weiterverarbeiten.

Umweltbewusst denken und handeln → S. 180

7.6.1 Mit Kindern gemeinsam nähen: Rucksack-Freizeitbeutel mit Tasche

Dieser Freizeitbeutel kann für alle Aktivitäten und für kleine Abenteuer genutzt werden. Die aufgenähte Tasche sorgt für zusätzlichen kleinen Stauraum.

Abb. 7.8 Rucksack-Freizeitbeutel

Anleitung Rucksack-Freizeitbeutel

1 Benötigte Materialien (Nahtzugabe ist mit eingerechnet)

2 Stoffteile A (für den Beutel): 43 × 41 cm
1 Stoffteil B (für die Tasche): 18 × 13 cm
2 Stoffteile C (für die Schlaufen): 12 × 4 cm
1 Klettverschluss 11 cm
2 Stück Kordel 1,25–1,50 m
(je nach Größe des Kindes)
Nähgarn, verschiedene Dekorationselemente

2 Markieren und Zuschneiden der Stoffteile

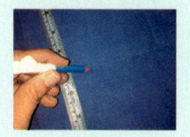

Als Erstes müssen die Stoffteile A, B und C auf die oben genannte Größe markiert und zuschnitten werden.

3 Nähen der Schlaufen

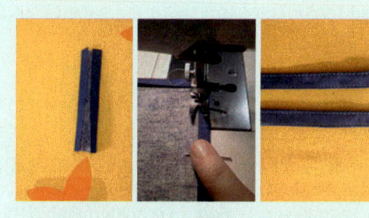

Für das Nähen der Schlaufen werden die Stoffteile C benötigt. Die beiden äußeren Längsseiten werden zur Mitte gelegt und danach aufeinandergeklappt. Für diesen Arbeitsschritt lässt sich das Bügeleisen sehr gut als Hilfsmittel nutzen. Abschließend beide Bänder knappkantig mit der Nähmaschine abnähen.

4 Anfertigen der aufgenähten Tasche

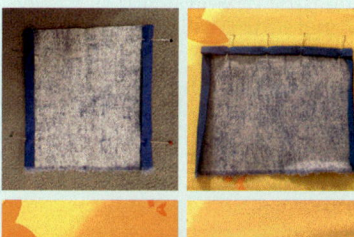

Hierzu wird das Stoffteil B benötigt. Zunächst werden die rechte und die linke Seite jeweils um 0,5 cm eingeschlagen und dann nochmals um 0,5 cm umgeschlagen. Anschließend wird der gleiche Arbeitsschritt für die obere und die untere Seite wiederholt. Damit alles hält, empfiehlt sich das Feststecken mit Stecknadeln. Anschließend wird nur die obere Seite knappkantig abgenäht. Jetzt kann gleich auf der oberen Seite die eine Hälfte vom Klettverschluss aufgebügelt werden. Dazu die Schutzfolie abziehen und den Verschluss auf den Stoff kleben. Zum Fixieren wird das Bügeleisen auf Stufe 2 gestellt und ca. drei bis vier Sekunden auf den aufgeklebten Klettverschluss gehalten.

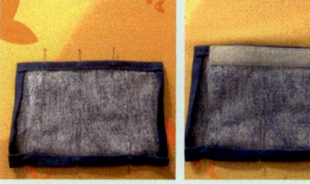

5 Aufnähen der Tasche

Ein Stoffteil A wird so hingelegt, dass man die rechte Seite sieht. Je nach Geschmack wird nun der zweite Teil des Klettverschlusses dort platziert, wo sich später die Tasche befinden soll. Jetzt kann die zweite Hälfte vom Klettverschluss mit dem Bügeleisen fixiert werden. Die Tasche C wird auf das Stoffteil A gelegt. Der Klettverschluss wird verschlossen. Zum Schluss werden die untere, die rechte und die linke Seite knappkantig abgenäht.

GRUNDLAGEN DER HAUSWIRTSCHAFT

Rechts-links-Naht → S. 135

füßchenbreit abnähen → S. 135

6 Nähen des Beutels – untere Seite

Für diesen Arbeitsschritt wird die ›Rechts-links-Naht‹ verwendet. Dazu beide Stoffteile A links auf links legen und stecken. Anschließend wird ›füßchenbreit abgenäht‹. Diese Naht wird ausgebügelt und beide Stoffteile rechts auf rechts aufeinandergeklappt. Das Abnähen des Randes erfolgt in einer Breite von 1,5 cm.

7 Nähen des Beutels – die Seitenteile

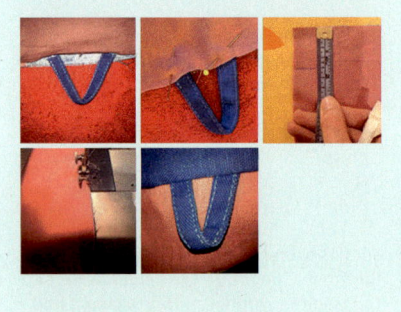

Begonnen wird auch hier links auf links. Die beiden Schlaufen werden mit einem Abstand von 5 cm von der unteren Seite in die rechte und linke Seite hineingesteckt und mit Stecknadeln befestigt. Von oben aus muss ein 4 cm breiter Streifen für den Tunnel frei gelassen werden. Jetzt kann füßchenbreit abgenäht werden. Den Beutel umdrehen und die Naht ausbügeln. Das Abnähen des Randes erfolgt mit 1,5 cm. Der Beutel wird wieder auf rechts gedreht.

8 Nähen des Beutels – der Tunnel

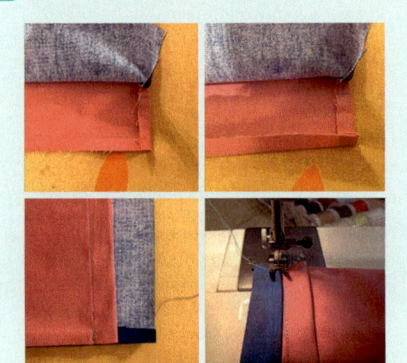

Für den Tunnel wird der vordere offene breite Streifen um 1 cm eingeschlagen und dann nochmals um 3 cm umgeschlagen. Dabei ist das Fixieren mit Stecknadeln hilfreich. Es kann füßchenbreit abgenäht werden. Diese Arbeitsschritte werden auch am hinteren offenen breiten Streifen durchgeführt.

9 Das Einfädeln der Kordel

Mithilfe einer Sicherheitsnadel fädelt man die erste Kordel durch beide Tunnel und anschließend durch die Schlaufe. Die erste Kordel kann verknotet werden. Beim Fädeln der zweiten Kordel wird von der anderen Seite begonnen, sodass man auf der gegenüberliegenden Seite herauskommt.

7.6.2 Das selbst genähte Muttertagsgeschenk

In diesem Abschnitt soll es darum gehen, eine Anregung zur Gestaltung eines Muttertagsgeschenks zu geben. Gerade an diesem Tag kann durch etwas Selbstkreiertes seine Dankbarkeit zum Ausdruck gebraucht werden.

Es werden folgende Materialien benötigt:
- 2 Stoffteile A (je nach Größe des Herzens)
- Füllstoff
- evtl. Zierband
- evtl. gesticktes Motiv

Abb. 7.9 Material

1. Zunächst Stoffteile A zuschneiden. Dabei beachten, dass der Stoff im Bruch liegt. Erst dann auf dem Stoff markieren und zuschneiden. Ca. 1,0 cm Nahtzugabe einrechnen.

2. Auf einem der Stoffteile A das Motiv auf der rechten Seite feststecken und mit der Nähmaschine (Einstellung Zickzackstich) befestigen.

3. Die beiden Stoffteile A rechts auf rechts legen.

4. Das Zierband zwischen beide Stoffteile legen. Darauf achten, dass die rechte Seite von Stoffteil A mit dem Motiv und die rechte Seite vom Zierband aufeinanderliegen. Am besten mit einem Heftfaden befestigen, damit das Zierband nicht verrutscht.

5. Jetzt wird füßchenbreit abgenäht. An der Seite eine kleine Öffnung lassen.

6. Das Kissen auf rechts drehen. Den Heftfaden entfernen und das Kissen mit dem Füllstoff befüllen. Jetzt mit kleinen, feinen Steppstichen die Öffnung zunähen.

Warum muss ich das für meinen Beruf wissen?

Grundkenntnisse über Textilien und deren Verarbeitungsmöglichkeiten eröffnen pädagogischen Fachkräften viele verschiedene Einsatzmöglichkeiten. Kennen Sie grundlegende Sticharten, können Sie z. B. schnell und unkompliziert Stofftiere oder Puppenkleidung reparieren. Die Kinder lernen dadurch, Dinge wertzuschätzen und Ressourcen zu schonen.

Außerdem lässt sich das Nähen in Form von Angeboten für ältere Kinder pädagogisch einsetzen. Gemeinsam mit den Kindern können alte Stoffreste gesammelt und verarbeitet werden. Der Umgang mit Nadel und Faden fördert die Feinmotorik und die Konzentration. Je nach Alter der Kinder kann auch die Nähmaschine eingesetzt werden. So hat die pädagogische Fachkraft die Möglichkeit, Kreativität mithilfe einer anderen Technik zu vermitteln.

Abb. 7.10 Muttertagsgeschenk in Form eines Dekorationskissens

8 BLUMEN PFLEGEN KÖNNEN

17. Mai

15:56 — Hallo, Binka, heute kam der kleine Matthias zu mir und wollte wissen, welche Blumen in unserem Garten wachsen. Mit meinem Wissen über Pflanzen und Blumen bin ich ganz schön ins Schleudern gekommen.

16:30 — Hallo, Tijen, oh, so würde ich aber auch reagieren. Meine Tante hat einen Blumenladen. Wollen wir da mal zusammen hingehen?

16:32 — Tolle Idee. Ich hatte auch schon daran gedacht, ein Blumenbuch zu besorgen.

Pflanzen, Blumen, Sträucher und Bäume haben eine besondere Wirkung auf uns Menschen. Besonders spürbar ist dieser Aspekt beim Übergang vom Winter in den Frühling. Sobald das erste Schneeglöckchen sichtbar ist, löst es gleich eine positive Grundstimmung aus. Nicht nur das, sondern sie strahlen auch Wohlbefinden, Behaglichkeit und Gemütlichkeit aus.

> **ZUM WEITERDENKEN** Neben der Umwandlung von Kohlendioxid in Sauerstoff stellen uns Pflanzen, Blumen, Sträucher und Bäume zusätzlich Rohstoffe für unser tägliches Leben zur Verfügung. Sie werden für Kleidung (z. B. Baumwolle), als Kraftstoff für Autos (z. B. Raps), in der Medizin (z. B. Fingerhut oder Tollkirsche), in der Kosmetik (z. B. Oliven- oder Kakaobaum), für Schreibmaterial oder Einrichtungsgegenstände (z. B. Bäume), Verpackungsmaterial (z. B. Mais, Weizen) oder für Nahrungsmittel (z. B. Getreide) benötigt.

8.1 Pflanzen in unseren vier Wänden

Zimmerpflanzen sorgen für ein gutes Raumklima. Außerdem können sie je nach Art Schadstoffe aus der Luft absorbieren. Die Vielfalt an Zimmerpflanzen ist sehr groß. Deshalb fällt die Auswahl sehr schwer. Eine Zimmerpflanze hat allerdings auch gewisse Bedürfnisse. Werden wir diesen nicht gerecht, wird sie optisch signalisieren, dass es ihr nicht gut geht.

8.1.1 Der richtige Einkauf

Noch vor dem ›Einkauf‹ müssen der Raum, der Standort und die Lichtverhältnisse im Raum, die Farbgebung des Raumes, die Größe des Raumes, die darin stehenden Einrichtungsgegenstände mit den Bedürfnissen der neuen Pflanze abgestimmt werden. Gerade weil so viele Aspekte zu berücksichtigen sind, sind spontane Einkäufe nicht empfehlenswert.

Einkauf → S. 54

Die passende Pflanze für jeden Raum

Raum	Erläuterung	Beispiele	Abbildung	
Flur	Da im Flur meist kein Fenster vorhanden ist, müssen Pflanzen verwendet werden, die mit wenig Licht auskommen.	Schusterpalme, Bogenhanf, Gummibaum, Fittonie, Drachenbaum, Strahlenaralie, Kokospalme, Efeuaralie, Bubikopf	Gummibaum	
Wohnzimmer	Im Wohnzimmer herrschen helle und warme Verhältnisse.	Hahnenkamm, Efeutute, Strelizia, Prozellanblume, Drachenbaum, Gummibaum, Aloe vera, Agave, Elefantenfuß, Dickblatt, Usambaraveilchen, Fleißiges Lieschen, Jasmin	Usambaraveilchen	
Schlafzimmer	Im Schlafzimmer sollte auf stark duftende Pflanzen verzichtet werden.	Bogenhanf, Kakteen, Zamioculas, Bubiköpfchen, Palmlilie, Purpurtute	Purpurtute	
Küche	Im Küchenbereich finden verschiedene Kräuter ihren Platz.	Petersilie, Dill, Schnittlauch, Basilikum, Thymian, Grünlilie, Efeutute, Fleißiges Lieschen	Thymian	
Kinderzimmer	Im Kinderzimmer sollte auf stark duftende, mit Dornen oder Stacheln versehene sowie giftige Pflanzen verzichtet werden.	Zyperngras, Grünlilie, Hibiskus, Osterkaktus	Hibiskus	
Bad	Durch die Wärme und hohe Luftfeuchtigkeit finden gerade tropische Pflanzen im Bad ein neues Zuhause.	Kokospalme, Orchideen, Zyperngras, Farne, Grünlilie, Bromelien, Fittonie, Stromanthie	Orchidee	

Tab. 8.1 Passende Pflanzen für bestimmte Räume

> **ZUM WEITERDENKEN** Es gibt nur wenige Zimmerpflanzen, die unter „nicht giftig" eingestuft werden. Zimmerpflanzen wie Amaryllis, Primel, Alpenveilchen, Wunderstrauch, Dieffenbachie, Birkenfeige, Baumfreund, Buntwurz, Klivie, Begonie oder Weihnachtsstern werden in die Kategorie giftig bis sehr giftig eingestuft. Sie können allergische Reaktionen auslösen, Durchfall verursachen und wirken schleimhautreizend. Deshalb ist zu empfehlen, sich vor dem Kauf immer mit den Pflanzen zu beschäftigen und Informationen einzuholen.

GRUNDLAGEN DER HAUSWIRTSCHAFT

Abb. 8.2 Braune Blätter sind ein Zeichen von kranken Pflanzen.

Pflanzen kaufen

Es lässt sich beim Kauf einer Pflanze schnell erkennen, ob sie gesund ist. Dazu sollten Sie folgendes beachten:

- Kaufen Sie Pflanzen im Fachgeschäft oder im Gartencenter.
- Kaufen Sie keine Pflanzen, die bereits kahle Stellen/Zweige, braune/gelbe Blätter oder verwelkte/wenige Blüten vorweisen.
- Schütteln Sie die Pflanze leicht. Dabei sollten sich nicht viele Blätter lösen.
- Inspizieren Sie die Pflanze auf Schädlinge oder Krankheiten. Meist sind sie unter den Blättern ersichtlich.
- Schauen Sie sich den Topfboden an. Wachsen dort bereits die Wurzeln heraus, ist diese Pflanze älter und muss nach dem Kauf sofort umgetopft werden.
- Eine gute Pflege erkennen Sie auch an der Feuchtigkeit der Erde. Sie sollte weder zu trocknen noch zu feucht sein.

8.1.2 Die Bedürfnisse von Zimmerpflanzen kennen

Jede Zimmerpflanze braucht für das Wachsen und Gedeihen Wasser, Licht, Nährstoffe, Luftfeuchtigkeit und Erde. Der Handel bietet beim Kauf der Pflanzen eine Pflegeanleitung an, auf der die Bedürfnisse der Pflanze beschrieben sind. Dort befinden sich folgende Angaben:

- Welchen Standort bevorzugt die Pflanze?
- Wie viel Wasser benötigt die Pflanze?
- Wie oft möchte sie gedüngt werden?
- Welchen Temperaturbereich verträgt sie?
- Muss die Pflanze verschnitten werden?
- Ist die Pflanze für innen oder außen oder beides geeignet?

Standort

Hierbei wird unterschieden, ob die Pflanze einen sonnigen, halbschattigen oder schattigen Platz braucht. Viele Pflanzen möchten einen sonnigen Platz, aber nicht die direkte Sonne und schon gar nicht die Mittagssonne. Auch gibt es bei Pflanzen Ruhephasen. Je nach Art der Pflanze muss dann der Standort entsprechend angepasst werden. Viele Zimmerpflanzen wachsen zur Lichtquelle. Um einen geraden Pflanzenwuchs zu gewährleisten, muss sie ab und zu gedreht werden.

Gießen

Der Wasserbedarf ist sehr unterschiedlich. Meist werden Zimmerpflanzen jedoch überwässert. Staunässe vertragen die wenigsten. Zyperngras mag es, im Wasser zu stehen. Orchideen reicht es allerdings, alle 14 Tage ein Tauchbad zu bekommen. Pflanzen mit behaarten Blättern (z. B. Usambaraveilchen) mögen es, von unten gegossen zu werden. Weiterhin bevorzugen die Zimmerpflanzen kalkarmes Wasser.

Düngen

Das Zeichen für das Düngen kann je nach Pflanze unterschiedlich aussehen. Über das Düngen erhält die Pflanze wieder wichtige Nährstoffe. Dabei wird im Handel Dünger in verschiedenen Formen (als Stäbchen, in flüssiger Form, in Pulverform) angeboten. Dünger in flüssiger Form ist in der Handhabung die einfachste Methode. Dabei kann der Dünger einfach mit ins Gießwasser gegeben werden. Bei allen Formen ist die Gebrauchsanweisung, insbesondere die Dosierung, einzuhalten.

Temperatur/Luftfeuchtigkeit

Pflanzen haben einen großen Einfluss auf die Luftfeuchtigkeit. Sie sind regelrechte Raumbefeuchter. Aber sie verstehen keinen Spaß, wenn die Temperatur und Luftfeuchtigkeit nicht auf sie abgestimmt sind. Ist die Raumtemperatur zu niedrig, stellen sie ihr Wachstum ein. Ist sie jedoch zu hoch, wachsen sie zu schnell und sehen dünn und kahl aus. Besonders Farne, Bromelien und Orchideen mögen eine hohe Luftfeuchtigkeit. In diesen Fällen können die Pflanzen zusätzlich mit lauwarmem, kalkarmem Wasser besprüht werden. Hingegen brauchen Kakteen eine geringe Luftfeuchtigkeit.

Weitere Pflegemaßnahmen

- **Schnittmaßnahmen** werden durchgeführt, um die Pflanzen wieder in Form zu bringen. Dabei ist immer oberhalb der Knospe zu kürzen. Wird sehr großzügig gekürzt, wird die Pflanze insgesamt kräftiger. Alle Schnittmaßnahmen sollten im Frühjahr stattfinden.
- **Blätterpflege:** Ein Muss für die Pflege von Zimmerpflanzen ist das regelmäßige Entfernen von verwelkten Blättern und das Entstauben der Blätter. Zum Reinigen von Pflanzen mit glatten Blättern empfiehlt sich der Sommerregen. Dazu die Pflanzen nach draußen stellen und sie berieseln lassen. Anschließend die Blätter mit einem Tuch trocknen. Die Reinigung kann auch unter der Dusche erfolgen. Um den Staub bei beharrten Blättern zu entfernen, wird ein weicher Pinsel verwendet.
- Eine weitere wichtige Pflegemaßnahme bei Pflanzen ist das **Umtopfen**. Das Umtopfen sollte etwa alle zwei Jahre durchgeführt werden. Der beste Zeitpunkt ist nach der Ruhephase, also ca. Ende April bis Mai (Frühjahr). Zum Umtopfen wird folgendes benötigt:
  - ein neuer Topf (1–2 Nummern größer)
  - frische Erde (am besten aus dem Fachhandel; gute Erde zerfällt in der Hand und wird nicht an der Topfoberfläche zu einer festen Kruste; die Erde muss der Pflanze entsprechend ausgewählt werden)
  - Drainage (dies können Tonscherben, Kies, kleine Steine oder Blähton sein)
  - eine flache Schaufel
  - evtl. Allzweckhandschuhe

1. Neuen Pflanztopf vorbereiten	2. Pflanze vom alten Topf trennen
Drainageschicht (z. B. kleine Steine) in den neuen Pflanztopf geben. Dazu muss der Boden bedeckt sein. Danach etwas neue Erde darauf geben.	Die Pflanze dicht an der Erde fassen und aus dem Topf lösen. Nicht mit Gewalt ziehen. Löst sie sich nicht, empfiehlt sich ein Tauchbad, mit einem Messer am Rand des Topfes entlangfahren oder den Topf aufschneiden. Möglichst nicht die Wurzeln der Pflanze beschädigen.
3. Pflanze bearbeiten	**4. Pflanze neu einsetzen**
Wurzeln leicht lockern und alte Erde etwas entfernen.	Die Pflanze mittig in den Topf stellen und mit Erde auffüllen. Die Erde andrücken und evtl. nochmals auffüllen. Der Wurzelballen sollte ca. 3 cm vom oberen Topfrand abschließen. Danach etwas angießen.

Tab. 8.3 Schritte beim Umtopfen von Pflanzen

8.1.3 Schädlinge an Zimmerpflanzen

Jeder kennt die Situation: Trotz guter Pflege werfen die Zimmerpflanzen ihre Blüten ab, lassen die Köpfe hängen, die Blätter fallen ab oder verändern sich. Dann wäre es zunächst sinnvoll, die Pflanze genauer zu betrachten. Einige Indizien sprechen dafür, dass sich Schädlinge angesiedelt haben. Hat sich der Verdacht bestätigt, muss abgeklärt werden, um welchen Schädling es sich handelt.

Häufig auftretende Schädlinge bei Zimmerpflanzen sind:
- **Blattläuse**; sie kommen z. B. beim Hibuskus vor. Hier sollte die Pflanze gründlich abgeduscht werden. Vorher sollte man den Topf wasserdicht einpacken. Das Besprühen mit Brennnesselsud kann hilfreich sein.
- **Spinnmilben**; sie kommen z. B. bei Zyperngras vor. Die Pflanze gründlich abduschen und in einer großen Plastiktüte dicht verschlossen für ca. drei Tage stehen lassen (Vorsicht Schimmelgefahr).
- **Schildläuse**; sie befallen z. B. den Gummibaum. Die Blätter können mit einer Alkohollösung oder ölhaltigen Mitteln (Teebaumöl) behandelt werden. Vorsicht ist geboten, die Blätter können diese Kur vielleicht nicht vertragen.
- **Trauermücke**; sie bevorzugt Pflanzen, die besonders großzügig gegossen werden. In diesem Fall die Pflanze umtopfen und von unten gießen. Staunässe ist zu vermeiden.
- **Thripse**; sie kommen z. B. bei Orchideen vor. Dabei sollte die Pflanze gründlich abgeduscht werden. Vorher sollte der Topf wasserdicht eingepackt sein. Auch ein Besprühen mit Brennnessel-, Zwiebel- oder Knoblauchsud sowie Neemöllösung kann helfen.
- **Springschwänze**; sie bevorzugen Pflanzen mit feuchter Erde. Den Topf ordentlich wässern, sodass die Schädlinge abgegossen werden können. Eine andere Möglichkeit wäre auch, die Pflanze einfach umzutopfen.

Abb. 8.4 Spinnmilben an Zyperngras

Abb. 8.5 Blattläuse auf einem Hibiskusblatt

Es handelt sich bei der Bekämpfung um Hausmittel bzw. Mittel, die selbst getestet wurden. Bei starkem Befall können sie möglicherweise nicht den gewünschten Erfolg bringen. In diesem Fall sollte der Fachhandel aufgesucht werden.

> **ZUM WEITERDENKEN** Auch im Garten siedeln sich Schädlinge an. Damit solche Schädlinge ferngehalten werden, bauen viele Gärtner sogenannte Mischkulturen an. Mischkulturen sind Nachbarschaften zwischen verschiedenen Pflanzen, die bestimmte Schädlinge auf natürliche Weise abwehren. Solche Mischkulturen sind beispielsweise: Zwiebeln und Möhren, Gurke und Dill, Bohnen und Bohnenkraut, Tomate und Basilikum, Rose und Lavendel, Brennnessel und Obstbäume, Ringelblume und Kartoffel.

8.2 Pflege von Schnittblumen

Jeder freut sich, wenn er einen Blumenstrauß bekommt oder auch verschenken kann. Doch damit die Freude länger anhält, benötigen die Blumen Zuwendung. Mit wenig Aufwand kann dies erreicht werden.

- Haben die Blumen einen längeren Transportweg vor sich, sollten Sie die Stängel in feuchter Küchenrolle oder Zeitungspapier einwickeln.
- Wenn Sie Blumen erhalten, kümmern Sie sich gleich um sie.
- Suchen Sie die passende Vasengröße (Höhe und Breite) für die Blumen aus.
- Die ausgesuchte Vase muss sauber sein.
- Füllen Sie die beigepackten Nährstoffe in die Vase.
- Lösen Sie die Nährstoffe mit Wasser auf.
- Die Wassertemperatur sollte ca. 30 °C betragen.
- Die Blumen sollten nochmals schräg mit einem Messer angeschnitten werden.
- Entfernen Sie wenn nötig die unteren Blätter der Blumen. Blätter dürfen nicht ins Wasser ragen.
- Wechseln Sie das Wasser alle zwei Tage.
- Schneiden Sie regelmäßig die Schnittfläche nach.
- Setzen Sie die Vase nicht der direkten Sonne oder Zugluft aus.

Abb. 8.6 Mit guter Pflege hat man länger Freude an Schnittblumen.

8.3 Pflanzenvielfalt in Natur und Garten

BEISPIEL Die sozialpädagogische Fachkraft Cindy betreut die Hortkinder. Anlässlich der Veranstaltung zum Mutter- und Vatertag haben die Kinder den Wunsch geäußert, ihrer Mama einen Wiesenstrauß zu pflücken. Dem Wunsch kommt die Fachkraft nach. Auf der Wiese verhalten sich alle Kinder unauffällig. Nach dem Verlassen der Wiese bemerkt die Fachkraft, dass sich Luisa ständig kratzt. In der Kindereinrichtung wieder angekommen, schaut sie gleich nach. Sie entdeckt an Luisas Armen und Beinen einen heftigen Ausschlag und informiert sofort die Leiterin.

Aus dem Beispiel lässt sich erkennen, dass es in der Natur einiges gibt, was bei Menschen gesundheitliche Probleme auslösen kann. Deutlich werden diese Probleme durch den im Frühling beginnenden Pollenflug. Dieser verursacht bei vielen Menschen durch die allergischen Reaktionen gesundheitliche Beeinträchtigungen.

Abb. 8.7 Einige Menschen reagieren allergisch auf Pollen.

8.3.1 Pflanzen und Blumen in den Jahreszeiten

Die folgende Übersicht soll einen kleinen Überblick darstellen, welche Pflanzen oder Blumen zu welcher Jahreszeit blühen und ob eine mögliche Gefahr besteht.

Frühling 20.03.–20.06.

Narzisse — Blaustern — Tulpe — Flieder

Zeitraum	Pflanze	Nicht giftig	Giftig	Mögliche Wirkungen
März–Mai	Narzissen		X	Erbrechen, Bauchkrämpfe, Schweißausbrüche
März–April	Blaustern		X	Übelkeit, starker Hustenreiz
März–Mai	Schlüsselblume	X		wird gegen Erkältung und Husten verwendet
März–April	Tulpe		X	Erbrechen, Bauchkrämpfe
April–Juli	Löwenzahn	X		gegen Verdauungsbeschwerden und Krämpfe, wirkt harntreibend
April–Mai	Dolden-Milchstern		X	Übelkeit, Erbrechen, Schwindelgefühl
Mai–Juni	Maiglöckchen		X	Übelkeit, Erbrechen, Schwindelgefühl
April–Oktober	Schöllkraut		X	Hautreizungen, Erbrechen, wird allerdings auch gegen Warzen eingesetzt
Mai–September	Spitzwegerich	X		wirkt gegen Erkältung, Husten und Hautentzündungen
Mai–Juni	Flieder	X		

Sommer 21.06.–22.9.

Ringelblume — Fingerhut — Eisenhut — Sonnenblume

Zeitraum	Pflanze	Nicht giftig	Giftig	Mögliche Wirkungen
Ende Mai/Juni–August	Pfingstrose		X	Erbrechen, Koliken, Durchfall
Juni–August	Lavendel	X		als Öl eine beruhigende, entzündungshemmende und antibakterielle Wirkung
Juni–Oktober	Ringelblume	X		hautberuhigend, entzündungshemmend
Juni–August	Fingerhut		X	Erbrechen, Übelkeit, Schwindelanfälle
Juli–September	Edelweiß	X		
Juli–August	Eisenhut		X	besitzt ein Herz-und Nervengift, Kribbeln der Finger, Koliken, Erbrechen, Durchfall
Juli–September	Brennnessel	X		lindert Blasen- und Prostatabeschwerden
Juli–Oktober	Sonnenblume	X		Kerne enthalten essenzielle Fett- und Aminosäuren, Öl beugt Zahnfleischbluten vor

Herbst 22.9.–21.12.

Dahlie  · Herbstanemone  · Herbstzeitlose  · Chrysantheme

Zeitraum	Pflanze	Nicht giftig	Giftig	Mögliche Wirkungen
Juli–November	Dahlie	X		
September–Oktober	Fette Henne	X		
August–Oktober	Herbstanemone	X		
September–November	Herbstzeitlose		X	Schluckbeschwerden, Brennen im Mundbereich, Krämpfe, Erbrechen, Kreislaufkollaps, Atemlähmung bis Tod
Juli–Oktober	Aster	X		
September–November	Chrysantheme	X		

Winter 22.12.–19.03.2016

Christrose  · Winterling  · Schneeglöckchen  · Märzenbecher

Zeitraum	Pflanze	Nicht giftig	Giftig	Mögliche Wirkungen
Dezember–Februar	Christrose		X	Durchfall, Schwindel, Herzklopfen
Februar–März	Winterling		X	Übelkeit, Erbrechen, Durchfall
Februar–März	Schneeglöckchen		X	Übelkeit, Erbrechen, Durchfall
Februar–März	Krokus		X	Übelkeit, Erbrechen
Februar–April	Märzenbecher		X	Erbrechen, Bauchschmerzen, Krämpfe
März–April	Hyazinthe		X	Magenbeschwerden bis Magenkrämpfe

ZUM WEITERDENKEN Die Pflanzenvielfalt in der Natur scheint riesengroß zu sein. Doch eine erschreckende und nüchterne Prognose zeigt die Rote Liste gefährdeter Pflanzen. Dort sind Pflanzen und Blumen aufgelistet, die vor einigen Jahren noch „als selbstverständlich" in der Natur zu finden waren. Solche Pflanzen oder Blumen sind beispielsweise: Sonnentau, Schlüsselblume, Arnika, Enzian, Eisenhut, Fingerhut, Windröschen, Märzenbecher, Schneeglöckchen, Wilde Tulpe, Seerose, Knöterich, Weidenröschen, Schachtelhalm, Bärlauch, Blaustern, weiße und gelbe Narzisse, Teufelskralle, Beifuß, Edelweiß, Christrose.

8.3.2 Rezepte aus der Natur

Ist man im Gespräch mit seinen Großeltern, erstaunt es einen, was sie alles aus der Natur verwendet haben. Der Trend, wieder in die Natur zu gehen und zu sammeln, im Garten wieder selbst Gemüse anzubauen oder einfach ein paar Kräuter auf dem Balkon zu säen, steigt. Mit den folgenden Rezepten wird die Natur mit ihrer Vielfalt etwas näher gebracht.

Löwenzahnhonig

Zutaten
400 g Löwenzahn
1,5 l Wasser
1,5 kg weißer Zucker
500 g brauner Zucker
2 Zitronen

Zubereitung
Den Löwenzahn bei Sonnenschein sammeln. Sofort Blüten von allen grünen Bestandteilen befreien. Die Zitronen in Scheiben schneiden. Wasser mit klarem Zucker in einen großen Topf geben und verrühren. Die Blüten und die Zitronenscheiben dazugeben. Den Topf über Nacht in den Kühlschrank stellen. Am nächsten Tag den Topf ca. 30 Min. kochen lassen. Anschließend den Sud durch ein Baumwolltuch geben. Den aufgefangenen Sud mit dem braunen Zucker vermischen und ca. 45 Min. kochen lassen. Dann eine Gelierprobe durchführen. Ist die gewünschte Konsistenz nicht erreicht, weiter kochen lassen. Den Honig in saubere Gläser füllen und gut verschließen.

Holunderblütengelee

Zutaten
je nach Größe ca. 15 Holunderblütendolden
2 Zitronen
1,5 l Saft (z. B. Apfel oder Birne)
500 g Geliermittel 3:1

Zubereitung
Holunderblütendolden kurz waschen und in eine große Schüssel geben. Zitronen in Scheiben schneiden und dazugeben. Alles mit Saft aufgießen. Die Schüssel im Kühlschrank für 3 Tage ziehen lassen. Den angesetzten Sud durch ein Baumwolltuch geben. Anschließend in einen Topf geben, Geliermittel unterrühren und alles (laut Anleitung auf dem Geliermittel) kochen lassen. Dann eine Gelierprobe machen. Ist die gewünschte Konsistenz nicht erreicht, weiter kochen lassen. Den Gelee in saubere Gläser füllen und gut verschließen.

Grüner Smoothie

Zutaten
2–3 Stängel Brennnessel
ca. 20 Blätter Sauerampfer
50 g Feldsalat
1 Avocado
200 g grüne Gurke
2 Äpfel
10 kernlose Weintrauben
1 EL Löwenzahnhonig (wahlweise Agavendicksaft)
Wasser

Zubereitung
Brennnessel, Sauerampfer und Feldsalat waschen und etwas klein zupfen. Gurke waschen und in grobe Stücke schneiden. Avocado waschen und den Kern entfernen. Anschließend in grobe Stücke schneiden. Weintrauben waschen. Äpfel waschen, das Kerngehäuse entfernen und in grobe Stücke schneiden. Zunächst die Früchte, dann die restlichen Zutaten, bis auf den Honig, in einen leistungsstarken Mixer geben und zerkleinern, bis eine sämige Masse entstanden ist. Evtl. mit Honig abschmecken. Zum Schluss mit Wasser auffüllen. Smoothie in Gläser füllen und sofort servieren.

Tab. 8.8 Rezepte aus der Natur

8.4 Blumenpflege mit Kindern durchführen

Mithilfe von Pflanzen und Blumen lässt sich die Natur in unsere Räume bringen. Sie beleben diese und bereiten uns Freude. Dass Pflanzen allerdings nicht von allein wachsen, sondern ausreichend Pflege benötigen, sollte auch Kindern vermittelt werden. Praktisch lässt sich dies z. B. folgendermaßen umsetzen:

- Gießen Sie gemeinsam mit den Kindern die Pflanzen der Einrichtung. Hierzu können Sie immer einen Verantwortlichen bestimmen oder mehreren Kindern eine bestimmte Pflanze zuteilen. Mithilfe eines Gießplanes können Sie die Gießzeiten visualisieren. So lernen die Kinder Selbstständigkeit.
- Legen Sie wenn möglich im Außenbereich ein Beet oder eine Kräuterspirale an. Zusammen mit den Kindern können Sie die Pflanzen oder Kräuter beim Wachsen beobachten und danach als Dekoration in der Einrichtung verwenden. Achten Sie darauf, nur ungiftige Pflanzen auszusäen.
- Topfen Sie Pflanzen mit den Kindern um.
- Vermitteln Sie während Spaziergängen immer wieder, welche Pflanzen giftig und welche ungiftig sind.
- Veranstalten Sie Ausflüge, z. B. in eine Gärtnerei.

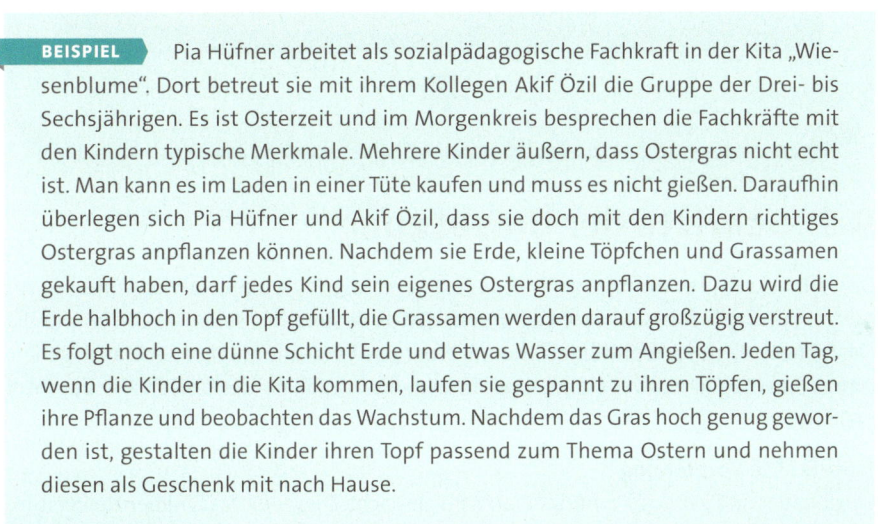

Abb. 8.9 Kinder können in die Blumenpflege prima einbezogen werden.

BEISPIEL Pia Hüfner arbeitet als sozialpädagogische Fachkraft in der Kita „Wiesenblume". Dort betreut sie mit ihrem Kollegen Akif Özil die Gruppe der Drei- bis Sechsjährigen. Es ist Osterzeit und im Morgenkreis besprechen die Fachkräfte mit den Kindern typische Merkmale. Mehrere Kinder äußern, dass Ostergras nicht echt ist. Man kann es im Laden in einer Tüte kaufen und muss es nicht gießen. Daraufhin überlegen sich Pia Hüfner und Akif Özil, dass sie doch mit den Kindern richtiges Ostergras anpflanzen können. Nachdem sie Erde, kleine Töpfchen und Grassamen gekauft haben, darf jedes Kind sein eigenes Ostergras anpflanzen. Dazu wird die Erde halbhoch in den Topf gefüllt, die Grassamen werden darauf großzügig verstreut. Es folgt noch eine dünne Schicht Erde und etwas Wasser zum Angießen. Jeden Tag, wenn die Kinder in die Kita kommen, laufen sie gespannt zu ihren Töpfen, gießen ihre Pflanze und beobachten das Wachstum. Nachdem das Gras hoch genug geworden ist, gestalten die Kinder ihren Topf passend zum Thema Ostern und nehmen diesen als Geschenk mit nach Hause.

Warum muss ich das für meinen Beruf wissen?

Blumenpflege als Element der Hauswirtschaft ist wichtig für sozialpädagogische Fachkräfte, da sie die Umgebung, in der sich die Kinder täglich aufhalten, nur mit bestimmten Pflanzen dekorieren können. Dazu gehört auch die richtige Pflege, um der Pflanze ihre optimalen Lebensbedingungen geben zu können. Kinder bei diesen Tätigkeiten einzubeziehen, fördert ihr Verständnis für die Natur und deren Prozesse. Auch lassen sich mithilfe einfacher Methoden leckere Produkte aus pflanzlichen Rohstoffen herstellen. Außerdem muss eine Fachkraft über giftige und ungiftige Pflanzen Bescheid wissen, um beim Aufenthalt im Freien oder bei Ausflügen die Sicherheit der Kinder nicht zu gefährden.

9 FESTE UND FEIERTAGE GESTALTEN

9. März

10:45 — Hallo, Binka, du hattest zu deiner Geburtstagsfeier eine so tolle Dekoration. Wo kann ich die kaufen?

10:47 — Hallo, Tijen, die habe ich nicht gekauft, sondern aus Naturmaterialien selbst gemacht. Was für eine Party willst du denn veranstalten?

10:50 — Ich weiß noch nicht so richtig, welches Motto ...

10:52 — Na, dann komm doch mal vorbei und wir planen etwas!

9.1 Schritte der Umsetzung

KP Jahreskalender → S. 559

Der ›Jahreskalender‹ umfasst zahlreiche Feste und Feiertage, die viele Möglichkeiten zur Ausgestaltung bieten. Ein Fest soll immer etwas Besonderes sein. Die Gäste und die Gastgeber sollen sich wohlfühlen und mit einer positiven Stimmung nach Hause gehen. Damit dies möglichst gut gelingt, müssen folgende Stufen bei der Umsetzung beachtet werden:

1. Stufe: Die Vorplanung
Ein genauer und gut strukturierter Plan wird gemacht. Dieser umfasst neben der Bestimmung von Ort und Zeit das Verfassen der Einladung, die Kalkulation des Festes, das Schreiben einer Einkaufsliste, das Festlegen der Grunddekoration und ggf. des Mottos, das Erstellen einer Gästeliste, sammeln von Ideen und Festlegung eines Verantwortlichen.

2. Stufe: Die Vorbereitungen
Der Plan wird umgesetzt. Dazu zählen alle Tätigkeiten, die im Vorfeld ausgeführt werden, z. B. das Einkaufen, das Zubereiten von Speisen, das Schmücken des Raumes und der Tische.

3. Stufe: Die Durchführung
Die Durchführung umfasst alle Tätigkeiten, die am Tag der Feierlichkeit stattfinden.

4. Stufe: Die Nachbereitung
Das Fest wird ausgewertet. Neben dem Aufräumen, zählen das Reflektieren und Austauschen von Erfahrungen zu wichtigen Punkten der Nachbereitung. Nur so können Verbesserungen für zukünftige Feierlichkeiten abgeleitet werden.

9.2 Die Vorplanung

Eine gute Vorplanung beginnt immer mit der Frage: Wer ist der Verantwortliche? Bei größeren Festen in pädagogischen Einrichtungen z. B. bietet es sich an, einen Stellvertreter festzulegen, falls der Hauptverantwortliche ausfällt. Bei einem kleineren Fest wie z. B. einer Geburtstagsfeier können Helfer notiert werden, die sich zur Unterstützung anbieten. Danach ist es sinnvoll, den Tag, Ort und die Uhrzeit zu bestimmen. Im nächsten Schritt ist das Verfassen einer Gästeliste notwendig, da sich darauf die ›Kalkulation‹ der Getränke und des Essens sowie die Raumauswahl beziehen.
Sind diese Rahmenbedingungen geklärt, kann mithilfe eines ›Brainstormings‹ ein Motto gefunden und die grobe Ausgestaltung festgelegt werden. Die Dekoration sowie die Einkaufsliste beziehen sich dann darauf.

Kalkulation
alle Kosten werden notiert und dem zur Verfügung stehenden Geld gegenübergestellt

Brainstorming
Methode zur Ideenfindung, bei der alle Ideen stichwortartig notiert und zusammengetragen werden

> **BEISPIEL** In der Kita „Kinderkiste" soll ein Indianerfest stattfinden. Das Motto ist „Winnetou und seine Freunde". Es sollen verschiedene Spiel-Stationen gestaltet werden. Der Vater von Sina Zhao will ein Pferd von seinem Reiterhof mitbringen. Die Mutti von Pascal Hanke möchte mit den Kindern Stockbrot backen.

Im nächsten Schritt kann die erste Kalkulation aufgestellt werden. Daran orientiert sich, wie viel Geld für weitere Ideen vorhanden ist oder ob an bestimmten Stellen gespart werden muss. Sind die finanziellen Mittel gering oder müssen Einnahmen erfolgen, um Kosten decken zu können, bieten sich folgende Möglichkeiten an:
- Die Gestaltung eines Kuchenbasars, dessen Erlös dem Fest zugutekommt.
- Der Verkauf von Losen für eine Tombola. Als Preise hierfür können Werbegeschenke dienen.
- Das Mitbringen oder Verkaufen von Speisen und Getränken.
- Dekorationen können selbst gestaltet werden.

Ist die Grobplanung formuliert, sollten als Erstes mithilfe einer ›ABCD-Analyse‹ die wichtigsten Aufgaben festgelegt werden. Das Verfassen und Anfertigen der Einladungen ist z. B. immer eine Aufgabe mit oberster Priorität.

ABCD-Analyse → S. 193

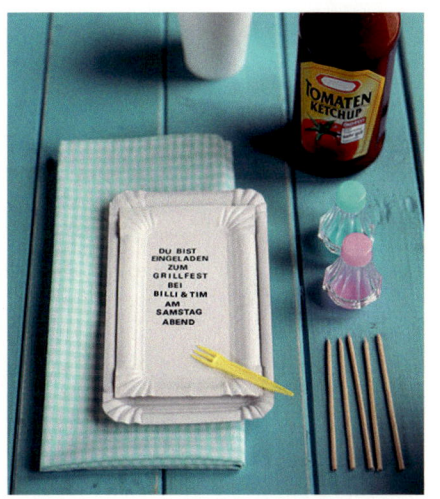

Abb. 9.1 und 9.2 Das Anfertigen von passenden Einladungskarten für ein geplantes Fest kann viel Spaß machen.

Die Einladung

Die Gestaltung eines Festes umfasst nicht nur das Fest an sich, sondern beginnt bereits vorher bei der Gestaltung der Einladung. Diese sollte folgende Inhalte umfassen:

- Tag, Beginn und ggf. auch Ende bei z. B. einem Kinderfest in der Kita (von ... bis ...), damit die Gäste einen Richtwert haben, wenn sie später kommen wollen
- Ort
- Motto (wenn vorhanden)
- Kontaktdaten des Ansprechpartners (eignet sich für Feste, bei denen Hilfe bei der Organisation gewünscht ist, z. B. einer Hochzeit oder einem Sommerfest)
- besondere Hinweise (z. B. bei einer Motto-Party sollte noch einmal darauf hingewiesen werden, wenn spezielle Kleidung erwünscht ist)
- Anfahrtskizze (ist immer nötig, wenn Straßen gesperrt sind oder der normale Zufahrtsweg nicht genutzt werden kann)
- bis wann und wie die Rückmeldung erfolgen soll

> Die Einladung sollte nicht nur Daten enthalten, sondern auch ansprechend gestaltet sein, z. B. mit einem Foto oder Bild. Hier empfiehlt es sich, die Gestaltung dem Motto oder Titel anzupassen.

Werden für verschiedene Aktivitäten Helfer benötigt, z. B. für das Eindecken oder das Aufräumen, ist es sinnvoll, diese auf eine Personenanzahl zu begrenzen, da zu viele Helfer zu unnötigem Chaos führen können.

9.3 Die Vorbereitung

Sind die Planungen abgeschlossen, beginnt die Phase der Vorbereitung. Dazu zählen z. B. das ›Einkaufen‹ gehen, das Decken des Tisches sowie das ›Dekorieren‹ der Räumlichkeiten. Auch bei der Inanspruchnahme von Dienstleistungen, z. B. bei der Buchung eines Show-Acts oder Caterings, ist es wichtig, sich kurz vor dem Fest noch einmal abzusprechen.

Einkaufen → S. 54
festliches Dekorieren → S. 161

9.3.1 Die fünf Kriterien eines festlich gedeckten Tisches

Zu einer Festlichkeit stellt der gedeckte Tisch einen zentralen Punkt dar. Darüber hinaus verrät der Tisch sehr viel über den Gastgeber. Er präsentiert seinen Geschmack in Form des Einsatzes der entsprechenden Farben, Auswahl des Dekors an Geschirr, Gläsern und Besteck. Damit das Fest ein voller Erfolg wird, sollten die einzelnen Elemente oder Accessoires auf dem Tisch aufeinander abgestimmt sein:

- der Tisch
- die Tischwäsche
- das Tischgedeck
- die Serviettenform
- der Tischschmuck

Abb. 9.3 Festlich gedeckter Tisch

Der Tisch

Die Anzahl der geladenen Gäste ist der entscheidende Faktor bei der Auswahl des Tisches. Wird eine größere Gästeanzahl erwartet, können Tische zusammengeschoben werden. Somit entsteht eine Tafel. Als Richtwert sollte ein Platzbedarf von 70 bis maximal 80 cm bei einem Erwachsenen berechnet werden. Je nach Größe des Raumes, Anzahl der Gäste, Anlass der Feier und evtl. Motto entscheidet man sich für eine bestimmte Tafelform. Dabei müssen die Tische exakt ausgerichtet sein. Damit sich die Gäste beim Aufstehen oder Hinsetzen nicht gegenseitig stören, sollte zwischen den Reihen ein entsprechender Abstand eingehalten werden. Sollte während der Aufstellung ein kippelnder Tisch bemerkt werden, kann man eine Kork- oder Vliesscheibe unter das entsprechende Tischbein kleben.

Die Tischwäsche

Bevor die Tischdecke aufgezogen wird, muss der Tisch gründlich abgewischt und abgetrocknet werden. Um den Tisch zu schützen, das Geschirr geräuscharm abzustellen und ein Verrutschen der Tischdecke zu verhindern, empfiehlt sich, ein Moltontuch unter die Tischdecke zu legen. Um dem festlichen Anlass eine besondere Note zu verleihen, sollte die Tischdecke aus Baumwolle, Leinen oder Halbleinen bestehen. Eine Tischdecke sollte ca. 15–20 cm über den Tisch ragen: Wenn ein Tisch die Maße von 80 × 80 cm hat, müsste eine Tischdecke mit den Maßen 110 × 110 cm oder 120 × 120 cm verwendet werden. Ist ein Tischläufer vorgesehen, muss er mit den Accessoires und dem Geschirr harmonisieren. Wird ein Kindergeburtstag ausgestattet, sind eher bunte Tischdecken, die zusätzlich abwaschbar sind, zu empfehlen.

> **ZUM WEITERDENKEN** Wenn eine Tafel gestellt wird, sollte jeder Tisch seine eigene Tischdecke erhalten. Beim Aufziehen der Tischdecken sollte darauf geachtet werden, dass sie im Sichtbereich alle gleich lang sind. Somit wird das Gesamtbild der Tafel nicht zerstört.

Beim Aufziehen der Tischdecke sollte der Mittelbruch genau in der Mitte des Tisches liegen. Aus hygienischer Sicht sollte auf ein Glattstreichen der Decke verzichtet werden. Anschließend werden die Ecken der Tischdecke abgekantet. Ein Tischläufer oder Mitteldecken können der Tafel einen letzten Schliff verleihen. Die entsprechende Farbe und das Muster müssen zum Tischgedeck und zu anderen Dekorationselementen passen.

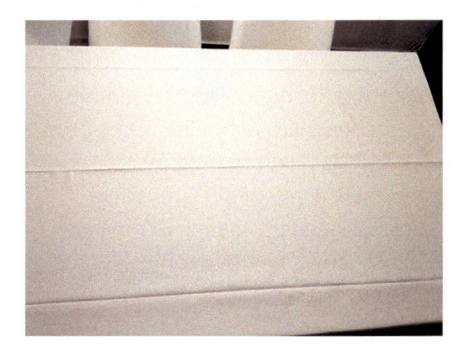

Abb. 9.4 Mittelbruch einer Tischdecke

Abb. 9.5 Abgekantete Ecke einer Tischdecke

> Beim Eindecken eines Tisches oder der Tafel wird zuerst der Blumenschmuck platziert. Erst dann wird das Tischgedeck eingedeckt.

Das Tischgedeck

Unter einem Tischgedeck wird verstanden, dass ein Gast mit Geschirr, Besteck, Gläsern, Serviette und anlassentsprechendem Tischschmuck zu einer bestimmten Menüfolge ausgestattet wird.

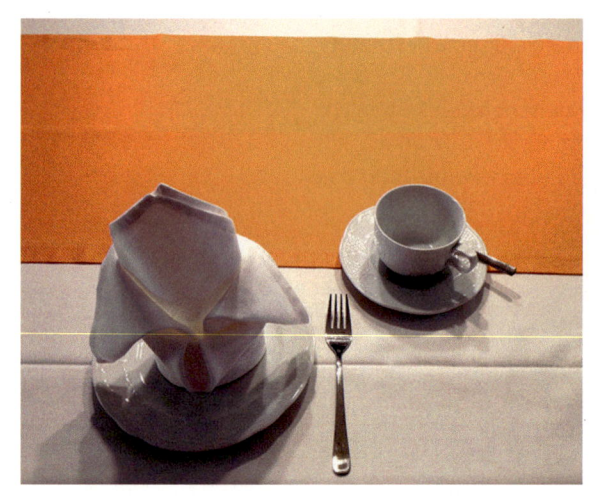

Abb. 9.6 und 9.7 Beispiele für ein Grundgedeck zum Kaffeetrinken und zum Mittagessen

Für das Eindecken gibt es folgende Regeln:
- Durch die Platzierung des Tellers oder Platztellers wird die Gedeckmitte oder das Zentrum des Tischgedeckes bestimmt.
- Dabei wird der Teller einen Daumen breit von der Tischkante entfernt eingedeckt. (Dieser daumenbreite Abstand wird auch Grundlinie genannt.)
- Werden Brot oder Salatbeilagen zum Menü gereicht, steht dieser Teller links. Dabei steht er auf der Grundlinie. Das evtl. Brotmesser liegt auf dem Teller rechts mit der Schneide nach links.
- Danach wird das Besteck eingedeckt. Die Gabel liegt links, das Messer rechts, die Messerschneide zeigt nach innen und der Löffel kommt neben das Messer.
- Das Besteck liegt dabei auf der Grundlinie.
- Zwischen den Besteckteilen und dem Teller ist ein Abstand von 1 cm einzuhalten.
- Das Dessertbesteck liegt oberhalb des Tellers. Dabei liegt die Dessertgabel näher zum Teller als der Dessertlöffel. Der Griff der Dessertgabel zeigt nach links und vom Dessertlöffel nach rechts. Wenn später beide Besteckteile nach unten gezogen werden, liegt das Dessertbesteck gleich so, dass der Löffel rechts und die Gabel links platziert werden können.
- Beim Eindecken von Gläsern gibt es ein sogenanntes Richtglas. Die Messerlinie und die Mittellinie durch das Dessertbesteck ergeben einen Schneidepunkt. Dort wird das Richtglas platziert. Das Richtglas ist meist das Hauptgangglas.
- Bei Kaffee wird die Kuchengabel links eingedeckt. Sie liegt auf der Grundlinie.
- Beim Kaffee steht die Kaffeetasse auf einer Untertasse rechts neben dem Mittelteller. Dabei zeigt der Henkel der Kaffeetasse in 45° zum Gast. Der Löffel liegt parallel rechts neben dem Henkel.
- Beim Frühstück wird der Eierbecher links oberhalb des Tellers eingedeckt.
- Zum Schluss folgt die Platzierung der Serviette, Tischkarte und evtl. Menükarte.

> Werden mehrere Gänge angeboten, liegt das Besteck so, dass der Gast es von außen nach innen verwendet.

Die Serviettenform

In erster Linie erfüllen Servietten einen hygienischen Aspekt. Durch bestimmte Falttechniken erfüllen sie auch einen dekorativen Zweck. Hier gilt: so wenig wie möglich falten. Dabei bleibt der hygienische Hintergrund bewahrt. Bevor eine Serviette gefaltet wird, sollten die Hände gründlich gewaschen und abgetrocknet werden.

Die nachfolgenden Faltbeispiele lassen sich für ein Frühstück, das Kaffeetrinken oder ein Mittagessen umsetzen. Dabei lassen sich die kleineren Serviettenformen eher für Frühstück und Kaffee verwenden und die größeren Formen für das Mittagessen.

Abb. 9.8 Einfacher Tafelspitz

Abb. 9.9 Doppelter Tafelspitz

Abb. 9.10 Lilie

Hier finden Sie Anleitungen zum Serviettenfalten:

www.dekoration.de/servietten/falten
www.tafeldeko.de/servietten.html
www.duni.com

> Produkte
> Servietten

Abb. 9.11 Fächer

Der Tischschmuck

Der Tischschmuck unterstreicht den Anlass der Feier. Dabei kann die Farbe sehr dominieren. Sie sollte mit dem Gesamtbild stimmig sein und es sollten nicht mehr als drei Farben miteinander kombiniert werden. Beim Tischschmuck gilt: „Weniger ist mehr." Der Gastgeber muss im Vorfeld für sich entscheiden, welchen Tischschmuck er einsetzen möchte.

> **ZUM WEITERDENKEN** Bei der Auswahl des Tischschmuckes eines Kindergeburtstages sollte darauf geachtet werden, dass dieser dem Alter entsprechend geeignet ist und zum Thema der Feier passt.

Am Hauptpunkt der Tafel, an dem die Ehrengäste ihren Platz finden, kann der **Blumenschmuck** auffallend üppig sein. Danach kann die restliche Tafel mit kleinen Blumengestecken, Sträußen, einzelnen Blüten, Blütenblättern, Blattranken, Steinen, Bändern usw. dekoriert werden. Der Fantasie sind keine Grenzen gesetzt. Es muss aber darauf geachtet werden, dass der Blumenschmuck noch genügend Platz für das Essen, das Tischgedeck und den Servierablauf bietet. Darüber hinaus darf der Tisch nicht überladen wirken. Auch spielt die Höhe des Blumenschmuckes eine Rolle. Dieser darf auf keinen Fall zu hoch sein, sodass die Gäste bei der Konversation nicht gestört werden.

Abb. 9.12 Blumenschmuck einer Hochzeitstafel

GRUNDLAGEN DER HAUSWIRTSCHAFT

Bei einer Feierlichkeit dürfen **Kerzen** nicht fehlen. Sie strahlen Gemütlichkeit aus. Im Vorfeld ist darauf zu achten, dass sie einen sicheren Stand haben und mit einer feuerfesten Schale ausgestattet sind. Zur Sicherheit sollte der Docht ca. 1,5 cm lang sein. Damit wird gewährleistet, dass sie nicht rußen. Beim Aufstellen der Kerzen auf den Tisch oder der Tafel müssen sie so eingedeckt werden, dass sie nicht mit anderen Dekorationselementen in Kontakt kommen. Die Kerzen sollten auf keinen Fall den Blickkontakt zu den anderen Gästen stören oder blenden. Während der Feier sollten die Kerzen nicht der Zugluft ausgesetzt und nie unbeaufsichtigt sein.

> **ZUM WEITERDENKEN** Immer wieder wird kontrovers diskutiert, ob Kerzen in pädagogischen Einrichtungen verwendet werden oder nicht. Doch wie sollen Kinder mit Feuer, Kerzen und Streichhölzern umgehen können, wenn es nicht praktiziert wird? Deshalb sollte der Umgang dieser Dinge im Alltag eingeübt werden. Nur wenn Kinder unter Aufsicht lernen, mit Kerzen, Streichhölzern usw. umzugehen, können sie selbstsicher werden und einen bewussten Umgang mit Feuer haben. Wenn mit Kindern das Anzünden von Kerzen geübt wird, sollte immer eine sozialpädagogische Fachkraft dabei sein. Sie muss im Vorfeld darauf achten, dass die Kerzen sicher stehen, und lange Streichhölzer sowie eine feuerfeste Unterlage bereitlegen. Nie sollte man Kinder mit brennenden Kerzen allein lassen. Auch die Materialien sollten außer Reichweite der Kinder gelagert werden.

Abb. 9.13 Kinder beim Auspusten von Kerzen nicht unbeaufsichtigt lassen!

Mit dem Einsatz von **Tischkarten** wird eine zusätzliche persönliche Atmosphäre für die Gäste geschaffen. Liest ein Gast auf einer Tischkarte seinen Namen, weiß er sofort, wo er sitzen soll. Dabei greift der Gastgeber in die Tischordnung ein. Denn er bestimmt, welche Gäste sofort Kontakt miteinander haben. Tischkarten sind bei größeren Feiern besonders empfehlenswert. Auch bei Kindergeburtstagen mit mehreren Kindern empfiehlt sich eine Tischordnung. Dadurch wird im Vorfeld die Tischordnung der Kinder vorgenommen und es entstehen weniger Streitigkeiten. Werden beispielsweise Kindergartenkinder eingeladen, kann man die Tischkarten mit den Lieblingssymbolen, Motiven oder einem Foto der kleinen Gäste verzieren.

Abb. 9.14 Tischkarte auf einer Weihnachtstafel

> **ZUM WEITERDENKEN** Auch bei pädagogischen Veranstaltungen können Tischkarten sehr hilfreich sein. Beispielsweise können neue Elternteile bei Eltern, deren Kinder länger in der Einrichtung sind, platziert werden und somit in Kontakt treten. Dieser Vorteil der Tischkarten kann auch genutzt werden, wenn bei Kindern ähnliche Problematiken durch die sozialpädagogische Fachkraft festgestellt wurden und Eltern sich bewusst austauschen sollen.

Eine **Menükarte** dient den Gästen zur Orientierung der Menüabfolge. Sie beinhaltet, wie viele Gänge das Menü vorsieht, welche Lebensmittel darin verarbeitet wurden und welche Getränke zu welchem Gang vorgesehen sind. Eine Menükarte macht nur Sinn, wenn mehrere Gänge angeboten werden.

> **ZUM WEITERDENKEN** Zu Feierlichkeiten, bei denen Speisen und Getränke an verschiedenen Ständen angeboten werden, ist es vorteilhaft, eine Karte mit dem Angebot gut sichtbar für alle Gäste auszuhängen. Ein Übersichtsplan mit der Kennzeichnung, wo die Verpflegungsstände zu finden sind, empfiehlt sich bei Festen in großen Gebäuden oder auf großen Flächen.

9.3.2 Festliches Dekorieren

Ein Fest wird erst durch die richtige Dekoration zu dem, was es sein soll. Dadurch entwickeln sich die Stimmung und der Wohlfühleffekt. Vor allem bei Motto-Partys darf die Dekoration nicht fehlen, da sonst das Thema nicht übermittelt werden kann. Auch bei jahreszeitlichen Festen sollten entsprechende Dekorationselemente genutzt werden. Vorteilhaft ist ein einheitliches Dekorationskonzept. Das heißt, die Farben, Blumen, Naturmaterialien und Dekorationselemente sollten zusammenpassen. Außerdem gilt auch hier der Grundsatz: „Weniger ist mehr." Eine zu überladene Ausgestaltung kann erdrückend wirken.

> **BEISPIEL** In Vorbereitung auf das Herbstfest haben die Kinder im Wald zahlreiche Stöcke, Steine, Blätter, Kastanien, Eicheln und Nüsse gesammelt. Damit es nicht zu überladen wird, wählen die pädagogischen Fachkräfte zusammen mit den Kindern jeweils zwei Materialen für die Tischdekoration aus. Die restlichen gesammelten Schätze werden für zukünftige Bastelarbeiten aufbewahrt.

Abb. 9.15 Auch aus Naturmaterialien lassen sich schöne und kostengünstige Tischdekorationen herstellen.

> Gekaufte Dekorationen sind sehr kostenintensiv. Aus diesem Grund können besondere Akzente auch mit Dekorationen aus Naturmaterialien gesetzt werden. Diese lassen sich sehr gut mit Kindern sammeln, verarbeiten bzw. gestalten.

GRUNDLAGEN DER HAUSWIRTSCHAFT

Dekorationsmöglichkeiten

So zahlreich die Feste und Feiertage sind, so zahlreich sind auch die Dekorationsmöglichkeiten. Bei jedem Fest kommt es natürlich auf das individuell gewählte Motto an. Hat beispielsweise das geplante Sommerfest das Motto „Pirateninsel", sollten Dekorationselemente wie z. B. Piraten und Schatztruhen dazu genutzt werden.

Die nachfolgende Übersicht zeigt Möglichkeiten von Dekorationselementen für verschiedene Feierlichkeiten.

Jahreszeit	Fest	Empfohlene Dekorationselemente
Frühling	Ostern	Osterhasen, Ostereier, Ostergras, Küken, Karotten, Schmetterlinge, Frühblüher
	Frühlingsfest	Tulpen, Maikäfer, Grashüpfer, blühende Zweige, z. B. Weidenkätzchen oder Kirsche
	Muttertagsfest	Herzen, Rosen, Girlanden, z. B. mit Fotos
	Kinderfest	Luftballons, Luftschlangen, Luftrüssel, Partyhüte
Sommer	Neptunfest	Fischernetze, Fische, Boote, Dreizack
	Indianerfest	Zelte, Federn, Pferde, Feuer, Stöcke, Steine
	Sommerfest	Blumen, Girlanden, Schmetterlinge, Bienen, Muscheln, Palmen, Kokosnüsse, Sonnenschirme, Sand
	Zuckertütenfest	Zuckertüten, Buchstaben, Buntstifte, Tafel und Kreide
Herbst	Erntedankfest	verschiedene Arten von Obst und Gemüse, z. B. Äpfel, Birnen, Kürbisse, Zucchini, Mais Getreide, Blätter, Kastanien, Eicheln, Nüsse, Sonnenblumen, Hagebutten
	Drachenfest	Drachen, Laternen, Stroh
	Halloweenfest	Kürbisse, Gruselgestalten, z. B. Hexen, Spinnen, Spinnennetze, Fledermäuse, Gespenster, Knochen
	Martinsfest	Lampions, Gänse
Winter	Weihnachtsfest	Weihnachtsbäume, Weihnachtsmänner, Engel, Schneemänner, Schneeflocken, Sterne, Perlen, Weihnachtkugeln, Kerzen, Rentiere, Nüsse, Geschenke, Lichterketten, Pyramiden, Nussknacker, Jutesäcke, Tannenzapfen, Eiszapfen
	Faschingsfest	Luftschlangen, Luftballons, Konfetti, Girlanden, Luftrüssel, Leuchtbänder

Tab. 9.16 Dekorationsmöglichkeiten für verschiedene jahreszeitliche Feste

> **ZUM WEITERDENKEN** Die Dekoration bei Geburtstagen ist immer den individuellen Interessen oder Vorlieben der jeweiligen Person anzupassen. Vor allem bei Kindern sollte darauf geachtet werden, welche Farben, Tiere oder Spielsachen das Kind besonders gerne mag.

9.4 Die Durchführung

BEISPIEL Nach zweimonatiger Vorbereitung ist es endlich so weit und das große Kinderfest der Astrid-Lindgren-Grundschule findet heute statt. Rayk Moreno, der Hauptverantwortliche, ist sehr aufgeregt, da auch der Stadt- und Elternrat eingeladen ist. Der neue Spielplatz soll heute feierlich den Kindern übergeben werden. Dazu haben sich die Fachkräfte ein Programm überlegt mit Zaubershow und vielen Überraschungen. Rayk Moreno muss allerdings noch einmal zum Baumarkt, da die Kabeltrommel kaputt ist.

Die Durchführung umfasst den Tag, an dem das Fest veranstaltet wird. Die Vorbereitungen sollten mindestens eine Stunde vor Beginn des Festes abgeschlossen sein. So bleibt genügend Zeit, im Notfall noch etwas zu besorgen oder bei Problemen zu reagieren. Kurz vor Beginn sollte der Verantwortliche den Ablauf noch einmal mit allen Beteiligten durchsprechen, um sicherzugehen, dass jeder seine Aufgabe kennt und alle benötigten Materialen dafür hat. Er selbst sollte keine feste Aufgabe haben, sodass er bei Bedarf überall einspringen und aushelfen kann. Während des Ablaufes sollte er für alle als Ansprechpartner immer präsent sein und den Überblick behalten. In dieser Funktion bietet es sich an, dem Verantwortlichen die Aufgabe der Dokumentation (Fotoverantwortlicher) oder die Moderation zu übertragen.
Damit die Durchführung gut gelingt, sind folgende Hinweise zu beachten:
- Ausreichend Toiletten müssen vorhanden und gut sichtbar ausgeschildert sein.
- Ein grober Ablauf- oder Übersichtsplan sollte ausgehängt werden.
- Der Erste-Hilfe-Kasten muss griffbereit sein.
- Ausreichend Müllbehälter sollten vorhanden sein.

9.5 Die Nachbereitung

Bei der Ausgestaltung eines Festes wird oftmals vergessen, dass das Fest erst mit der Nachbereitung endet. Je nach Art des Festes zählen dazu:
- das Aufräumen der Räumlichkeiten
- das Zurückbringen von ausgeliehenen Sachen, z. B. Dekorationen oder Technik
- das Bezahlen von Rechnungen
- das Schreiben von Dankeskarten
- das Verfassen eines Zeitungsartikels
- das Reflektieren sowie ggf. Sammeln und Auswerten von Erfahrungen, wenn ein bestimmtes Fest im nächsten Jahr wiederholt werden soll

ZUM WEITERDENKEN In pädagogischen Einrichtungen ist die ›Dokumentation‹ bzw. das Führen von ›Portfolios‹ ein wichtiger Teil der Arbeit. Aus diesem Grund gehört es auch zur Nachbereitung, Fotos, die von den Kindern während des Festes gemacht wurden, in deren Portfolios zu übertragen, ggf. kleine Texte dazu zu verfassen oder für die gesamte Einrichtung eine große Foto-Collage zu gestalten. So können Eltern oder Besucher sehen, welche Aktivitäten in der Einrichtung stattfinden.

KP Dokumentation → S. 68
KP Portfolio → S. 84

9.6 Ein Beispiel: Das Sommerfest

BEISPIEL Das pädagogische Team der Kita „Farbenfroh" beabsichtigt, im Sommer gemeinsam mit der Einrichtung für Körperbehinderte, welche sich gegenüber der Kita befindet, ein Sommerfest zu veranstalten. Ziel ist es, dass die Kinder für- und miteinander etwas Schönes gestalten und erleben. Gemeinsam sitzen die Fachkräfte zusammen, um die Organisation zu besprechen.

1. Vorplanung	Verantwortliche bestimmen	Als Hauptverantwortliche meldet sich Mia Meier von der Kita und als Vertreter wird Franz Franke bestimmt, welcher in der Behinderteneinrichtung arbeitet. Sie wollen sich regelmäßig austauschen, damit beide Einrichtungen über alles informiert sind.
	Ort und Zeit festlegen	Das Fest soll am Samstag, den 06.08.16, im Garten der Kita „Farbenfroh" stattfinden. (Bei schlechtem Wetter wird das Kaffeetrinken in die Turnhalle der Grundschule verlegt.) Der Beginn ist 15 Uhr und das Ende 18 Uhr.
Grobplanung	Gästeliste schreiben	Die pädagogischen Fachkräfte sind sich einig, dass alle Kinder sowie Eltern beider Einrichtungen zum Sommerfest eingeladen werden sollen. Darüber hinaus sollen alle Praktikanten und Ehrenamtlichen, die den Einrichtungen immer mit Rat und Tat zur Seite stehen, dabei sein. Insgesamt sind das: 53 Kinder (35 + 18), 89 Eltern, 3 Praktikanten, 2 Ehrenamtliche, 8 pädagogische Fachkräfte = 155 Personen.
	Motto formulieren	Das Fachkräfteteam möchte mit dem Sommerfest die Toleranz und Akzeptanz untereinander stärken. Aus diesem Grund wählen sie das Motto: „Wir sind wie die Blumen, jeder anders, aber wunderbar."
	Brainstorming	Alle Beteiligten notieren ihre Ideen auf kleine Kärtchen. Danach werden die Karten gemeinsam sortiert und ausgewertet. Dabei zeigen sich deutlich folgende Vorstellungen: • Kinderschminken • Blumenquiz • die Kinder pflanzen füreinander Blumentöpfe • Theaterstück zum Thema „Die einsame Rose" • Kaffee und Kuchen bzw. Obstbuffet und Saft • Blumenbasteleien und anschließendes Kleben auf eine große Blumenwiese Jeder erhält den Auftrag, bis zur nächsten Besprechung eine grobe Kalkulation seiner Station zu machen.

Tab. 9.17 Planungsbeispiel für ein Sommerfest Teil 1

Feinplanung	Kalkulation aufstellen	Insgesamt verfügen die Einrichtungen über ein Budget von 500 Euro. Dies muss für folgende Kostenpunkte ausreichen: Stationen, Kuchen, Obst, Getränke, Miete der Tische und Stühle sowie des Geschirrs, Dekorationen.
		Alle Mitarbeiter haben eine Kostenaufstellung ihrer Station verfasst. Nachdem alle Posten addiert wurden, wird deutlich, dass die Kosten 35 Euro übersteigen. Mit der Idee einer Tombola sollen diese eingenommen werden.
	Einkaufsliste verfassen	Mithilfe der Kostenaufstellung wird eine gesamte Einkaufsliste verfasst. Diese wird unterteilt in Lebensmittel und Getränke, welche erst kurz vor dem Fest eingekauft werden, und Materialien wie Servietten und Papiertischdecken, die bereits eher gekauft werden können.
	Einladung gestalten	Die Einrichtungen gestalten für sich gegenseitig Einladungen in Form verschiedener Blumen. Für die Eltern gestaltet jedes Kind seine eigene Einladung. Zusätzlich werden Infozettel am Elternbrett mit einer Teilnahmeliste ausgehängt. Dafür sind Mia und Franz verantwortlich. Die Rückmeldung soll bis 14 Tage vor dem Fest erfolgen.
2. Vorbereitung	Helfer finden	Da die Kosten so gering wie möglich gehalten werden sollen, hängt das pädagogische Team eine Liste mit der Personenanzahl an benötigten Helfern aus. Auch die Kinder werden in die Vorbereitungen einbezogen und in verschiedene Aufgaben eingeteilt.
	Anbieter finden	Für die benötigten Tische und das Geschirr werden Anbieter ausgewählt, Kostenvoranschläge eingeholt und Reservierungen getätigt.
	Dekoration anfertigen	Die Farben der Dekoration sollen Gelb, Grün und Rot sein. Auf jeden Tisch kommen von den Kindern selbst gebastelte Blumen, gepflanzte Grastöpfe und Steine. Die Bäume im Garten sollen mit Girlanden geschmückt werden.
	Tombola-Lose verkaufen	Die Lose gestalten die Jugendlichen der Körperbehinderteneinrichtung. Es werden 300 Lose angefertigt. Diese werden zu je 0,20 Cent verkauft. Die Gewinne werden von Sponsoren gestellt.
	Tische, Geschirr bestellen	2 Wochen vor dem Fest steht fest, dass von den 155 eingeladenen Personen 115 teilnehmen werden. Falls sich nachträglich noch Gäste melden, werden 10 Reserveplätze kalkuliert. Die Lieferung soll einen Tag vorher erfolgen.

Tab. 9.17 Planungsbeispiel für ein Sommerfest Teil 2

GRUNDLAGEN DER HAUSWIRTSCHAFT

	Rücksprachen halten	Einige Eltern haben sich bereit erklärt, Kuchen zu backen. Mit diesen wird sich über die Kosten und die Art der Kuchen abgestimmt. Vereinbart wird auch, dass die Eltern den Kuchen am Tag des Sommerfestes um 14.30 Uhr vorbeibringen.
	Probe-Tisch eindecken	Die Vorschulgruppe ›deckt‹ mit ihrer Erzieherin einen Probe-Tisch ein und wählt die ›Serviettenart‹ aus. Es soll ein einfacher Tafelspitz werden.
	Einkaufen gehen (2 Wochen vorher)	Mit dem Feststehen der Teilnehmerzahl können nun die Materialien für die Stationen, die Servietten und die Tischdecken ›eingekauft‹ werden.
	Programm, Tischkarten erstellen	Der Ablaufplan wird erstellt, gedruckt und laminiert. Die Tischkarten orientieren sich an den Blumen der Einladungen. Diese wurden so gewählt, dass immer Kinder mit Eltern aus der einen sowie aus der anderen Einrichtung zusammensitzen.
	Einkaufen gehen (3 Tage vorher)	Franz Franke geht die Getränke (Limo, Wasser, Kaffee, Tee, Milch) und das benötigte Obst einkaufen und ›lagert‹ diese Dinge in der Kita.
	Zubereitung Speisen	Die verantwortlichen Kinder bereiten mit der pädagogischen Fachkraft die Obstspieße vor.
	Lieferung entgegennehmen	Die Tische werden geliefert und in einem Gruppenraum zwischengelagert. Dort befindet sich auch die benötigte Dekoration.
3. Durchführung	Aufbau	Der Hausmeister der Kita baut die Technik auf (12 Uhr). Die Gruppe, welche das Theaterstück einstudiert hat, macht einen Probedurchgang (12.30 Uhr). Die Stationen werden von den jeweiligen Verantwortlichen aufgebaut (13 Uhr).
	Eindecken der Tische	Die pädagogischen Fachkräfte decken vormittags gemeinsam mit den Kindern die Tische ein, befestigen die Girlanden und stellen die Sonnenschirme auf (10–12 Uhr).
	Ansprache	Mia Meier und Franz Franke begrüßen alle Gäste, danken den Helfern und weisen auf den Ablauf des Sommerfestes hin: 1. gemeinsames Kaffeetrinken (15.00–15.45 Uhr) 2. Vorführung Theaterstück (15.45–16.00 Uhr) 3. Besuch der Stationen (16.00–17.30 Uhr) 4. Auslosung der Tombola (17.30–18.00 Uhr)
	Fotos machen	Die beiden Hauptverantwortlichen sind als Fotografen eingeteilt.

Tab. 9.17 Planungsbeispiel für ein Sommerfest Teil 3

---

festlich gedeckter Tisch → S. 156
Serviettenfalten → S. 159

Einkauf → S. 54

Lagerung von Lebensmitteln → S. 58

9. Feste und Feiertage gestalten

4. Nachbereitung	Aufräumen	Nach Beendigung des Festes räumen die pädagogischen Fachkräfte mit freiwilligen Helfern auf und entsorgen den ›Müll‹.
	Reflexion	Am Montag nach dem Sommerfest treffen sich die pädagogischen Fachkräfte und jeder notiert seine Meinung zu folgenden Fragen: • Was lief gut? • Was lief nicht so gut? • Was würde ich das nächste Mal anders machen? Gemeinsam werden die Ergebnisse ausgewertet und die wichtigsten Punkte für die Zukunft notiert.
	Dokumentation	Mia Meier und Franz Franke schreiben gemeinsam einen Artikel und stellen diesen online auf ihre Homepage. Die pädagogischen Fachkräfte gestalten Seiten über das Sommerfest für die Portfolios aller Kinder. Die Kinder gestalten Dankeskarten für die Personen, die bei dem Sommerfest geholfen haben.

Mülltrennung → S. 184

Tab. 9.17 Planungsbeispiel für ein Sommerfest Teil 4

Abb. 9.18 und 9.19 Genauso wie man Hilfe für die Vorbereitungen eines Festes einplant, sollte auch das Aufräumen danach bedacht werden.

> **Warum muss ich das für meinen Beruf wissen?**
>
> Feste und Feiertage gestalten zählt im pädagogischen Berufsfeld zum Alltag einer jeden Fachkraft. Das Feiern von jahreszeitlichen Traditionen und Geburtstagen fördert bei Kindern das Verständnis von Zeit. Gemeinschaftliche Feste schaffen positive emotionale Erlebnisse auch im Zusammenhang mit anderen Personengruppen. Manche Kinder bringen außerdem von zu Hause keine Festerfahrung mit.
> Die pädagogische Fachkraft sollte beim Planen und Ausgestalten des Festes die Kinder stets einbeziehen. So lernen sie, hauswirtschaftliche Grundkenntnisse anzuwenden und umzusetzen. Gemeinsam Tische eindecken oder nach dem Fest zusammen aufräumen sind Fertigkeiten, die für die Bewältigung des Alltags genutzt werden können. Ebenso stärkt es die sozialen Kompetenzen, indem Kinder lernen, wie sie anderen eine Freude machen können.

Weiterführende Themen der Hauswirtschaft

1

S. 170 – 179
Unfälle vermeiden

Unfälle im Haushalt vermeiden

Sicherheitszeichen kennenlernen

Unfälle im Kindesalter vermeiden

Über Maßnahmen zur Unfallverhütung Bescheid wissen

Sicherheitserziehung mit Kindern umsetzen

2

S. 180 – 187
Umweltbewusst denken und handeln

Über umweltgerechtes Verhalten im Haushalt Bescheid wissen

Sichtbar Energie sparen

Abfälle richtig entsorgen

Umwelterziehung mit Kindern praktisch umsetzen

3

S. 188 – 195
Die Arbeit koordinieren

Zeitmanagement verstehen

Zeitmangel ergründen und Zeitdiebe erkennen

Zeitmanagement umsetzen können

Arbeitspläne in sozialpädagogischen Einrichtungen erstellen

II WEITERFÜHRENDE THEMEN DER HAUSWIRTSCHAFT

1 UNFÄLLE VERMEIDEN

28. Juni

19:32 – Hallo Tijen, heute in der Kita ist ein Kind beim Dreiradfahren gestürzt. Es ist aber zum Glück nichts weiter passiert.

19:43 – Hallo Binka, so was passiert doch ständig in der Kita …

19:55 – Man muss es aber trotzdem immer melden und den Eltern Bescheid geben.

20:55 – Ach so? Auch wenn gar nichts passiert ist?

1.1 Unfälle im Haushalt vermeiden

Die meisten Unfälle passieren in der Freizeit und in privaten Haushalten. Die Hauptursachen dafür sind Fehlverhalten und das Überschätzen der eigenen Fähigkeiten. Um Unfällen vorzubeugen, ist es empfehlenswert, die folgenden Kriterien zu beachten.

Allgemeine Sicherheitshinweise
- Sorgen Sie für ausreichende Beleuchtung.
- Bringen Sie Lampen mit Bewegungsmelder an.
- Planen Sie Ihre Arbeiten im Haushalt sorgfältig.
- Beseitigen Sie alle Stolperfallen, z. B. Kabelverlängerungen.
- Verwenden Sie zum Befestigen von Teppichen eine Anti-Rutsch-Unterlage.
- Lassen Sie Kerzen nicht unbeaufsichtigt brennen.
- Kontrollieren Sie regelmäßig die Arbeitsgeräte.
- Richten Sie die ›Räume‹ ›ergonomisch‹ ein. Passen Sie z. B. Arbeitsflächen in der Höhe an Ihre Körpergröße an.
- Stellen Sie die Durchgangswege nicht zu.
- Sorgen Sie für ausreichenden Bewegungsfreiraum.
- Verwenden Sie Hausschuhe mit einer Gummisohle.

Sicherheitshinweise für die ›Reinigung‹
- Entfernen Sie Verschmutzungen am besten sofort. So können Sie den Einsatz von Reinigungsmitteln reduzieren.
- Achten Sie beim Kauf von Reinigungsmitteln auf die aufgedruckten Gefahrensymbole (›GHS-Piktogramme‹).

---

hauswirtschaftliche Räume einrichten → S. 99

ergonomisch
an den menschlichen Körper angepasst

Haushaltsreinigung → S. 110

GHS-Piktogramme → S. 171

- Beim Reinigen sollten Sie auf ›Hausmittel‹ zurückgreifen.
- Lesen Sie die Gebrauchsanweisungen von Reinigungsmitteln sorgfältig und beachten Sie die angegebenen Hinweise.
- Wischen Sie Wasserlachen sofort auf.
- Stellen Sie in einer Ecke immer eine Leiter oder einen Tritt griffbereit hin. So vermeiden Sie, dass Sie einen Stuhl oder Tisch zum Hochsteigen verwenden.
- Füllen Sie niemals Reinigungsmittel in Getränkeflaschen um, da dies zu gefährlichen Verwechslungen führen kann.
- Gießen Sie niemals verschiedene Reinigungsmittel zusammen.

Hausmittel → S. 113, 122

Abb. 1.1 GHS-Piktogramm „ätzend"

Sicherheitshinweise für den Umgang mit elektrischen Geräten
- Ziehen Sie vor der Reinigung von Geräten immer den Netzstecker aus der Steckdose.
- Lassen Sie niemals elektrische Geräte unbeaufsichtigt arbeiten.
- Lassen Sie defekte Geräte fachmännisch reparieren.
- Achten Sie auf die Betriebsdauer von elektrischen Geräten, die in der Gebrauchsanweisung angegeben ist.

Sicherheitshinweise für die Speisenzubereitung
- Heben Sie heruntergefallene Arbeitsgeräte und Speisereste sofort wieder auf.
- Wischen Sie verspritztes Fett mit Lappen und Reinigungslauge (Mischung aus Reinigungsmittel und Wasser) auf.
- Verwenden Sie bei der Zubereitung keine stumpfen Messer. Wenden Sie den Krallengriff an.
- Verwenden Sie zur Zubereitungsart passende Messer, z. B. ein Tomatenmesser zum Schneiden von Tomaten.
- Legen Sie beim Schneiden einen feuchten Lappen unter das Brett. So verrutscht es nicht.
- Schließen Sie gleich nach dem Herausnehmen von Küchenutensilien die Schranktüren.
- Lassen Sie keine Messer im Spülbecken liegen.
- Löschen Sie brennendes Öl niemals mit Wasser, sondern ersticken Sie es mit einem Deckel.
- Halten Sie beim Abgießen von Lebensmitteln immer den Deckel vom Körper weg.
- Verwenden Sie einen Fingerschutz.
- Verwenden Sie Topflappen.

Abb. 1.2 Krallengriff beim Gemüseschneiden

Der Verband der Elektrotechnik, Elektronik und Informationstechnik e.V. (VDE) prüft elektrische Geräte und vergibt das VDE-Zeichen als Sinnbild für das Erfüllen höchster Sicherheitsstandards. Das Siegel „Geprüfte Sicherheit" bescheinigt, dass ein Produkt den Anforderungen des Geräte- und Produktsicherheitsgesetzes (GPSG) entspricht.

Abb. 1.3 VDE-Prüfzeichen

> Hören Sie auf Ihren Körper. Wenn ein Mensch unter Zeitdruck steht oder sich nicht mehr konzentrieren kann, passieren die meisten Unfälle. Gönnen Sie sich ab und an eine kleine Verschnaufpause.

Abb. 1.4 GS-Prüfzeichen

II WEITERFÜHRENDE THEMEN DER HAUSWIRTSCHAFT

1.2 Sicherheitszeichen

Für die Sicherheit im Alltag und in der Arbeitswelt gibt es sogenannte Sicherheitszeichen. Dazu gehören Gefahrensymbole, Verbots- und Rettungszeichen.

1.2.1 Gefahrenpiktogramme

Piktogramm
stilisierte Darstellung, die eine bestimmte Information vermittelt

›Gefahrenpiktogramme‹ finden Sie unter anderem auf Reinigungsmitteln. Diese sind dann mit besonderer Vorsicht anzuwenden. Es ist wichtig, die Gebrauchsanweisungen zu beachten, um schädliche Auswirkungen auf die Gesundheit oder die Umwelt zu vermeiden. Die „alten", bisher in der Europäischen Union geltenden Gefahrensymbole (orangefarbener Hintergrund) werden bis Ende Mai 2017 von neuen, weltweit geltenden Piktogrammen (weißer Hintergrund mit roter Umrandung) abgelöst. Mit diesem System soll erreicht werden, dass die Mittel oder Stoffe in ihrer Gefahr überall die gleiche Einstufung besitzen.

Abb. 1.5 a Umweltgefährlich
Abb. 1.5 b Ätz- oder Reizwirkung 
Abb. 1.5 c Giftig 
Abb. 1.5 d Explosionsgefahr 
Abb. 1.5 e Endzündlich 

1.2.2 Verbotszeichen

Überall dort, wo Gefahren drohen, werden diese Zeichen sichtbar angebracht. Sie untersagen ein bestimmtes Verhalten, das diese Gefahren auslösen kann.

Abb. 1.6 a Zutritt für Unbefugte verboten
Abb. 1.6 b Essen und Trinken verboten 
Abb. 1.6 c Mobilfunk verboten 
Abb. 1.6 d Verbot für Personen mit Herzschrittmacher 
Abb. 1.6 e Feuer und offenes Licht verboten 

1.2.3 Rettungs- und Fluchtwegszeichen

Diese Schilder sind grün gekennzeichnet und weisen den Weg aus einer Gefahrenzone bzw. zeigen an, wo Hilfe erhältlich ist.

Abb. 1.7 a Rettungsweg Notausgang
Abb. 1.7 b Erste Hilfe 
Abb. 1.7 c Notruftelefon 
Abb. 1.7 d Krankentrage 
Abb. 1.7 e Notarzt

1.3 Unfälle im Kindesalter

Ein Unfall ist ein plötzliches, von außen einwirkendes Ereignis. Es ist nicht vorhersehbar oder zeitlich bestimmbar. Dabei erleidet eine Person oder auch eine Sache unfreiwillig einen Schaden. Laut dem Statistischen Bundesamt sterben in Deutschland mehr Kinder an Unfällen als an Infektions- oder Krebserkrankungen. Demzufolge stellen Unfälle und die daraus resultierenden Folgen gerade für Säuglinge und Kleinkinder ein sehr hohes Gesundheitsrisiko dar.

Zu den häufigsten Unfallorten zählen:
- das Zuhause
- die unmittelbare Wohnumgebung
- die Betreuungseinrichtung
- der Straßenverkehr

Bei Kindern zählen Stürze, Zusammenstöße, Schnittverletzungen und Verbrennungen zu den häufigsten Unfallursachen.

> Die meisten Unfälle lassen sich durch einfache Maßnahmen vermeiden.

Nach den Ergebnissen internationaler Studien sind bis zu 60 % aller Kinderunfälle durch Präventionsmaßnahmen vermeidbar (...). Faktoren wie technische Mängel, Umgebungseinflüsse, organisatorische Probleme, riskante Verhaltensweisen oder bestimmte soziale und psychische Merkmale erhöhen erwiesenermaßen die Wahrscheinlichkeit, einen Unfall zu erleiden. Das bedeutet zugleich: Diese Risiken sind gezielt zu beeinflussen (...).

Abel, Martina/Barthel, Kerstin (2015): Mehr Sicherheit – Unfallprävention in Kindertagesstätten. In: Textor, Martin R. (Hrsg.): Kindergartenpädagogik – Online-Handbuch; www.kindergartenpaedagogik.de/1008.html (Abruf 16.3.2015)

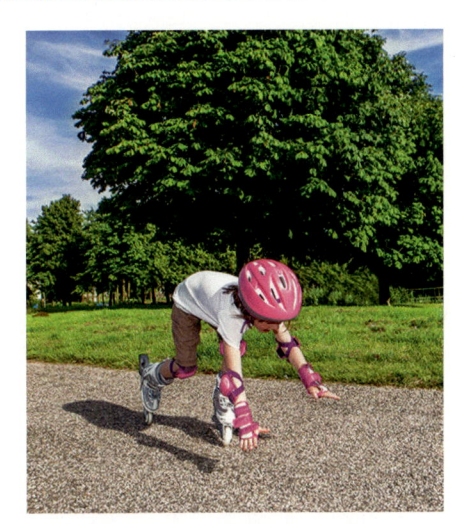

Abb. 1.8 Stürze gehören zu den häufigsten Unfallursachen bei Kindern.

> Immer mehr Kinder im Alter unter drei Jahren werden in pädagogischen Einrichtungen oder von Tagespflegepersonen betreut. Dies bedeutet, dass Prävention (Vorbeugung) und Sicherheitserziehung der Kinder sowie die Beratung der Eltern eine große Rolle spielen.

Kommt es dennoch in einer Betreuungseinrichtung zu einem Unfall, dann ist das betreffende Kind durch die gesetzliche Unfallversicherung abgesichert. Dies umfasst auch Aktivitäten, die innerhalb der Betreuungszeit stattfinden, sowie alle Wege von und zur Betreuungseinrichtung.
Allerdings muss der Unfall durch die Leitung der Tageseinrichtung bei der zuständigen Unfallkasse gemeldet werden. In diesem Fall übernimmt die Versicherung alle Kosten, die für die Heilbehandlung erforderlich sind, sowie Folgeleistungen.

II WEITERFÜHRENDE THEMEN DER HAUSWIRTSCHAFT

1.4 Maßnahmen zur Unfallverhütung

> **BEISPIEL** Beim Abholen ihrer Tochter **Wanda (2;5)** aus der Kita beobachtet Anne Preis, wie **Johannes (3;8)** mit der Schaukel am Kopf getroffen wird. Sie meldet den Vorfall sofort bei den pädagogischen Fachkräften. Als Johannes später von seinem Papa Björn Lindner abgeholt wird, sucht die Erzieherin gleich das Gespräch mit diesem und informiert ihn über den Vorfall. Daraufhin beobachtet Björn Lindner seinen Sohn während der Nachmittagsstunden intensiver. Als Johannes über Schwindel und Übelkeit klagt, sucht er mit ihm sofort einen Arzt auf.

Es gibt viele Situationen, in denen ein kurzer Augenblick der Unachtsamkeit genügt, und es geschieht ein Unfall. Allerdings lassen sich nicht alle Unfälle vermeiden. Auch eine pädagogische Fachkraft kann ihre Augen nicht immer überall haben. Dennoch sollte es in pädagogischen Einrichtungen oberstes Ziel sein, so viele **Gefahrenquellen** wie möglich zu erkennen, um folgenschwere Unfälle zu vermeiden.

> Unterschiedliche Situationen im Alltag bergen verschiedene Gefahrenquellen. Als pädagogische Fachkraft ist es Ihre Aufgabe, diese zu kennen und zu wissen, wie Sie im Umgang mit ihnen Unfälle möglichst verhüten können.

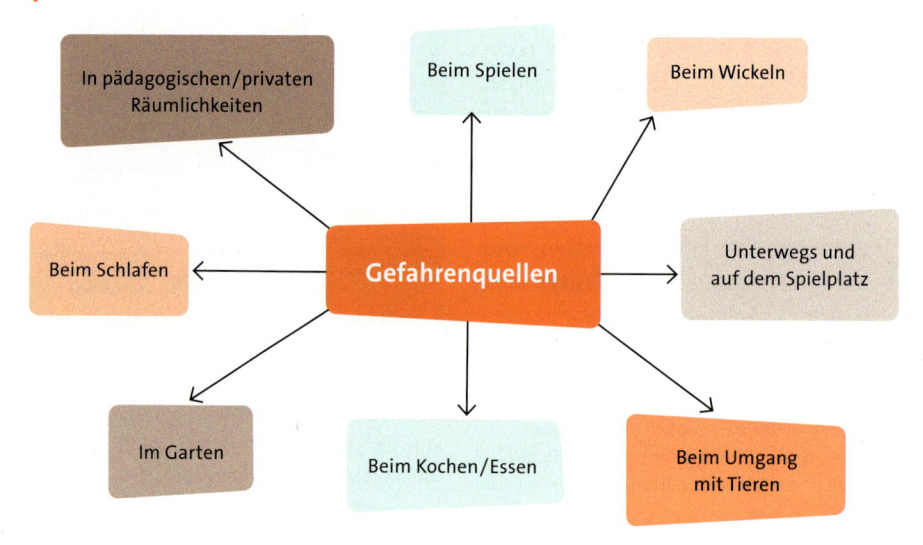

Gefahrenquellen:
- In pädagogischen/privaten Räumlichkeiten
- Beim Spielen
- Beim Wickeln
- Beim Schlafen
- Unterwegs und auf dem Spielplatz
- Im Garten
- Beim Kochen/Essen
- Beim Umgang mit Tieren

1.4.1 Unfälle in Innenräumen verhüten

In pädagogischen Einrichtungen ist der jeweilige Träger dafür verantwortlich, dass die Räumlichkeiten den **gesetzlichen Sicherheitsvorschriften** entsprechen. Dennoch sollte auch das pädagogische Team darauf bedacht sein, Mängel zu erkennen und zu melden. Tagespflegepersonen, die Kinder in ihren eigenen Wohnräumen betreuen, sind für die Sicherheit der Kinder allein zuständig. Damit das Umfeld möglichst sicher ist, sollten folgende Kriterien beachtet werden:

- Befestigen Sie an Treppen ein Treppengitter und entfernen Sie Stolperfallen.
- Trennen Sie immer alle Elektrogeräte, die nicht benutzt werden, vom Netz.
- Achten Sie darauf, dass alle Regale und Schränke fest verankert sind.
- Sichern Sie scharfe Ecken und Kanten an den Möbeln.

- Versehen Sie Spiegel und Glastüren mit einer speziellen Splitterschutzfolie.
- Wenn möglich, installieren Sie abschließbare Fenster.
- Lassen Sie beim Lüften die Kinder nie unbeaufsichtigt.
- Versehen Sie alle Steckdosen mit einem Steckdosenschutz.
- Lassen Sie die Kinder Anti-Rutsch-Socken oder Hausschuhe mit Gummisohle tragen.
- Verwenden Sie nur geeignete Dekorationen.
- Lassen Sie die Kinder nie mit brennenden Kerzen ohne Aufsicht.

> **BEISPIEL** Die Tagesmutter Tina Garcia betreut in ihrem Privathaushalt die Zwillinge **Silvana** und **Emil (1;2)**. Beide Kinder beginnen gerade mit dem Laufen und ziehen sich bevorzugt an Möbelstücken hoch. Als es an der Tür klingelt, verlässt Tina Garcia für einen kurzen Augenblick den Raum. Genau in diesem Moment versuchen sich die Kinder am Bücherschrank hochzuziehen. Der Schrank kommt ins Wanken. Zum Glück reagiert Tina Garcia schnell und kann verhindern, dass er kippt. Nach diesem Erlebnis lässt sie gleich alle Schränke fest verankern.

1.4.2 Unfälle beim Kochen und gemeinsamen Essen verhüten

Gemeinsam mit den Kindern zu kochen ist in pädagogischen Einrichtungen eine beliebte Tätigkeit. Immer mehr Kindertagesstätten verfügen über eine **Kinderküche**, die für die ›Zubereitung‹ von verschiedenen Speisen genutzt wird.

Speisenzubereitung → S. 61,
Bildrezepte → S. 80

> **BEISPIEL** In der Kindertagesstätte „Käferparadies" wird jeden Mittwoch in der Kinderküche gemeinsam mit den Kindern die Zwischenmahlzeit für den Nachmittag frisch zubereitet.

Bei solchen Tätigkeiten ist es wichtig, dass die pädagogische Fachkraft bestimmte **Sicherheitsmaßnahmen** einhält, damit sich die Kinder beim gemeinsamen Kochen nicht verletzen. Dazu zählen:
- Besprechen und wiederholen Sie vor der Küchenbenutzung die Regeln mit den Kindern. Klären Sie die einzelnen Arbeitsschritte.
- Sorgen Sie dafür, dass die Kinder praktische und hygienische Kleidung tragen.
- Lassen Sie die Kinder niemals unbeobachtet am Herd oder mit anderen elektrischen Geräten arbeiten.

Abb. 1.9 Gemeinsames Kochen bietet vielfältige Anregungen.

- Benutzen Sie hauptsächlich die hinteren Herdplatten.
- Bewahren Sie spitze und scharfe Messer oder Gegenstände gesondert und verschlossen auf.
- Lassen Sie die Kinder nur mit stumpfen Messern selbstständig schneiden und geben Sie ihnen vorrangig Plastikschüsseln für die selbstständige Zubereitung.

In der **Kindertagespflege** hat das gemeinsame Kochen und Essen einen anderen Schwerpunkt. Da die Tagesmutter oder der Tagesvater die Essenszubereitung häufig selbst übernimmt, sollte sie oder er einige Richtlinien berücksichtigen:
- Achten Sie darauf, dass sich der Spielbereich der Kinder nicht in der Nähe des Herdes befindet.
- Schließen Sie giftige Chemikalien oder Putzmittel weg.
- Lassen Sie die Kinder nicht unbeobachtet im Hochstuhl sitzen.
- Verzichten Sie auf lange Tischdecken.
- Kochen Sie auf den hinteren Herdplatten und drehen Sie Pfannenstiele nach hinten.
- Ziehen Sie immer alle nicht benutzten Elektrogeräte vom Netz.

> **ZUM WEITERDENKEN** Um auch kleine Kinder an der Essenszubereitung teilhaben zu lassen, können Sie einen unteren Küchenschrank mit sicherem Küchenzubehör einrichten. Während Sie das Essen zubereiten, können die Kinder diesen nach Belieben aus- und einräumen und Ihre Tätigkeiten nachahmen.

1.4.3 Unfälle beim Schlafen verhüten

In pädagogischen Einrichtungen gilt für die Ausstattung des Schlafplatzes vor allem für kleinere Kinder: je weniger, desto besser.
- Verzichten Sie auf große, dicke Decken und viele Stofftiere.
- Verwenden Sie stattdessen einen Schlafsack ohne Kissen. Legen Sie das Kind in Rückenlage.
- Befestigen Sie Schnullerketten direkt an der Kleidung des Kindes.
- Achten Sie auf stabile, rüttelfeste Kinderbetten. Aufstellbare Reisebetten müssen einen Feststellmechanismus besitzen.
- Stellen Sie die Kinderbetten nicht unter Regale sowie mit Abstand zu Heizkörpern, Kabeln, Elektrogeräten und Steckdosen.
- Die Raumtemperatur sollte ca. 16–18 °C betragen, damit das Kind nicht überhitzt.

1.4.4 Unfälle beim Spielen verhüten

Spielen ist für Kinder eine sehr wichtige Beschäftigung und nimmt einen großen Teil der Zeit in der pädagogischen Einrichtung ein. Aus diesem Grund muss die Spielumgebung genügend **Bewegungsfreiheit** und **Sicherheit** bieten.

GS-Zeichen → S. 171
- Verwenden Sie zertifiziertes Spielzeug. Das ›GS-Zeichen‹ („Geprüfte Sicherheit") besagt, dass das Produkt von einer unabhängigen Stelle kontrolliert wurde. Das „spiel gut-Siegel" gibt an, dass das Spielzeug unter ökologischen, gesundheitlichen und funktionellen Gesichtspunkten geprüft wurde.
- Achten Sie darauf, dass die Spielsachen leicht zu reinigen sind sowie keine scharfen Ecken und Kanten besitzen. Außerdem sollten Sie auf Spielzeug mit ablösbaren Kleinteilen sowie ungewöhnlichem Geruch verzichten.
- Wenn Sie Kinder unterschiedlichen Alters gemeinsam betreuen, müssen Sie die Spielsachen nach Alterseignung sortieren. Kleine Bausteine, mit denen ältere Kinder gerne spielen, können für Kleine zu einer großen Gefahr werden. Sie können diese in den Mund nehmen und daran ersticken.
- Statten Sie die Kinder beim Laufrad- oder Fahrradfahren mit einem Helm und Knieschützern aus.

Abb. 1.10 „spiel gut"-Siegel vom Arbeitsausschuss Kinderspiel + Spielzeug e. V.

1.4.5 Unfälle beim Wickeln verhüten

Der Sturz vom Wickeltisch ist einer der häufigsten Unfälle bei Kindern im ersten Lebensjahr. Hier genügt nur ein kleiner Moment der Unachtsamkeit oder der Fehleinschätzung, und es kann zu folgenschweren Kopf- oder Hirnverletzungen kommen. Aus diesem Grund gelten am Wickeltisch folgende Sicherheitsmaßnahmen:
- Kaufen Sie einen stabilen Wickeltisch mit Seitenschutzrändern, abgerundeten Ecken und Kanten.
- Achten Sie darauf, dass sich in der Nähe des Wickeltisches keine Kabel, Steckdosen oder Gardinen befinden.
- Bereiten Sie das Wickeln gut vor und platzieren Sie alle benötigten Dinge in Greifnähe.
- Behalten Sie immer eine Hand am Kind, egal, wie alt es ist.
- Lassen Sie das Kind niemals allein auf dem Wickeltisch. Wenn Sie zur Tür oder ans Telefon müssen, legen Sie es am besten auf den Boden.

1.4.6 Unfälle im Außengelände verhüten

Damit das Spielen im Außengelände der Kita nicht zu einem Risiko wird, sollten folgende Kriterien berücksichtigt werden:
- Achten Sie darauf, dass Türen und Tore richtig verschlossen sind.
- Sichern Sie Wasserstellen, z. B. Teich und Regentonnen, sodass die Kinder nicht alleine dorthin gelangen.
- Überprüfen Sie die Pflanzen im Garten auf Giftigkeit. Entfernen Sie stachelige und dornige Gewächse.
- Prüfen Sie die richtige Verankerung der Spielgeräte.
- Achten Sie auf ausreichenden Sonnenschutz der Kinder.

> Beim Aufenthalt im Freien, vor allem im Sommer, müssen pädagogische Fachkräfte besonders auf den Insektenschutz bei Kindern achten. Informationen hierzu erhalten Sie unter:
>
> **www.insektenstiche.info**

1.4.7 Unfälle unterwegs und auf dem Spielplatz verhüten

Gemeinsame Ausflüge und Spielplatzbesuche sind in pädagogischen Einrichtungen wichtige Programmpunkte. Damit diese unfallfrei ablaufen, empfiehlt es sich, folgende Tipps einzuhalten:
- Bereiten Sie Ausflüge intensiv vor und stimmen Sie diese mit den Eltern ab.
- Achten Sie vor allem in der dunklen Jahreszeit auf helle, leuchtende Kleidung.
- Lassen Sie die Kinder auf dem Gehweg möglichst weit entfernt von der Straße laufen.
- Überqueren Sie die Straße immer an Zebrastreifen oder Ampeln und sichern Sie die Kinder beim Überqueren, indem Sie sich quer zur Straße stellen. Gehen Sie niemals bei Rot.
- Kontrollieren Sie die Spielgeräte auf Spielplätzen auf Mängel. Holzgeräte sollten weder morsch noch faul sein. Seile und Taue dürfen nicht verschlissen sein.
- Achten Sie darauf, dass Rasen, Sand oder Kies frei von Verunreinigungen wie z. B. Tierkot, Scherben und Zigarettenkippen ist.
- Unter Wippen und Schaukeln sollte es einen stoßdämpfenden Bodenbelag geben.
- Überprüfen Sie die feste Verankerung von Sitzgelegenheiten.
- Melden Sie eventuelle Mängel der zuständigen Stadtverwaltung, damit diese schnellstmöglich beseitigt werden können.

Abb. 1.11 Zigarettenkippen sind gefährlich für Kinder.

II WEITERFÜHRENDE THEMEN DER HAUSWIRTSCHAFT

1.4.8 Unfälle beim Umgang mit Tieren verhüten

In pädagogischen Einrichtungen sind Tiere wie Hunde oder Katzen eher selten. Einige Einrichtungen haben einen Kaninchenstall oder ein Aquarium. Bei Tagespflegepersonen sind Hunde oder Katzen häufiger zu finden. Unabhängig von der Tierart sollten einige Regeln im Umgang mit Tieren beachtet werden:

- Eine artgerechte Haltung und Fütterung sowie regelmäßige Arztbesuche und Impfungen sind wichtige Voraussetzungen, um die Übertragung von Krankheiten, Viren und Würmern zu verhindern.
- Auch wenn das Tier sehr gut erzogen ist, sollten die Kinder niemals mit dem Tier allein gelassen werden.
- Wichtig ist es, mit den Kindern Regeln festzulegen und diese regelmäßig zu wiederholen. Die Kinder sollten z. B. die Tiere nicht am Schwanz ziehen dürfen.

1.5 Sicherheitsartikel

Verschiedene Sicherheitsartikel unterstützen Sie dabei, die Umgebung sicherer zu gestalten. So können zahlreiche Unfälle verhindert werden. Zu den Sicherheitsartikeln gehören z. B.:

- Steckdosenschutz
- Rauchmelder
- Bettgitter
- Ecken- und Kantenschutz
- Fenstersicherung
- Schranksicherung
- Türklemmen/Türstopper
- Herdschutz
- Mischbatterie mit Verbrühschutz
- Treppengitter
- Allzwecksicherungen
- Insektengitter

Abb. 1.12 Steckdosenschutz

Abb. 1.13 Rauchmelder

Abb. 1.14 Türstopper

1.6 Sicherheitserziehung mit Kindern

In Kinderbetreuungseinrichtungen ist die Sicherheitserziehung der Kinder ein wichtiges Erziehungsziel. Für die Umsetzung ist allerdings jede Einrichtung selbst verantwortlich. Je nach Fähigkeiten und Entwicklungsstand der Kinder müssen pädagogische Fachkräfte das richtige Maß zwischen zu viel und zu wenig Sicherheit finden. Das heißt, dass die Lernumgebung der Kinder sicher sein, aber auch genügend Freiheiten bieten muss, damit die Kinder sich ausprobieren können. Hierzu gehört auch, dass sie in angemessener Form lernen, mit Gefahren umzugehen. Folgende Anregungen können helfen, diese Ziele umzusetzen:

- Stellen Sie klare Regeln auf, damit die Kinder wissen, was sie in bestimmten Räumen dürfen und was nicht.
- Formulieren Sie die Regeln kurz und verständlich.
- Visualisieren Sie die Regeln anschaulich.
- Erklären Sie den Kindern altersgerecht die Gefahren mit bildlicher Sprache.
- Üben Sie mit den Kindern die Verhaltensweisen ein. Besprechen Sie z. B. Regeln vor dem Betreten der Küche und lassen Sie diese wiederholen.
- Für das Nichteinhalten der Regeln sollten vorab Konsequenzen vereinbart werden, die dann in jedem Fall folgen sollten.
- Achten Sie darauf, dass Sie als pädagogische Fachkraft stets ein Vorbild sind.
- Führen Sie mit den Kindern Projekte zu Themen wie „Feuer – es brennt" oder „Giftige Pflanzen" durch.
- Binden Sie die Sicherheitserziehung immer in den Alltag ein, z. B. durch Rollenspiele.
- Lassen Sie in geeigneten Situationen ältere Kinder die Verantwortung für Jüngere übernehmen.

Als pädagogische Fachkraft sollten Sie sich regelmäßig zum Thema Sicherheit **weiterbilden**. Entsprechende Qualifikationen helfen Ihnen, Gefahrenquellen besser einzuschätzen und Eltern aufzuklären. Außerdem gewinnen Sie so Sicherheit im täglichen Umgang mit den Kindern.

Die gesetzliche Unfallversicherung hat zum Thema „Sicherheit fördern im Kindergarten" eine Broschüre herausgegeben. Diese finden Sie unter:

http://publikationen.dguv.de/dguv/pdf/10002/si-8045.pdf

Warum muss ich das für meinen Beruf wissen?

Eine pädagogische Fachkraft hat während der Betreuungszeit nicht nur einen pädagogischen Auftrag zu erfüllen, sondern auch einen Schutzauftrag zu leisten. Damit sich die Kinder in ihrer Umgebung frei entfalten und entwickeln können, müssen bestimmte Sicherheitsvorschriften eingehalten werden.

Die meisten Unfälle können durch gute Prävention vermieden werden. Damit dies gelingt, müssen die pädagogischen Fachkräfte allerdings wissen, welche Gefahrenquellen in verschiedenen Situationen bestehen. Um vorausschauend denken und handeln zu können, ist es sinnvoll, die Betreuungsumgebung immer wieder kritisch zu betrachten. Gefahren erkennen Sie besser, wenn Sie die Perspektive der Kinder einnehmen: Gehen Sie in die Hocke, um sich umzuschauen.

Darüber hinaus müssen die Kinder selbst ein Gespür für gefährliche Handlungen und Situationen entwickeln, damit sie lernen können, verantwortungsbewusst für sich und andere zu handeln.

II WEITERFÜHRENDE THEMEN DER HAUSWIRTSCHAFT

2 UMWELTBEWUSST DENKEN UND HANDELN

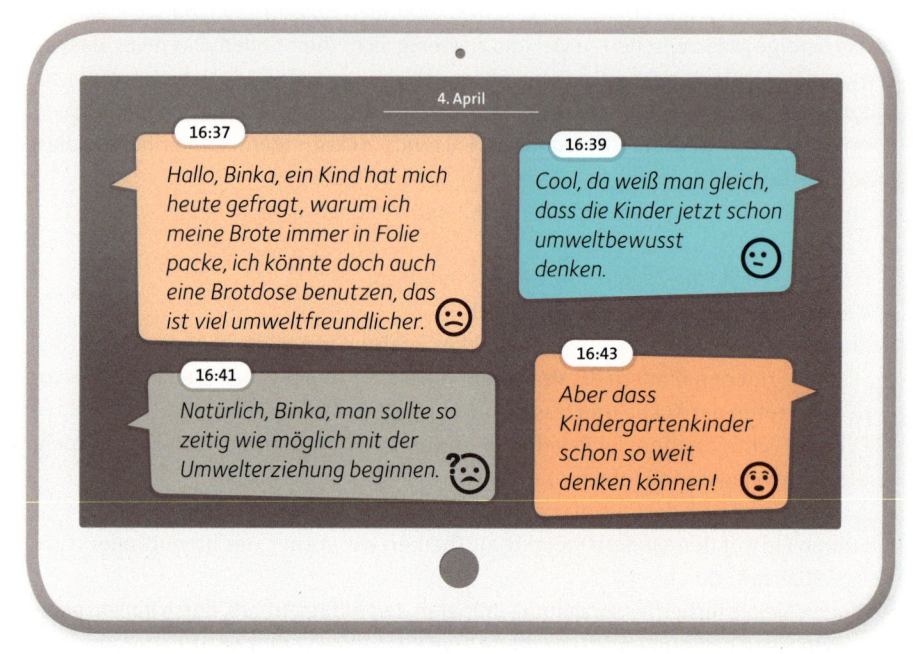

4. April

16:37 – Hallo, Binka, ein Kind hat mich heute gefragt, warum ich meine Brote immer in Folie packe, ich könnte doch auch eine Brotdose benutzen, das ist viel umweltfreundlicher.

16:39 – Cool, da weiß man gleich, dass die Kinder jetzt schon umweltbewusst denken.

16:41 – Natürlich, Binka, man sollte so zeitig wie möglich mit der Umwelterziehung beginnen.

16:43 – Aber dass Kindergartenkinder schon so weit denken können!

2.1 Umweltgerechtes Verhalten im Haushalt

2.1.1 Was bedeutet umweltgerechtes Verhalten?

Umweltgerechtes Verhalten bedeutet, zu überlegen, wo tägliche Einsparungen möglich sind. In erster Linie beziehen die Überlegungen auf Wasser und Strom. Diese Einsparungen können in Form von LED-Leuchten oder Wasser abdrehen beim Zähneputzen umgesetzt werden. Weitere Überlegungen können zum Thema „Müll" gemacht werden. Hier lassen sich Mehrwegverpackungen einsetzen oder verwenden. Auch beim Einkauf von Textilien kann darauf geachtet werden, dass sie keine aufwendige chemische Reinigung benötigen.

2.1.2 Tipps für umweltgerechtes Verhalten

Allgemeine Umwelttipps
- Achten Sie beim Neukauf von Elektrogeräten und Leuchtmitteln auf das EU-Label.
- Tauen Sie regelmäßig Ihren Kühlschrank ab. Bevorzugen Sie „No Frost"-Kühlschränke beim Neukauf.
- Sortieren Sie die Lebensmittel im Kühl- und Gefrierschrank.
- Passen Sie den Nutzungsinhalt des Kühlschrankes möglichst an die Anzahl der Familienmitglieder an.
- Kontrollieren Sie die Dichtung des Kühlschrankes regelmäßig.
- Fahren Sie bewusst Auto. Bilden Sie Fahrgemeinschaften, nutzen Sie öffentliche Verkehrsmittel oder das Fahrrad.
- Verwenden Sie Brotdosen und Trinkflaschen.

Umwelttipps zum Sparen von Energie und Wasser

- Verwenden Sie LED-Leuchten.
- Unterlassen Sie den Stand-by-Modus. Verwenden Sie lieber Steckdosenleisten.
- Verdecken Sie Ihre Heizkörper nicht und lassen Sie Ihre Räume nicht überhitzen.
- Stellen Sie den Kühlschrank nicht in die Nähe von Wärmequellen (z. B. Heizung, Elektroherd).
- Gehen Sie lieber Duschen statt Baden. Montieren Sie dazu einen wassersparenden Duschkopf.
- Drehen Sie beim Zähneputzen und Einseifen das Wasser ab.
- Nutzen Sie den Spülstopp beim WC.

Umwelttipps bei der Reinigung und Wäschepflege

- Greifen Sie zum Entkalken auf Hausmittel (z. B. Essig, Zitrone) zurück.
- Hängen Sie Ihre Wäsche auf der Leine auf statt den Wäschetrockner zu verwenden.
- Senken Sie die Waschtemperaturen. Reduzieren Sie z. B. die Temperatur der Weißwäsche auf 60 °C. Bei Buntwäsche reicht eine Waschtemperatur von 30–40 °C.
- Nutzen Sie die volle Waschmaschinenladung aus oder achten Sie beim Kauf auf die sogenannte Mengenautomatik.
- Behandeln Sie die ›Flecken‹ in der Kleidung sofort.
- Achten Sie auf eine genaue Dosierung von Reinigungs- und Waschmittel.
- Vermeiden Sie möglichst Vorwäsche und Weichspüler.
- Waschen Sie Einzelteile mit der Hand.

Fleckenbehandlung → S. 122

Abb. 2.1 Waschmittel sollten genau dosiert werden.

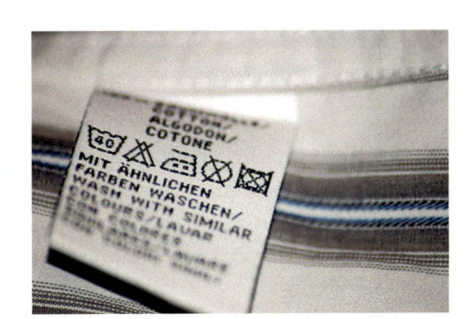

Abb. 2.2 Das Wäscheschild gibt Auskunft über die Waschtemperatur.

Umwelttipps für den Einkauf

- Verzichten Sie auf überflüssige Verpackungen und bevorzugen Sie Nachfüllpackungen.
- Verwenden Sie einen Einkaufskorb oder Stoffbeutel.
- Kaufen Sie Mehrwegverpackungen und tätigen Sie Großeinkäufe.
- Gehen Sie beim Direktvermarkter einkaufen, so werden Transportwege eingespart.
- Greifen Sie auf Saisonware zurück.
- Kaufen Sie keine Kleidungsstücke, die eine aufwendige (chemische) Reinigung benötigen.
- Achten Sie beim Möbelkauf darauf, dass die Möbel gut verarbeitet und strapazierfähig sind, sowie eine hohe Beständigkeit aufweisen und keinen unnötigen Oberflächenbehandlungen unterzogen wurden.

Abb. 2.3 Die Verwendung eines Stoffbeutels spart viel Plastikmüll.

II WEITERFÜHRENDE THEMEN DER HAUSWIRTSCHAFT

Umweltgerechtes Verhalten bei der Speisenzubereitung
- Nutzen Sie die Restwärme und einen Topfdeckel.
- Der Topf muss auf die Größe des Kochfeldes abgestimmt werden.
- Überprüfen Sie regelmäßig, ob der Topfboden des Kochgeschirrs zur optimalen Wärmeübertragung beiträgt.
- Trennen Sie anfallenden Müll.
- Bereiten Sie, wenn möglich, mehrere Portionen zu und frieren Sie diese ein.
- Stellen Sie keine warmen oder heißen Speisen in den Kühlschrank, lassen Sie diese vorher abkühlen.
- Keine Speisereste im WC entsorgen.

Abb. 2.4 Die Nutzung eines Topfdeckels spart viel Energie.

Abb. 2.5 Mülltrennung sollte selbstverständlich sein.

Umwelttipps im Umgang mit Blumen und Garten
- Legen Sie einen Komposthaufen an, so entsteht wertvoller Humus.
- Fangen Sie zum Gießen von Blumen das Regenwasser auf.
- Beim nötigen Einsatz von Chemikalien sollten diese sparsam und gezielt verwendet werden.
- Bekämpfen Sie Insekten auf biologischer Basis (z. B. Brennnesselsud) oder setzen Sie natürliche Fraßfeinde (z. B. Marienkäfer gegen Blattläuse) ein.

Abb. 2.6 Durch einen Komposthaufen wird Humus erzeugt.

Abb. 2.7 Marienkäfer können chemische Mittel zur Schädlingsbekämpfung ersetzen.

| Unser Verhalten kann vieles beeinflussen und Ressourcen schonen.

2.2 Sichtbar Energie sparen

Der Gesamtenergieverbrauch in Deutschland ist im Vergleich zu anderen Ländern hoch. Niemand kann auf Energie verzichten, denn die meisten Geräte im Haushalt funktionieren nur mit elektrischer Energie. Bei der Gewinnung von Strom, z. B. im Kohlekraftwerk, entstehen durch die Verbrennung viele Schadstoffe, die die Umwelt und das Klima belasten. Außerdem muss uns stärker bewusst werden, dass der natürliche Vorrat an Brennstoffen wie Kohle und Erdöl nicht unendlich zur Verfügung steht. Deshalb müssen wir sehr gewissenhaft mit der zur Verfügung stehenden Energie umgehen und sie sparsam verwenden.

Dazu gehört neben einem umweltgerechten Verhalten im Haushalt auch, dass man z. B. beim Kauf von Elektrogeräten auf bestimmte Kennzeichnungen achten sollte. Hier ist das EU-Label zu nennen. Die Kennzeichnung und die produktrelevanten Informationen werden in der EU- Richtlinie 2010/30/EU geregelt. Die Umsetzung dieser Richtlinie erfolgt in Deutschland durch die Energieverbrauchskennzeichnungsverordnung (EnVKV).

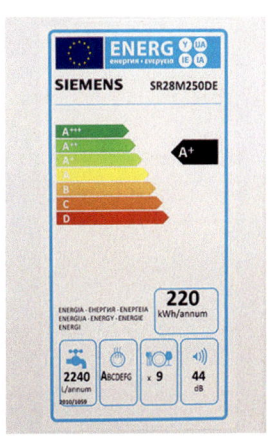

Abb. 2.8 Europäische Energieeffizienzklassen

> **ZUM WEITERDENKEN** Das EU-Label wurde 1998 als Kennzeichnungspflicht für bestimmte Haushaltsgeräte eingeführt. Seitdem wurde es dem Markt angepasst und weiterentwickelt. So wurden das neue EU-Label 2011 für Fernsehgeräte mit der ›EEK‹ bis A, für Waschmaschinen, Kühl- und Gefriergeräte sowie Geschirrspülmaschinen das neue überarbeitete EU-Label mit der EEK bis A+++ verpflichtend eingeführt. Im Jahr 2013 ging die Kennzeichnungspflicht mit dem EU-Label bei Leuchtmitteln weiter. Es folgte 2014 die Erweiterung bei Fernsehgeräten mit der EEK A+ und die Kennzeichnungspflicht bei Leuchten und Staubsaugern. Bis 2017 soll die EEK bei Staubsaugern bis A+++ erreicht werden. Die Erweiterung der Kennzeichnungspflicht geht Anfang 2015 bei Öfen und ab September 2015 bei Warmwasserbereitern und Heizgeräten mit der EEK A++ bis G weiter. Bis September 2017 soll für die beiden die Erweiterung eingeführt werden. Bis 2020 soll die Erweiterung bei Fernsehgeräte mit der EEK bis A+++ erfolgt sein. Es ist nur eine Frage der Zeit, bis weitere Geräte kennzeichnungspflichtig werden.

EEK
Energieeffizienzklasse

> Durch die unterschiedliche Einführung der Kennzeichnungspflicht des EU-Labels bei den Geräten ist die EEK sehr undurchsichtig geworden. Deshalb sollte der Verbraucher den tatsächlichen Verbrauch auf dem Etikett als ausschlaggebend ansehen.

Neben der EEK werden noch viele andere produktrelevante Informationen deklariert. Je nach Gerät können folgende Daten auf dem Label aufgedruckt sein:
- Geräuschentwicklung
- Nettovolumen
- Wasserverbrauch
- maximale Beladung in kg bzw. maximale Beladung in Maßgedecken
- Fassungsvermögen
- Schleuderwirkung
- Trockenwirkung
- Staubemissionsklasse
- Teppich- und Hartbodenreinigungsklasse

II WEITERFÜHRENDE THEMEN DER HAUSWIRTSCHAFT

2.3 Abfälle richtig entsorgen

Durch eine sorgfältige Mülltrennung im Haus und das Sortieren von Wertstoffen können viele „Abfälle" wie z. B. Glas oder Papier wiederverwertet werden.

Wohin gehört welcher Müll?	
Glascontainer	weißes, braunes und grünes Glas (z. B. Flaschen, Konserven- und Marmeladengläser); blaues Glas wird im Container für grünes Glas entsorgt
Papiercontainer	z. B. Papier, Pappe, Kartonagen, Zeitungen, Zeitschriften
Gelbe Tonne (grüner Punkt)	z. B. Konservendosen, Getränke- und Milchkartons, Joghurtbecher, Folien, Duschgel- und Haarwaschmittelflaschen, Zahnpastatuben, Margarinebecher
Bioabfalltonne	z. B. Gemüse- oder Obstschalen, Eierschalen, Kaffeesatz, Gartenabfälle
Restmülltonne	z. B. Staubsaugerbeutel, Asche, Babywindeln, gekochte Essensreste
Altkleidercontainer	z. B. getragene Kleidung, Schuhe
Sperrmüll	z. B. Betten, Matratzen, Schränke, Wäschekörbe, Regale, Polstermöbel, großes Spielzeug
Sondermüll	z. B. Altöl, Farb- und Lackreste, Energiesparlampen

Tab. 2.9 Mülltrennung mit Beispielen

Abgelaufene oder angebrochene Medikamente werden in Apotheken zurückgenommen. In Verkaufsstellen gibt es Sammelbehälter, in denen Batterien entsorgt werden können. Einige Regionen in Deutschland bieten die „Gelbe Tonne plus" an. Dort können außer Metallen, Verpackungen, Kunststoffen oder Verbundstoffen auch Töpfe, Besteck, kleine Elektrogeräte (z. B. Bügeleisen, Toaster, Handy), Spielzeug und Schlüssel entsorgt werden.

Abb. 2.10 Verschiedene Abfalltonnen zur Mülltrennung

2.4 Umwelterziehung mit Kindern

» *Umweltschutz ist eine Chance und keine Last, die wir tragen müssen.*
  Helmut Sihler

Umweltschutz

Das Zitat verdeutlicht sehr genau, dass ›Umweltschutz‹ als etwas Natürliches angesehen werden sollte und nicht als etwas Notwendiges. Bei vielen Menschen findet sich allzu oft die Vorstellung, dass sie die Umwelt schützen müssen. Viel besser wäre die Einstellung, die Umwelt schützen zu wollen und sein Handeln von Anfang an umweltbewusst zu gestalten. Nur wer die richtige Einstellung zu etwas hat, wird dauerhaft sein Handeln danach ausrichten. Damit unsere Kinder zu individuellen Persönlichkeiten heranwachsen, denen die Umwelt und deren Ressourcen wichtig sind, muss frühzeitig die richtige Umwelterziehung stattfinden.

2.4.1 Das Haus der Umwelterziehung

> **BEISPIEL** Niklas (5;8) wundert sich, warum die pädagogische Fachkraft beim ›Zähneputzen‹ immer darauf achtet, dass das Wasser nicht unnötig läuft. Wenn er aber mit Julian und Valentin im Matschraum spielt, dürfen sie soviel Wasser verwenden wie sie möchten.

Damit Umwelterziehung gelingt, Spaß macht und richtig umgesetzt wird, muss sie auf den richtigen Fundamenten stehen. Das eine Fundament umfasst das Lebensumfeld, welches unbewusst täglich vom Kind wahrgenommen wird und so zur positiven Umwelteinstellung beiträgt. Das andere Fundament bildet die Pädagogik. Das heißt, dass die pädagogische Fachkraft je nach Alter und kognitiver Reife des Kindes geeignete pädagogische Mittel einsetzt, um eine positive emotionale Einstellung gegenüber dem Umweltschutz zu erreichen. Allerdings führt die positive Einstellung des Kindes erst mit dem Beobachten von umweltbewussten Handlungen zu einer längerfristigen ›intrinsischen Motivation‹ auch im Erwachsenenalter. Das **Haus der Umwelterziehung** soll dies näher verdeutlichen.

📖 Zahnpflege

intrinsische Motivation
Eine Person ist von sich aus motiviert etwas zu tun, ohne eine Belohnung zu bekommen. Der Antrieb für das Handeln kommt sozusagen von „innen".

Intrinsische Motivation des Individuums, aufgrund seiner positiven Einstellung umweltbewusst zu handeln

Bewusste/unbewusste Beobachtung umweltbewusster Handlungen und Gegebenheiten	Positive emotionale Einstellung gegenüber dem Umweltschutz
2. Umweltbewusste Arbeitsweise/Ausstattung der pädagogischen Einrichtung (je nach Möglichkeit) z. B. durch: • Photovoltaikanlage auf dem Dach für das Warmwasser • Wärmedämmung • Große Fenster, um Tageslicht zu nutzen • Reparatur von Spielzeug • Mülltrennung • Müllvermeidung • Wiederverwendung von Materialien • Balance finden zwischen ressourcenschonendem Umgang mit Materialien und Kindern die Möglichkeit geben, Materialien auszuprobieren, z. B. Wasser • Bauliche Veränderungen mit Kindern/Eltern gemeinsam besprechen/planen	6. Anleitung selbstständiger umweltbewusster Handlungen mittels positiver Verstärkung
	5. Vermittlung von Wissen über den Zusammenhang zw. Mensch, Tier, Pflanzen, Ökosystem und den eigenen Handlungen für die Zukunft
	4. Vermittlung von Wissen über den Zusammenhang zw. Mensch, Tier, Pflanzen, Ökosystem und den eigenen Handlungen in der Gegenwart
	3. Vermittlung von Wissen über den Zusammenhang zw. Mensch, Tier, Pflanzen, Ökosystem anhand komplexerer Beispiele, die über das unmittelbare Lebensumfeld hinausgehen
	2. Vermittlung von Wissen über den Zusammenhang zw. Mensch, Tier, Pflanzen, Ökosystem anhand einfacher Beispiele
1. Vorleben und Erklären von eigenen umweltbewussten Handlungen	1. Vermittlung von Grundwissen über Pflanzen, Tiere, das Ökosystem und die Umwelt
Das Lebensumfeld	**Die Pädagogik**

Abb. 2.11 Haus der Umwelterziehung

2.4.2 Umwelterziehung mit Kindern praktisch umsetzen

Haus der Umwelterziehung
→ S. 185

Um die einzelnen Etagen des ›Hauses der Umwelterziehung‹ praktisch umsetzen zu können, bieten sich verschiedene Möglichkeiten an:
- Vermitteln Sie Grundwissen zu verschiedenen Themen über Bücher, Spiele, Naturbeobachtungen, Basteln mit verschiedenen Materialien.
- Zeigen Sie den Zusammenhang zwischen Mensch, Tier, Pflanzen und dem Ökosystem im unmittelbaren Lebensumfeld auf, z. B. durch Beobachtung der Natur im Bereich der Einrichtung oder Durchführung eines Waldtages.
- Gehen Sie über das unmittelbare Lebensumfeld hinaus, indem Sie z. B. mit den Kindern in eine größere Stadt / aufs Land fahren und dabei eine Mülldeponie, eine Papierfabrik, ein Naturschutzzentrum oder einen Bauernhof besuchen.
- Vermitteln Sie die Bedeutung eigener Handlungen für die Umwelt in der Gegenwart, z. B. durch Sammeln von Altpapier, Naturreinigungsaktionen, Anlegen eines Kräutergartens oder Komposthaufens.

Abb. 2.12 Die Durchführung von Waldtagen kann Kindern das Verständnis des Ökosystems näherbringen.

Abb. 2.13 Aus Abfällen und Müll können neue Dinge entstehen.

Angebote zu verschiedenen Wettbewerben finden Sie z. B. auf den Seiten des Bundesministeriums für Umwelt, Naturschutz, Bau und Reaktorsicherheit unter:
www.bmub-kids.de

- Vermitteln Sie die Bedeutung eigener Handlungen für die Umwelt in der Zukunft durch Drehen eines Filmes oder Rollenspiele: „Warum müssen wir unsere Erde beschützen?"
- Leiten Sie die Kinder zum selbstständigen Experimentieren an, motivieren Sie sie zum Erforschen ihrer Umwelt, zeigen Sie ihnen Informationsquellen auf.
- Sensibilisieren Sie die Kinder für die unterschiedlichen Ressourcen, indem Sie z. B. eine Woche Müll sammeln und daraus Müllkostüme oder Figuren basteln.
- Verstärken Sie alltägliche umweltbewusste Handlungen der Kinder positiv.
- Fördern Sie die positive Einstellung zum Thema Umweltschutz, z. B. durch gemeinsame Abenteuer in der Natur oder Teilnahme an Wettbewerben.

2. Umweltbewusst denken und handeln

Bei der Planung und Umsetzung verschiedener Aktionen oder Projekte müssen immer der jeweilige Entwicklungsstand sowie die Bedürfnisse der Kinder beachtet werden. Bei den Ein- bis Dreijährigen steht die Wahrnehmung der Umwelt und der einzelnen Elemente, z. B. Beschaffenheit von Wasser, Geräusche von Tieren, Gerüche von Materialien, im Vordergrund.

Abb. 2.14 Krippenkinder untersuchen die Beschaffenheit von Wasser.

Erst mit zunehmendem Alter der Kinder kann die Umwelterziehung aktiver gestaltet werden. Für die praktische Umsetzung eignen sich immer aktuelle Themen der Kinder (›Situationsansatz‹), an die die pädagogische Fachkraft anknüpfen kann.

KP Situationsansatz → S. 301

> **BEISPIEL** Oleg (4;9) erzählt Frau Pieper, dass er am Wochenende mit seinem Opa angeln wollte. Da aber so viel Müll im Teich lag, haben sie erst mal den geangelt. Außerdem erzählt er, dass sein Opa früher in dem Teich gebadet hat. Heute geht das nicht mehr, weil das Wasser zu verschmutzt ist. Die pädagogische Fachkraft überlegt sich daraufhin gleich ein Projekt zum Thema Gewässerschutz.

> Umwelterziehung muss Spaß machen und positive Erlebnisse schaffen, um so eine positive Einstellung zur Umwelt aufbauen zu können.

Warum muss ich das für meinen Beruf wissen?

Damit sozialpädagogische Fachkräfte und Tagespflegepersonen Kinder zu umweltbewussten Erwachsenen erziehen können, müssen sie die einzelnen Bereiche des Umweltschutzes kennen. Außerdem müssen sie wissen, wie sich durch einfache Handlungen ressourcenorientiert im Alltag agieren lässt. Die Vorbildfunktion der Fachkräfte nimmt auch hier eine zentrale Rolle ein. Erst durch die Kombination aus Vorleben und selbst erleben können eigenständige Handlungsmuster bei Kindern gefördert werden. Gerade in unserer heutigen „Überflussgesellschaft", in der alles in zahlreichen Mengen zu jeder Zeit verfügbar ist, stellen die Aufklärung und das Bewusstsein für unsere Umwelt entscheidende Elemente der Persönlichkeitsbildung dar.

II WEITERFÜHRENDE THEMEN DER HAUSWIRTSCHAFT

3 DIE ARBEIT KOORDINIEREN

12. Juni

16:45 – Hallo, Tijen, kommst du heute mit ins Kino?

16:50 – Ach, Binka, ich weiß im Moment nicht, wo mir der Kopf steht. Ich muss noch für die Schule lernen und in der Kita steht das Sommerfest vor der Tür. Außerdem habe ich noch Fahrschule.

16:52 – Schade, vielleicht hilft dir ein gutes Zeitmanagement, mehr Freizeit zu bekommen.

Zeit ist eine Ressource, die alle Menschen in gleichen Mengen zur Verfügung haben. Zeit lässt sich nicht kaufen, nicht anhalten, aufheben oder verdoppeln. Viel zu oft sprechen allerdings die Menschen davon, keine Zeit mehr zu haben oder im Stress zu sein. Ein gutes Zeitmanagement kann dies ändern. Ob in der Berufsausbildung oder in der Berufspraxis – eine gut strukturierte Zeitplanung ist die Grundlage für effektives und stressfreies Arbeiten.

3.1 Zeitmanagement verstehen

Die tägliche Arbeit in sozialpädagogischen Einrichtungen umfasst viele differenzierte Tätigkeiten. Durch die Komplexität der Erziehungs- und Bildungsaufgaben und die wechselnden Rahmenbedingungen ist es umso notwendiger, den Alltag gut zu strukturieren.

3.1.1 Was heißt Zeitmanagement?

Zeitmanagement heißt, seine zur Verfügung stehende Zeit optimal einzusetzen. Aus diesem Grund wird häufig auch von Selbstmanagement gesprochen, weil Zeitmanagement im Kopf mit der Setzung eines Ziels beginnt. Bei der Umsetzung spielt die ›Motivation‹ eine zentrale Rolle, denn ohne diese wird auch der beste Plan nicht in die Tat umgesetzt. Durch systematisches und diszipliniertes Planen bleibt mehr Freiraum für Familie, Freunde oder Hobbys. Aber auch in diesen Bereichen ist ein gutes Zeitmanagement entscheidend.

Abb. 3.1 Zeitmanagement ist im Alltag notwendig.

Motivation

Es gibt zwei Arten von Motivation. Die intrinsische und extrinsische Motivation. Die intrinsische kommt von der Person selbst, sozusagen von innen. Bei der extrinsischen kommt die Motivation von außen, z. B. in Form einer in Aussicht gestellten Belohnung durch andere Personen.

> **BEISPIEL** Sarah Lehmann arbeitet in der Kindertagestätte „Kleine Strolche" in der Gruppe der Vier- bis Sechsjährigen. Gemeinsam mit ihrer Kollegin hat sie für Juli ein naturwissenschaftliches Projekt im angrenzenden Naturschutzzentrum geplant. Da zu dieser Zeit viele Kinder aus der Gruppe Geburtstag haben, möchte sie das mit einem anschließenden Indianerfest auf dem Gelände verbinden. Die Eltern finden die Idee super und wollen sich alle einbringen. Aus diesem Grund soll nächste Woche ein Elternabend stattfinden. Sarah hat aber ganz vergessen, dass sie auch noch drei Tage zur Weiterbildung muss und ihre Kollegin erst in drei Wochen von der Kur zurück ist. Auch das Wochenprojekt „Gesund und munter" muss noch vorbereitet werden. Sarah weiß gar nicht, wo sie anfangen soll, und damit die nächsten Wochen nicht im Chaos enden, muss ein Arbeitsplan her.

3.1.2 Zeitmangel ergründen – Zeitdiebe erkennen

Wenn Menschen darüber klagen, dass sie keine Zeit haben und sich beruflich gestresst fühlen, können die Ursachen dafür sehr vielfältig sein:

- In immer kürzerer Zeit müssen immer mehr Aufgaben bewältigt werden.
- Die Arbeitsabläufe sind chaotisch und unstrukturiert geplant.
- Ständige Unterbrechungen und spontane Änderungen stören den Arbeitstag.
- Aufgaben werden falsch eingeteilt.
- Die Kommunikation im Team fehlt oder ist mangelhaft. Anweisungen und Arbeitsaufträge sind ungenau.
- Besprechungen dauern zu lange und sind ziellos.
- Der Einzelne oder Kollegen sind vergesslich und unzuverlässig.
- Die Person kann keine Aufgaben abgeben, will alles selbst und perfekt machen.
- Die Person hat keine Übersicht über ihre Aktivitäten sowie ein schlechtes ›Ablage-Ordnungssystem‹.

Abb. 3.2 Es gibt viele Ursachen für Stress und Zeitmangel.

Ablagesystem
Art und Weise, wie Dokumente, Briefe, Notizen geordnet werden

Viele Zeitdiebe lassen sich auch im privaten Bereich finden. Stundenlanges Fernsehen, Telefonieren oder Chatten im Internet führen dazu, dass zahlreiche Stunden vergehen und wichtige Erledigungen liegen bleiben.

> **ZUM WEITERDENKEN** Häufig klagen Schüler über Lernschwierigkeiten. Die Gründe hierfür finden sich im uneffektiven Umgang mit der zur Verfügung stehenden Lern- und Arbeitszeit. Viele Menschen schieben die Aufgaben zu lange vor sich her und wollen dann alles auf einmal tun. Häufig führt dies dazu, dass man nicht weiß, wo man anfangen soll. Aus dieser Überforderung resultiert Demotivation und somit lassen es die meisten ganz bleiben.

> **BEISPIEL** **Lena (18)** macht eine Ausbildung zur pädagogischen Fachkraft. Jeden Tag, wenn sie aus der Schule kommt, geht sie über eine Stunde mit ihrem Hund spazieren. Danach setzt sie sich zwei bis drei Stunden vor den Fernseher oder Computer. Am Abend hat sie dann keine Zeit mehr, für die Schule zu lernen, und fühlt sich schlecht.

3.1.3 Vorteile von Zeitmanagement

Wer die Grundsätze des Planens und Strukturierens verinnerlicht hat, erreicht für sich selbst einen großen Vorteil:

- Sie lernen effektiv, zielgerichtet und strukturiert zu arbeiten.
- Sie lernen Wichtiges von Unwichtigem zu trennen und wesentliche Dinge im Blick zu behalten.
- Sie lernen Prioritäten zu setzen.
- Sie lernen „Nein" zu sagen.
- Sie lernen Probleme bereits im Vorfeld zu erkennen und mit wenig Aufwand zu lösen.
- Sie entwickeln eine Problemlösekompetenz.
- Durch zielgerichtetes Planen werden Unsicherheiten abgebaut.
- Sie werden am Ende des Tages zufriedener sein.

All diese Vorteile führen dazu, dass gesetzte Ziele einfacher erreicht werden. Diese Erfolgserlebnisse führen wiederum zu einer erhöhten Motivation und es ist einfacher, neue Dinge zu beginnen.

> **BEISPIEL** Valentina Lübke ist Mutter einer dreijährigen Tochter und arbeitet seit fünf Monaten in der Kita „Pusteblume". Von der Leiterin bekommt sie kurzfristig die Möglichkeit, berufsbegleitend eine heilpädagogische Zusatzausbildung zu beginnen. Obwohl sie sich darüber sehr freut, ist ihr erster Gedanke: „Oh Gott, wie soll ich das alles schaffen?" Valentina zweifelt, da sie zweimal wöchentlich in den Abendstunden zur Fortbildung müsste. Lässt es sich zeitmäßig realisieren, Beruf, Zusatzausbildung und Familie unter einen Hut zu bringen? Kurzerhand gestaltet sie einen Wochen- und Monatsplan mit allen Aufgaben, Anforderungen und Personen, die sie unterstützen könnten. Dabei wird ihr bewusst, dass sich mit einer guten Struktur und Planung ihr Familienleben und ihre Weiterbildung gut vereinbaren lassen. Aus diesem Grund entscheidet sie sich für die Zusatzausbildung.

3.1.4 Nachteile von Zeitmanagement

Trotz der vielen Vorteile, die die Methoden des Zeitmanagements mit sich bringen, muss beachtet werden, dass es nicht das Ziel ist, die gesparte Zeit für noch mehr Arbeit einzusetzen.
Außerdem können eine zu feste Struktur und Planung auch kontraproduktiv sein. Ist z. B. der Tages-, Wochen- oder Monatsplan zu starr, bietet er zu wenig Freiraum für Spontaneität und Kreativität. Die Folge ist eine unflexible Arbeitsweise. Vor allem in pädagogischen Berufen ist dies nicht zielführend, da pädagogische Fachkräfte ›situationsorientiert‹ handeln sollen.

KP Situationsansatz → S. 301

> **BEISPIEL** Max Rohde hat geplant, dass er diese Woche mit den Kindern für das Herbstprojekt Kastanien sammeln geht. Als **Philipp (5;6)** in die Kita kommt und berichtet, dass er gestern im Wald ganz viel Müll gesehen hat, entscheidet sich der Erzieher spontan für eine Aufräumaktion und ein Umwelt-Herbst-Projekt.

3.2 Zeitmanagement umsetzen

Sich selbst und seine Zeit gut planen und strukturieren zu können, ist keine Eigenschaft, die angeboren ist, sondern die man mit den richtigen Methoden lernen und trainieren kann.

3.2.1 Der Regelkreis

Um eine gute Zeit- bzw. Selbstmanagementkompetenz entwickeln zu können, empfiehlt sich die Anwendung des Regelkreises. Dieser Kreislauf beschreibt den eigentlichen Prozess einer guten Arbeits- und Zeitplanung. Er zeigt den Zusammenhang einzelner Aktivitäten, welche in einer bestimmten Reihenfolge ablaufen, und dass der Prozess in sich geschlossen ist. Die Anwendung des Kreislaufs eignet sich sowohl für Tages- oder Wochenpläne (kurzfristige Ziele) als auch Monats- und Jahresablaufpläne (langfristige Ziele).

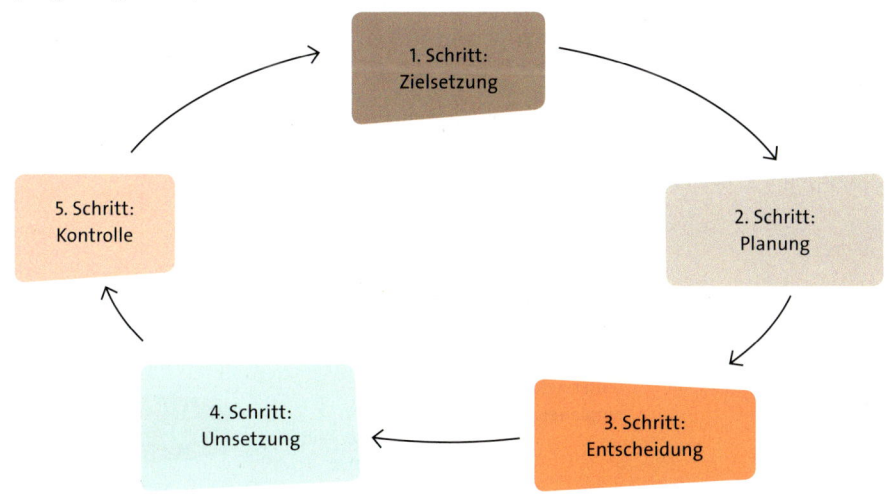

Abb. 3.3 Regelkreis Zeitmanagement

Vor dem ersten Schritt sollte allerdings eine ›Selbstanalyse‹ erfolgen, um einen Überblick über die aktuelle Lebenssituation zu bekommen. Das heißt, dass zunächst alle Dinge erfasst werden, womit die eigene Zeit verbracht wird. Außerdem ist es sinnvoll, alle Bereiche, in die sich das eigene Leben aufteilt, zu kategorisieren, z.B. Familie, Freunde, Vereine, Ausbildung. Praktisch lässt sich dies sehr gut anhand eines Zeitprotokolls (Dauer von einer Woche) umsetzen.

Selbstanalyse
Man beobachtet sich selbst, um so Erkenntnisse über sein eigenes Handeln zu gewinnen.

Zeit	Tätigkeit	Kategorie (Zeit in Minuten)
6.00–6.30	Frühstück	Essen (30 min.)
6.30–7.00	Duschen, Anziehen	Hygiene (30 min.)
7.00–7.45	Arbeitsweg	Fahrtwege (45 min.)
7.45–8.00	Mails checken, Aufgaben einteilen	Arbeitsvorbereitung (15 min.)
…		

Tab. 3.4 Beispiel eines Zeitprotokolls

II WEITERFÜHRENDE THEMEN DER HAUSWIRTSCHAFT

1. Schritt: Zielsetzung

Ziele sind wichtige Orientierungspunkte für zukünftige Handlungen. Ohne ein Ziel hat der Mensch keinen Antrieb. Die schwierigste Hürde besteht häufig darin, ein konkretes Ziel zu formulieren. Das Aufzeichnen einer Lebenslinie mit Höhen, Tiefen, Stärken, Schwächen sowie Träumen und Wünschen kann hierfür hilfreich sein. Erst wenn Klarheit darüber besteht, was das persönliche Ziel ist, kann es richtig formuliert werden. Dabei ist zu beachten, dies so konkret wie möglich zu tun. Je messbarer das Ziel ist, umso besser lässt es sich überprüfen.

> **BEISPIEL** Die Formulierung „Ich möchte mehr für die Schule machen" ist zu allgemein. Besser eignet sich folgende: „Ich möchte jeden Tag eine halbe Stunde für die Schule lernen."

Ist das Ziel gefunden, sollten der Zeitraum, in dem beabsichtigt wird, das Ziel zu erreichen, sowie mögliche Schwierigkeiten und benötigte Hilfen notiert werden.

2. Schritt: Planung

Nach der Zielformulierung schließt sich die Planungsphase an. Diese umfasst die bestmögliche Nutzung der verfügbaren Zeit. Für die Planung eines Tagesablaufs eignet sich sehr gut die ALPEN-Methode.

A Aufgaben aufschreiben
L Länge/Dauer einschätzen
P Pufferzeiten einplanen
E Entscheidung treffen
N Nachkontrolle

Abb. 3.5 Schematische Darstellung der ALPEN-Methode

A	Alle Aufgaben inklusive Routineaufgaben für den Tag oder die Woche werden notiert.
L	Es wird ungefähr geschätzt, wie viel Zeit für die einzelnen Aufgaben benötigt wird.
P	Pufferzeiten sollten nie zu knapp kalkuliert sein. Sinnvoll ist hier die 60:40-Regel, d. h. 60 % für Aufgaben und 40 % für Störungen, Ablenkungen etc. einplanen.
E	An dieser Stelle wird entschieden, mit welcher Aufgabe begonnen werden soll bzw. welche oberste Priorität hat. Welche Methode dafür hilfreich sein kann, wird im 3. Schritt, Entscheidung, näher erläutert.
N	Am Ende eines Tages erfolgt die Kontrolle darüber, welche Aufgaben tatsächlich geschafft wurden, welche verschoben werden können und welche ggf. auf den Tagesplan für den nächsten Tag müssen.

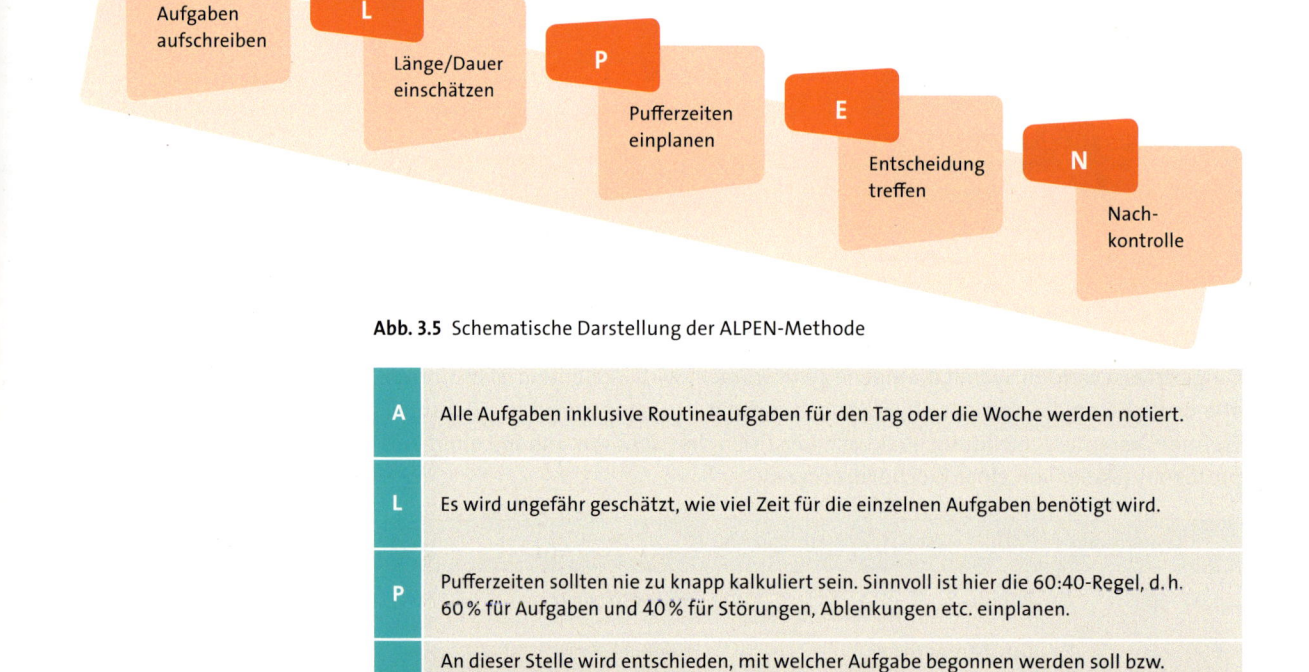

Tab. 3.6 Umsetzung der ALPEN-Methode

3. Schritt: Entscheidung

Sich entscheiden heißt Prioritäten setzen. Es ist egal, ob es sich dabei um einen Tages-, Wochen oder Monatsplan handelt, entscheidend ist die Rangordnung der einzelnen Zwischenschritte. Dazu eignet sich die Eisenhower-Matrix.

Diese Methode wird auch ABCD-Analyse genannt und ist ein Werkzeug zum Ordnen von Aufgaben oder Zwischenschritten. Für die Einteilung sind folgende Fragen ausschlaggebend:
1. Wie dringend ist die Aufgabe?
2. Wie wichtig ist die Aufgabe?

Abb. 3.7 Eisenhower-Matrix

	Wichtigkeit	
B Wichtig, aber nicht dringlich: Termin für Erledigung festlegen		**A** Dringlich und wichtig: Jetzt sofort erledigen
D Nicht wichtig und nicht dringlich: Irgendwann erledigen oder in den Papierkorb		**C** Dringlich, aber nicht wichtig: Delegieren
		Dringlichkeit

Danach werden die einzelnen Aufgaben sortiert:
- **A-Aufgaben** sind sehr dringend und wichtig und sofort zu erledigen, z. B. für eine bevorstehende Prüfung lernen oder Rechnungen bezahlen.
- **B-Aufgaben** sind wichtig, aber im Moment nicht dringend. Sie können aber leicht zu A-Aufgaben werden, z. B. Termine verlegen.
- **C-Aufgaben** sind dringend, aber längerfristig nicht wichtig. Sie können delegiert werden, z. B. Routine- oder Alltagsaufgaben wie Aufräumen oder Bügeln.
- **D-Aufgaben** sind weder wichtig noch dringend. Diese Aufgaben bereiten lediglich Freude, aber es entsteht kein Schaden, wenn dafür keine Zeit mehr bleibt, z. B. den neuesten Kinofilm schauen.

> **ZUM WEITERDENKEN** Diese Methode kann natürlich individuell modifiziert und verändert werden. In einfacherer Form lässt sich diese Methode auch als ABC-Methode verändern. Das heißt, A steht für sehr wichtige, B für wichtige und C für unwichtige Aufgaben.

4. Schritt: Umsetzung

Die beste Planung nützt allerdings nichts, wenn sie nicht in die Tat umgesetzt wird. Damit dies besser gelingt, ist es hilfreich, die eigene Leistungskurve gut zu kennen, um vor allem die schwierigen Aufgaben während des Leistungshochs zu bewältigen. Der Biorhythmus eines jeden Menschen ist sehr unterschiedlich. Das bedeutet, dass einige z. B. eher am Morgen effektiv und konzentriert arbeiten können. Andere wiederum sind lieber in den Nachmittags- oder Abendstunden aktiv. Weitere Unterschiede zeigen sich in der Art der Bewältigung der Aufgaben. Den einen motiviert es, kleine und angenehme Aufgaben als Erstes zu erledigen, andere hingegen beginnen lieber mit den zeitaufwendigsten und unbeliebtesten.

> **BEISPIEL** Die **19-jährige** Schülerin **Jasmin** will sich mit ihrem Mitschüler **Martin (21)** zum Lernen verabreden. Sie schlägt gleich Samstag früh um 8 Uhr vor, weil sie morgens am besten lernen kann. Martin ist damit nicht einverstanden, da er um 8 Uhr meist noch schläft. Er würde sich viel lieber abends treffen.

5. Schritt: Kontrolle

Jede Art von Zeit- oder Selbstmanagement verliert ihre Wirkung, wenn die Kontrolle fehlt. Sie ist eines der wichtigsten Elemente im Regelkreis. Bei der Kontrolle wird der derzeitige Stand (IST-Zustand) mit dem gewünschten Zustand (SOLL-Zustand) verglichen. Dies gibt Aufschluss über den Stand der Planung. Danach sollte überlegt werden, wo die Fehler liegen. Liegen IST- und SOLL-Zustand extrem auseinander, muss ggf. die Planung überdacht und angepasst werden. An dieser Stelle schließt sich der Kreislauf, da entweder die Planung überarbeitet und angepasst wird oder möglicherweise neue Ziele formuliert werden.

> Werden Ziele konkret und möglichst messbar formuliert, vereinfacht sich die Kontrolle.

3.2.2 Tipps für die tägliche Anwendung

- Beginnen Sie Ihren Tag damit, sich fünf bis 15 Minuten Zeit zu nehmen und alle anstehenden Aufgaben zu notieren. Dies hat den Vorteil, seine Gedanken zu ordnen und sich innerlich auf die Tagesziele einzustellen (To-do-Liste).
- Notieren Sie zusätzlich kurz, was Sie an dem Tag auf keinen Fall tun müssen oder wollen (Not-to-do-Liste).
- Sortieren Sie Ihre Aufgaben grob danach, wie wichtig, dringend und zeitaufwendig sie sind (ABCD-Analyse).
- Setzen Sie sich konkrete Zeitlimits.
- Es empfiehlt sich, nicht mehr als ein bis zwei A-Aufgaben und zwei bis drei B-Aufgaben täglich zu planen.
  Für C-Aufgaben sollten nicht mehr als 45 Minuten geplant werden.
- Nehmen Sie sich vor Besprechungen oder Dienstberatungen fünf Minuten Zeit und notieren Sie sich Ihre Fragen und Anliegen. Formulieren Sie kurz und konkret, was Ihr Ziel oder Wunsch ist.
- Erledigen Sie Aufgaben, die nicht länger als fünf Minuten dauern, immer sofort. Das motiviert Sie und vermindert inneren Druck.
- Wenn möglich, planen Sie jeden Tag ein halbe Stunde zum Ordnung schaffen ein. Dazu zählen z. B. den Schreibtisch oder Materialien aufräumen, Zettel abheften, Mails löschen.
- Führen Sie die „Stille Stunde" für sich ein, in der Sie von niemandem gestört werden wollen. Schalten Sie dazu z. B. Ihr Handy auf lautlos und platzieren Sie ein „Bitte nicht stören"-Schild an der Tür. Diese Stunde eignet sich dann vor allem für Tätigkeiten, die Ihre volle Konzentration und Aufmerksamkeit benötigen.
- Planen Sie regelmäßig Pausen ein. Orientieren Sie sich dabei an ihrer biologischen Leistungskurve. Optimal ist eine Pausenlänge von zehn bis 15 Minuten.
- Belohnen Sie sich beim Erreichen Ihrer Tagesziele.

> **BEISPIEL** Jeden Morgen bespricht die hauswirtschaftliche Fachkraft Mia Lopez kurz mit ihrem Team den Tagesablauf. Sie notiert alle anstehenden Aufgaben, z. B. Einkaufen, Vorbereitung des Mittagessens und die dafür benötigte Zeit auf einer Tafel. Nach der Ausführung hakt Mia die erledigten Aufgaben mit einem Smiley ab. Schafft sie Aufgaben nicht, z. B. das Reinigen der Fenster, kennzeichnet sie diese mit einem Ausrufezeichen. So weiß sie gleich, was am nächsten Tag als Erstes erledigt werden muss.

3.3 Arbeitspläne in sozialpädagogischen Einrichtungen erstellen

Arbeitspläne in sozialpädagogischen Einrichtungen geben nicht nur den Mitarbeitern eine Übersicht und Struktur, sondern auch den Kindern und Eltern.

Beim Erstellen eines Tages-, Wochen- und Jahresplans in einer sozialpädagogischen Einrichtung sollten folgende Kriterien berücksichtigt werden:

- Gestalten Sie den Plan übersichtlich und anschaulich.
- Nutzen Sie für den Grundplan ein vorgefertigtes Raster (z. B. Magnetwand) und für einzelne Aktivitäten Kärtchen mit Magneten. Dadurch können Sie flexibel und einfach die Planung verändern und müssen den Plan nicht ständig neu schreiben. Das spart Zeit und Ressourcen.
- Damit auch die Kinder den Plan lesen können, nutzen Sie für die Darstellung Farben und Bilder. Verwenden Sie unterschiedliche Farben für verschiedene Aktivitäten (z. B. Mittwoch: Schwimmen = blau).
- Platzieren Sie den Plan in der Einrichtung an einer gut sichtbaren Stelle, damit die Eltern und Kinder ihn immer im Blick haben.
- Besonders vorteilhaft ist die gemeinsame Erarbeitung des Wochenplans mit der Gruppe zum Wochenbeginn. Eine kurze Besprechung des Tagesablaufs, empfiehlt sich immer am Morgen, z. B. im Morgenkreis oder zum Frühstück.
- Gestalten Sie Jahrespläne nur im Überblick und belassen Sie diese lediglich auf den Infotafeln für die Eltern, da für Kinder langfristige Planungen kognitiv nicht vorstellbar sind.

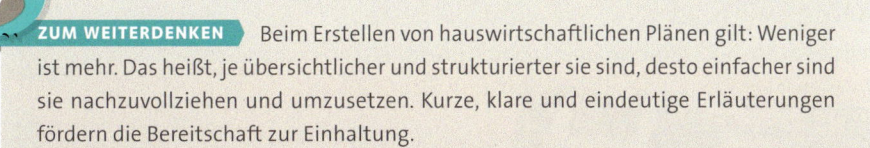

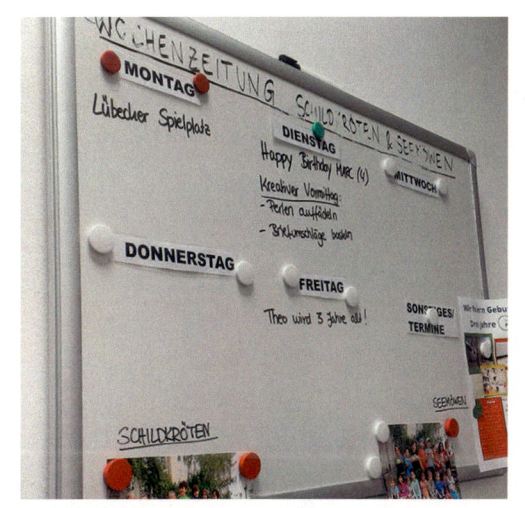

Abb. 3.8 Wochenplan in einer Kita

> **ZUM WEITERDENKEN** Beim Erstellen von hauswirtschaftlichen Plänen gilt: Weniger ist mehr. Das heißt, je übersichtlicher und strukturierter sie sind, desto einfacher sind sie nachzuvollziehen und umzusetzen. Kurze, klare und eindeutige Erläuterungen fördern die Bereitschaft zur Einhaltung.

Warum muss ich das für meinen Beruf wissen?

Die Erziehungs-, Betreuungs- und Bildungsprozesse im pädagogischen Bereich werden immer komplexer und anspruchsvoller. Zu diesen Anforderungen im Arbeitsumfeld kommen private Organisationsaufgaben und Anforderungen.

Die Kunst besteht darin, die Fülle an Aufgaben sinnvoll unter einen Hut zu bringen. Nur so ist der Mensch zufrieden und ausgeglichen. Mit gutem Zeit- bzw. Selbstmanagement lässt sich im Vorfeld viel Stress vermeiden und Arbeitsabläufe können konkreter formuliert werden. Einerseits wird dadurch die eigene psychische und physische Gesundheit geschützt. Andererseits bekommen Kinder so Struktur und Orientierung im Alltag, was wiederum Sicherheit schafft.

Lernsituationen und Aufgaben

S. 198–199
Lernsituation 1
„Wir tanzen mit den Vitaminen"

1

S. 200–201
Lernsituation 2
„Eine neue Küche für die Kinder"

2

3

S. 202–203
Lernsituation 3
„Auf der Erde sind wir Gäste"

III LERNSITUATIONEN UND AUFGABEN

Lernsituation 1

Wir tanzen mit den Vitaminen

Es ist Frühstückszeit in der Kita „Pippi Langstrumpf". Die Auszubildende Tessa Lauch schneidet Äpfel, Birnen und Bananen auf. Nachdem sie die Obstteller auf alle Tische der Kinder verteilt hat, setzt sie sich zu den Vorschulkindern Moritz (5;8), Lena (6;3) und Salim (6;5) an den Tisch. Sie beobachtet, wie sich alle, außer Moritz, von dem Obst nehmen.

Frau Lauch: „Moritz, warum möchtest du denn kein Obst essen?"
Moritz: „Ich muss kein Obst essen."
Frau Lauch: „Aha, warum musst du das nicht?"
Moritz: „Weil ich nicht muss."
Lena: „Meine Mama sagt immer, dass jeder Obst essen muss, weil da viele wichtige Vitamine drin sind."
Salim: „Genau, die tanzen nämlich in unserem Körper und deshalb werden wir dann auch nicht krank."
Moritz: „Ich hab ja heute schon Vitamine gegessen."
Frau Lauch: „Ach so, hast wohl heute schon zu Hause gefrühstückt?"
Moritz: „Nö."
Frau Lauch: „Wann hast du denn dann Obst gegessen?"
Moritz: „Ich habe ein Brötchen mit Wurst gegessen."
Lena lacht: „Du bist ja doof, in Brötchen und Wurst sind doch keine Vitamine drin."
Moritz: „Doch!"
Lena: „Und wer sagt das?"
Moritz: „Mein Papa, der isst zu Hause auch nie Obst und sagt immer, dass in Wurst genug Vitamine drin sind."
Salim: „Frau Lauch, stimmt das?"

Fragend schauen die Kinder zu Frau Lauch. Verunsichert geht sie der Frage aus dem Weg, da sie selbst die Vitamine eines Apfels und die Nährstoffe von Brot und Wurst nicht genau kennt.

Als Tessa Lauch an diesem Tag auf dem Heimweg ist, denkt sie noch einmal über das Frühstücksgespräch nach. Erschrocken über sich und ihre Reaktion, beschließt sie ihr Fachwissen auf diesem Gebiet zu erweitern. Außerdem muss sie unbedingt, bevor die Kinder in die Schule kommen, ein Projekt zum Thema Ernährung mit diesen planen. Hierzu fällt ihr die Aussage von Salim wieder ein, welcher erzählte, dass die Vitamine im Körper tanzen.

Am nächsten Tag berichtet Tessa ihrem Praxisanleiter Valentin Kovac von ihrer Idee, ein Projekt zum Thema „Wir tanzen mit den Vitaminen" durchzuführen. Sie möchte gern im Zeitraum einer Woche unter diesem Motto Grundlagen der Ernährung spielerisch mit kleinen Angeboten vermitteln. Da Tessa sehr musikalisch ist, möchte sie ein Lied über Vitamine schreiben. Es soll aus fünf Strophen bestehen.

Jeden Tag bekommen die Kinder passend zum Angebot eine Strophe gelehrt. Am Ende der Woche sollen sie dann das ganze Lied zusammen singen und tanzen können. Valentin Kovac findet die Idee super. Bevor sie sich allerdings an die Angebotsplanung setzen, soll Tessa alle Informationen, die sie über Ernährung vermitteln will, zusammentragen.

MATERIALIEN

Angebotsplanung

Thema:
Welches Thema hat mein Angebot?
Zu welchen Motiven und Inhalten möchte ich mit den Kindern arbeiten?

Voraussetzungen:
Welche Voraussetzungen muss ich beim Kind berücksichtigen?
(z. B. Alter, Entwicklungsstand, Interessen)

Ziel:
Was ist das Ziel meines Angebotes?
(z. B. Kind soll den Umgang mit einer Schere erlernen, Bewegungsförderung)

Methoden:
Welche Methoden wähle ich? (z. B. Serviettentechnik, Wischtechnik, Kreistanz)
Wie möchte ich mein Angebot umsetzen? (z. B. Muster zeigen, Vormachen, gemeinsames Tun, Bilder anzeigen)

Materialien/Medien:
Welche Materialien/Medien benötige ich? (z. B. Plakatfarben, Scheren, CD mit Liedern)

Organisatorisches:
Was muss ich bei der Organisation noch bedenken?
(z. B. [Gymnastik-]Raum reservieren, Betreuung der anderen Kinder ansprechen)

Präsentation:
Wie soll eine Präsentation der Ergebnisse aussehen?
(z. B. Aushang, Vorführung auf einem Elternabend, Film)

AUFGABEN

- Informieren Sie sich über die Grundnährstoffe in der Ernährung. Lesen Sie dazu **Kapitel I 2.3 Die Bestandteile der Lebensmittel (S. 22)**.
- Schreiben Sie eine Planung für ein Angebot, welches zu der Projektwoche stattfinden soll. Nutzen Sie dafür das **Material: Angebotsplanung**.
- Helfen Sie Tessa und schreiben Sie das Vitaminlied, bestehend aus fünf Strophen, das sie mit den Kindern lernen will.
- Tessa Lauch hat sich alle wichtigen Informationen zu den Grundnährstoffen angeeignet. Formulieren Sie den Dialog zwischen Frau Lauch, Moritz, Lena und Salim neu, wie er zum Frühstück hätte aussehen können.

III LERNSITUATIONEN UND AUFGABEN

Lernsituation 2

Eine neue Küche für die Kinder

Es ist so weit, die Umbauarbeiten in der integrativen Kindertagesstätte „Simsalabim" sind abgeschlossen. Endlich hat die Kita einen separaten kindgerechten Küchenbereich. Eine weitere Besonderheit ist die integrierte unterfahrbare Arbeitsplatte, die es auch den Kindern mit Rollstuhl ermöglicht, an der gemeinsamen Speisenzubereitung teilzunehmen.

Lange hatten die Eltern und Erzieher den Wunsch, durch das gemeinsame Zubereiten von kleinen Gerichten, Kuchen und Salaten den Kindern hauswirtschaftliche Abläufe anschaulich vermitteln zu können. Außerdem erlangen die Kinder dadurch praktische Kenntnisse über Ernährung und festigen so ihr Wissen.

Erst durch das große Engagement des Trägers der Einrichtung und die rege Sponsorensuche des Elternrates war es möglich, die Kinderküche zu finanzieren.
Das pädagogische Team ist sich einig, dass die Benutzung der Küche mit den Kindern fest in den Alltag integriert werden soll. Nur durch Routine kann der richtige Umgang mit Lebensmitteln verinnerlicht werden.

Die Vorfreude ist bei allen groß und die Kinder stehen schon den ganzen Tag gespannt vor der Tür und fragen, wann sie denn endlich kochen dürfen. Frau Hunger antwortet: „Ihr müsst euch schon noch ein paar Tage gedulden, denn wir müssen die Küche doch erst einräumen, Regeln für die Hygiene aufstellen und Lebensmittel einkaufen gehen." Darauf antworten die Kinder, dass sie doch dabei helfen können, dann geht es schneller. Die Erzieherin findet die Idee super und verspricht, dass sie auf jeden Fall mithelfen dürfen.

Am Nachmittag treffen sich die pädagogischen Fachkräfte zu einer Dienstberatung. Gemeinsam wollen sie vor der Benutzung die wichtigsten Fragen besprechen.

- Wer ist verantwortlich für die Küche?
- Wer schreibt den Reinigungsplan und wo wird dieser angebracht?
- Wo richten wir einen Vorratsschrank ein?
- Wer kauft die Lebensmittel?
- Wie räumen wir die Schränke ein und kennzeichnen diese?
- Welche hygienischen Anforderungen gilt es zu beachten?

Frau Hunger hat außerdem die Idee, Lebensmittel, Küchengeräte und Arbeitsschritte als Bilder auszudrucken und zu laminieren. So können vor dem Kochen die Abläufe und die Handhabung von Zutaten spielerisch geübt werden. Außerdem könnte man die Bilder mit Magneten versehen. An einer großen Magnettafel im Küchenbereich können die Kinder ihre Arbeitsschritte anheften und so visualisieren.

MATERIALIEN

Es ist wichtig, Kinder früh an Entscheidungsprozessen zu beteiligen. Dies ist sogar gesetzlich verankert:

> (1) Kinder und Jugendliche sind entsprechend ihrem Entwicklungsstand an allen sie betreffenden Entscheidungen der öffentlichen Jugendhilfe zu beteiligen. Sie sind in geeigneter Weise auf ihre Rechte im Verwaltungsverfahren sowie im Verfahren vor dem Familiengericht und dem Verwaltungsgericht hinzuweisen.
>
> Bundesministerium der Justiz und für Verbraucherschutz (Hrsg.): Sozialgesetzbuch (SGB VIII) Achtes Buch Kinder- und Jugendhilfe. § 8 Beteiligung von Kindern und Jugendlichen; www.gesetze-im-internet.de/sgb_8/ (Abruf: 12.3.2015)

Die Beteiligung der Kinder in Tageseinrichtungen kann durch unterschiedliche **Methoden der Partizipation** eingeübt werden. Hierzu gehören:

- Projektarbeit (z. B. Wasser erkunden)
- Kinderkonferenz (z. B. Entscheidung über eine neue Regel in der Gruppe)
- Erzähl- und Morgenkreis
- Kinderparlament (z. B. zu Spielplätzen im Stadtviertel)

AUFGABEN

- Helfen Sie dem Erzieherteam beim Einrichten eines Vorratsschrankes. Erstellen Sie dazu eine Liste, welche Lebensmittel darin gelagert werden dürfen und welche nicht. Was ist bei der Lagerung von Lebensmitteln noch zu beachten? Nutzen Sie dafür **Kapitel I 3.2 Lebensmittel richtig lagern (S. 58)**.
- Sie wollen das erste Rezept mit den Kindern ausprobieren und vorher alle Lebensmittel und Arbeitsschritte laminieren. Finden Sie ein Rezept, welches sich für Kinder im Alter von drei bis sechs Jahren eignet. Notieren Sie alle dafür erforderlichen Lebensmittel, Zubereitungsarten und Arbeitsschritte, die Sie für die Magnetwandkarten benötigen. **(Kapitel I 3.3.4 Speisen herstellen, S. 63)**
- Berechnen Sie die Menge des ausgewählten Menüs für zehn Kinder. Berücksichtigen Sie dabei den Schäl- und Bratverlust. **(Kapitel I 3.3.3 Portionsgrößen, S. 63, und I 3.4 Waren richtig einsetzen und Preise berechnen, S. 68)**
- Entwerfen Sie unter Berücksichtigung von **Kapitel I 5.2 Sauberkeit und Hygiene in sozialpädagogischen Einrichtungen (S. 115)** einen Reinigungsplan für die Kinderküche.
- Sammeln Sie unter Berücksichtigung des **Materials** und von **Kapitel I 3.13 Hygienische Anforderungen an die Speisenzubereitung (S. 94)** Ideen, wie Sie die hygienischen Anforderungen für die Benutzung der Kinderküche und Speisenzubereitung mit den Kindern erarbeiten können.

Lernsituation 3

Auf der Erde sind wir Gäste

Im Hort der Astrid-Lindgren-Grundschule startet nächsten Monat gemeinsam mit dem Naturschutzzentrum das Projekt „Auf der Erde sind wir Gäste". Herr Fläming, der pädagogische Leiter der Umweltgruppe, möchte diesbezüglich mit den Kindern zwei Themen genauer unter die Lupe nehmen.

Für die Planung und Ausgestaltung der Angebote ist ihm wichtig herauszufinden, was die Kinder diesbezüglich beschäftigt, welche Fragen sie haben oder welche Beobachtungen sie zum Umweltschutz in ihrem Umfeld schon gemacht haben.

Aus diesem Grund überlegt sich Herr Fläming eine Geschichte mit offenem Ende, welche er im Gesprächskreis den Kindern erzählt. Diese sollen sich dann überlegen, wie die Geschichte weitererzählt werden könnte.

„Auf dem Spielplatz treffen sich die Freunde Ronny, Ling, Helena und Christopher. Aber heute ist ein komischer Tag, weil ihnen gar nichts Richtiges zum Spielen einfällt. Die vier Freunde setzen sich in den Sand und unterhalten sich über die Menschen, Tiere und Pflanzen. Im Gespräch fällt ihnen auf, dass die Erwachsenen immer so viel arbeiten müssen und dabei oft gar nicht mehr an die Umwelt denken. Da kommt Ronny die Idee: ‚Wir spielen heute die Erde retten!'. Alle Kinder sind sofort begeistert und der Spielplatz wird zur ‚Umweltrettungsstation' umfunktioniert. Jeder bekommt eine bestimmte Aufgabe und ..."

Nachdem der Erzieher die Geschichte erzählt hat, schaut er in die Runde und bittet die Kinder, die Situation doch einmal zu Ende zu erzählen.

Mian meldet sich als Erster. Er erzählt, wie für ihn das weitere Spiel der Kinder aussieht: „Die Kinder bauen einen großen Müllschluckroboter, der in allen Wäldern, Flüssen und Seen den Müll wegfrisst. So ist alles schön sauber und der Müll vergiftet nicht die Umwelt."

Auch Lilli hat eine Idee, was die Kinder unbedingt noch machen müssen: „Alle kaputten Geräte, wie der Fernseher oder der Computer, werden auseinandergebaut und das Material wird wieder für neue Geräte eingesetzt. Mein großer Bruder macht das auch immer. Er sagt, dass das die Umwelt schont und seinen Geldbeutel freut."

Alle Kinder haben gute Ideen, wie die Geschichte weitergehen könnte. Herr Fläming notiert sich alles und kommt zu dem Ergebnis, dass Mülltrennung und Recycling die Themen waren, die am häufigsten von den Kindern aufgegriffen wurden.

Eine Erzählung ist ihm aber besonders im Gedächtnis geblieben, und zwar die von Jacob. In seiner Geschichte konnten die Kinder der Umweltrettungsstation nichts mehr für die Erde tun, weil es keinen Sinn macht, wenn nicht alle mitmachen.

MATERIALIEN

Die 5 Stufen der Abfallpyramide

Das ehemals geltende Drei-Stufen-Prinzip (Vermeidung, Verwertung, Beseitigung) wird abgelöst durch die neue Fünf-Stufen-Abfallhierarchie. Danach steht an der Spitze der Entsorgung – und damit möglichst als erste Wahl – weiterhin die Vermeidung, nun gefolgt von der Vorbereitung zur Wiederverwendung, dem Recycling, sonstiger, zum Beispiel energetischer Verwertung und in letzter Konsequenz wie bisher der Beseitigung.

Vermeidung
Abfall soll in erster Linie vermieden werden.

Verwertung/Wiederverwendung
Lässt Abfall sich nicht vermeiden, muss man versuchen, ihn wiederzuverwenden. Mehrwegflaschen aus Glas sind dafür ein gutes Beispiel.

Stoffliche Verwertung/Recycling
Lässt sich Abfall weder vermeiden noch wiederverwenden, muss er verwertet werden. Taschentücher oder Toilettenpapier aus Alt-Papier sind hierfür ein Beispiel. In China werden Fleecejacken aus deutschen PET-Einwegflaschen hergestellt. Auch das gehört zum sinnvollen Verwerten von Abfall.

Energetische Verwertung
Die Abfälle werden verbrannt oder vergast, um Energie zu gewinnen.

Beseitigung
Nur wenn Abfall sich nicht vermeiden, nicht wiederverwenden und auch nicht verwerten lässt, darf er beseitigt werden – durch Verbrennen oder Lagern auf einer Mülldeponie. Das ist dann der sogenannte Restmüll.

Quelle: www.bmub-kids.de/wissen/wohnen-und-mobilitaet/abfall/abfallpyramide/ (Download vom 12.8.2015)

AUFGABEN

- Informieren Sie sich unter Einbezug des **Materials** und **Kapitel II 2.3 Abfälle richtig entsorgen (S. 184)** über die Möglichkeiten der Abfallentsorgung.
- Sammeln Sie Ideen, wie Sie Kindern anschaulich die Thematik Recycling näher bringen können. Nutzen Sie dafür **Kapitel II 2.4.1 Das Haus der Umwelterziehung (S. 185)**.
- Die Aussage von Jacob beschäftigt Sie sehr. Überlegen Sie, ob er damit recht haben könnte. Zeigen Sie Möglichkeiten auf, wie der Einzelne bereits durch kleine Tätigkeiten im Haushalt einen Beitrag zum Umweltschutz leisten kann. **(Kapitel II 2.1 Umweltgerechtes Verhalten im Haushalt, S. 180)**

STICHWORTVERZEICHNIS A–I

A

Abendessen 79
Abfälle entsorgen 184
Ablagesystem 189
Ablöschen 61
Abnehmen 47
Abschrecken 61
Adipositas 47
Alanin 27
ALPEN-Methode 192
Altkleidercontainer 184
Aminosäuren 27
Anrichtegeschirr 90
Anrichten 67
Anzeichenstifte 131
Arbeit koordinieren 188
Arbeitshöhe 98
Arbeitspläne 195
Arginin 27
Asparagin 27
Asparaginsäure 27
Aufbau der Fette 24
Aufbau der Nähmaschine 133
Aufbau von Eiweiß 26
Aufbau von Kohlenhydraten 28
Aufbügeln 140
Auslassen 61
Außenbereich, Hygiene 118
Ayran 53

B

Backen 65
Baklava 53
Ballaststoffe 29
Bedürfnisse der Zimmerpflanzen 146
Beikost 72
Beleuchtung 104
Beobachtungen von hauswirtschaftlichen Tätigkeiten 16
Berechnung, Gesamtenergiebedarf 37
Berechnung, Nährstoffbedarf 36
Bestandteile der Lebensmittel 22
Besteck 90
Bildrezepte 80
Binden 61
Bioabfalltonne 184
Biologische Wertigkeit 27
Biotin 33
Blanchieren 61
Blätterpflanze 147
Blattläuse 148
Blauer Engel 55
Blumenpflege 144
Blumenpflege mit Kindern 153
Blumenschmuck 159
Bluthochdruck 48
BMI 40
Body-Mass-Index 40
Brainstorming 155
Braten im Backofen 65
Braten in der Pfanne 65
Bratverlust 68
Bügelbrett 126
Bügeleisen 126
Bügeln 120

C

Calcium 30
Catering 92
Cay 53
Chlorid 30
Cholesterin 25
Chrom 31
Cobalamin 33
Colorwaschmittel 123
Cook and Chill 93
Cook and Freeze 92
Cook and Hold 92
Cook and Serve 92
Cystein 27

D

Dämpfen 65
Deckenstrahler 104
Dekorationsmöglichkeiten 162
Dekorieren 161
Desinfektion 110
DGE-Ernährungskreis 19
Diabetes mellitus Typ 1 48
Diabetes mellitus Typ 2 48
Diätverordnung 79
Direktes Licht 106
Disaccharide 29
Dokumentation 93
Doppelnaht 135
Doppelter Tafelspitz 159
Druckgaren 65
Druckknopf anbringen 139
Düngen 146
Dünsten 66
Durchführung 163

E

EEK 183
EG-Öko-Verordnung 58
Einbindung von Kindern in hauswirtschaftliche Tätigkeiten 17
Einfache Naht 135
Einfacher Tafelspitz 159
Einfachzucker 28
Einkauf 54
Einkaufen mit Kindern 57
Einkaufsmöglichkeiten 56
Einkaufszettel 54
Einladungskarten 155
Einweichen 61
Eisen 30
Eisenhower-Matrix 193
Eiweiß 26
Eiweiß, Aufbau 26
Energie 35
Energie sparen 183
Energiesparlampen 106
Erkrankungen des Verdauungstrakts 46
Erkrankungen, Ernährung 46
Ernährung 18
Ernährung bei bestimmten Erkrankungen 46
Ernährungsformen 42
Ernährungskreis, DGE 19
Ernährungsplan 47
Erstes Frühstück 77

Essen, gemeinsam 75
essenziell 21
Essgewohnheiten in Europa 49
Essig 114
EU, Lebensmittelinformations-
   verordnung 55
EU-Lebensmittel-Hygiene-
   Verordnung 117
Europa, Essgewohnheiten 49
Europäische Energieeffizienz-
   klassen 183

F

Fächer 159
Farben 103
Fasten 52
Fastfood 86
Feiertage 154
Feinwaschmittel 123
Feste 154
Festlich gedeckte Tische 156
Fette 23
Fette, Aufbau 24
Fettleibigkeit 47
Fettsäuren, gesättigt 24
Fettsäuren, mehrfach
   ungesättigt 24
Feuchtreinigungsverfahren 113
Fifo 100
Fingerhut 131
First in – first out 100
Flachnaht 136
Flaschennahrung 71
Fleckenbehandlung 122
Fleckenmittel 122
Fluchtwegzeichen 172
Fluorid 31
Flüssigkeitsbedarf 34
Flüssigkeitsmangel 35
Flüssigkeitszufuhr 35
Folat 33
Folgemilch 71
Fond 61
Formen von Ernährung 42
Frisch- und Mischküche 92
Frittieren 66
Frühstück, gesund 20

Fünf Portionen am Tag 76
Fünf Schlüssel der Weltgesund-
   heitsorganisation 97
Fußbodenbelag 107

G

Garne 131
Garverfahren 65
Garziehen 66
Gefahrenpiktogramme 172
Gefahrenquellen 174
Gefahrstoffverordnung 55
Gefrierfunktion 59
Gelbe Tonne 184
Gemeinsames Essen 75
Gemeinschaftsraum, Hygiene 118
Gemüse, Saisonkalender 62
Gemüsereis mit Geflügel-
   geschnetzeltem 74
Gesamtenergiebedarf 39
Gesamtenergiebedarf
   berechnen 37
Gesättigte Fettsäuren 24
Geschirr 90
Gestalten 98
Gesunde Ernährung,
   Grundregeln 20
Gesundes Frühstück 20
GHS-Piktogramm 171
Gicht 49
Gießen 146
Glascontainer 184
Glutamat 27
Glutamin 27
Glycin 27
Glyzerin 24
Gratinieren 61
Grießbrei mit Apfel 73
Grillen 66
Grundbegriffe, Textilarbeit 132
Grundregeln der gesunden
   Ernährung 20
Grundreinigung 111
Grundumsatz 37
GS-Prüfzeichen 171
Gütezeichen 57

H

HACCP-Konzept 94
Hacken 64
HA-Milch 71
Händehygiene 116
Handmaß 131
Handschere 131
Hängelampe 104
Härtegrad 123
Haus der Umwelterziehung 185
Haushaltsreinigung 110
Hausmittel 113, 122
Hauswirtschaftliche Fachkräfte 15
Hauswirtschaftliche Räume 99
Hauswirtschaftliche Tätigkeiten 13
Hauswirtschaftliche Tätigkeiten in
   der Kindertagespflege 16
Hauswirtschaftliche Tätigkeiten,
   Organisation 14
Hauswirtschaftliches Personal 15
HDL-Cholesterin 25
Heftstich 137
Hexenstich 138
Hobeln 64
Hortkinder versorgen 84
Hygiene 115
Hygiene im Umgang mit
   Tieren 119
Hygiene in Gemeinschafts-
   räumen 118
Hygiene in Küchenbereichen 117
Hygiene in Sanitärbereichen 118
Hygieneplan 115
Hygienerecht 93
Hygienische Anforderungen
   an die Speisenzubereitung 94

I

Indirektes Licht 106
Individualhygiene 95
Infektionsschutzgesetz 115
Interkulturelles Menü 88
Isoleucin 27

STICHWORTVERZEICHNIS J–S

J

Jahreszeiten, Pflanzen und Blumen 150
Jeansknopf 140
Jod 31

K

Kalium 30
Kalkulation 155
Kalorien 35
Kappnaht 136
Karamellisieren 61
Karotten-Kartoffel-Brei 73
Kartoffelbrei, Spinat und Rührei 74
Kebap 53
Kerzen 160
Kettenstich 138
Kinder in Blumenpflege einbeziehen 153
Kinder in hauswirtschaftliche Tätigkeiten einbinden 17
Kinder, Unfälle 173
Kindergartenkinder versorgen 79
Kindertageseinrichtung, Verpflegung 91
Kindertageseinrichtung, Umgang mit Muttermilch 71
Kindertagespflege, hauswirtschaftliche Tätigkeiten 16
Kindgerechte Raumgestaltung 102
Kleinkinder versorgen 75
Klettverschluss 140
Knabbergebäck 22
Knöpfe annähen 139
Knöpfe 138
Kochen 66
Köfte 53
Kohlenhydrate 28
Kohlenhydrate, Aufbau 28
Kolostrum 70
Kreuzstich 138
Küche 99
Küchenbereich, Hygiene 117
Küchentechnische Fachbegriffe 61
Kühlkostsystem 93
Kühlschrank 59

Kühlzonen 59
Kulturen, andere Speisen 88
Kupfer 31

L

Lagerdauer 60
Lagerung von Lebensmitteln 58
Laktoseintoleranz 45
Laktovegetarier 43
Lampenkennzeichnung 105
LDL-Cholesterin 25
Lebensmittel richtig lagern 58
Lebensmittel, Bestandteile 22
Lebensmittelallergien 45
Lebensmittelhygiene 96
Lebensmittelinformationsverordnung der EU 55
Lebensmittelkennzeichnungsverordnung 55
Lebensmittelrecht 93
Lebensmittelunverträglichkeiten 45
Lebensmittelverpackungen 56
LED-Lampen 106
Legen von Textilien 127
Legen 120
Legieren 61
Leistungsumsatz 38
Leucin 27
Licht 98
Lilie 159
Lipoproteine 25
Luftfeuchtigkeit 147
Lysin 27

M

Magnesium 30
Mahlzeitverteilung 76
Makrobiotische Kost 44
Mangan 31
Marinieren 61
Maschinennähte 134
Maßband 131
Mehlschwitze 61

Mehrfach ungesättigte Fettsäuren 24
Mengenangaben 63
Mengenelemente 30
Menükarte 161
Methionin 27
Mifflin-St.-Jeor-Formel 37
Mikrowellengaren 66
Milch mit LCP 71
Milchreis mit Kirschstückchen 74
Mindesthaltbarkeitsdatum 60
Mineralstoffe 30
Mineralstoffmangel 31
Mittagessen 78
Mittelbruch 157
Möbel 98, 108
Monosaccharide 28
Mülltrennung 184
Muttermilch 70

N

Nachbereitung 163
Nadeln 131
Nähen 130
Nähen mit der Hand 136
Nähen mit einer Maschine 133
Nähkästchen 130
Nähmaschine 133
Nährstoffbedarf berechnen 36
Nährstoffe 23
Nährstoffverteilung 36
Nahrungsinhaltsstoffe 23
Nährwerttabelle 55
Nähstiche 136
Nahttrenner 131
Nassreinigungsverfahren 113
Natrium 30
Natriumarme Kost 48
Niacin 33
Nudeln mit Bolognese-Soße 74

O

Oberfaden 133
Obst, Saisonkalender 62

206

Obstipation 47
Öko-Siegel 57
Omega-3-Fettsäuren 24
Omega-6-Fettsäuren 24
Organisation von hauswirtschaftlichen Tätigkeiten 14
Ovolaktovegetarier 43

P

Pal 38
Pal-Faktoren 38
Panieren 61
Pantothensäure 33
Papiercontainer 184
Passieren 64
Pausenbrot 85
Pellen 61
Perzentilkurven 41
Pflanzen 144
Pflanzen kaufen 145
Pflanzen und Blumen in den Jahreszeiten 150
Pflanzenvielfalt 149
Pflege von Schnittblumen 149
Pflegesymbole 121
Phenylalanin 27
Phosphor 30
Pide 53
Planung 192
Planungsbeispiel 167
Platzdeckchen 90
Pochieren 61
Polysaccharide 29
Portionsgrößen 63
Präbiotische Milch 71
Preisangabenverordnung 55
Preisberechnung 69
Pre-Milch 71
Prise 61
Probiotische Milch 71
Prolin 27
Pürieren 64
Purine 27
Puten-Gemüse-Brei 73
Putzen 64
Pyridoxin 33

Q

Quellen 61
Quittung 54

R

Ramadan 52
Raspeln 64
Rauchmelder 178
Räume dekorieren 109
Räume einrichten 98
Räume für Kinder 101
Raumgrundriss 99
Rechtliche Vorschriften für die Speisenzubereitung 93
Rechts-links-Naht 135
Reduzieren 61
Regelkreis 191
Regionalfenster 56
Reiben 64
Reinigung 110
Reinigungsarten 111
Reinigungsfaktoren 112
Reinigungsmittel 112
Reinigungsplan 116
Reinigungsverfahren 113
Restmülltonne 184
Rettungszeichen 172
Rezepte aus der Natur 152
Riboflavin 32

S

Saisonkalender Gemüse 62
Saisonkalender Obst 62
Saisonware 54
Sanitärbereich 118
Sanitärbereich, Hygiene 118
Sauberkeit 115
Säuglinge 70
Schädlinge an Zimmerpflanzen 148
Schälen 64
Schälverlust 68
Schildläuse 148

Schlagen 61
Schleuderumdrehung 124
Schlingstich 137
Schmoren 66
Schneiden 64
Schneiderkreide 131
Schnitzer-Intensivkost 44
Schnitzer-Kost 44
Schnitzer-Normalkost 44
Schwenken 61
Seidenwaschmittel 123
Selbst nähen 140
Selen 31
Serin 27
Serviettenform 159
Sicherheitsartikel 178
Sicherheitserziehung 179
Sicherheitshinweise 170
Sicherheitszeichen 172
Sichtreinigung 111
Sieben 61
Sommerfest 164
Sondermüll 184
Speisen aus anderen Kulturen 88
Speisenzubereitung, hygienische Anforderungen 94
Speisenzubereitung, rechtliche Vorschriften 93
Speisenzubereitung, Techniken 61
Sperrmüll 184
Spinnmilben 148
Springschwänze 148
Spurenelemente 30
Standort 146
Stauraum 100
Steckdosenschutz 178
Stecknadeln 131
Steppstich 137
Stickschere 131
Stillen 70
Stocken 61
Stürzen 61
Süßigkeiten 22

STICHWORTVERZEICHNIS T–Z

T

Tapeten 104
Techniken der Speisenzubereitung 61
Temperatur 147
Textilarbeit, Grundbegriffe 132
Textilien 120
Textilien bügeln 126
Textilien trocknen 125
Textilien verarbeiten 130
Textilkennzeichnungsgesetz 55
Thiamin 32
Threonin 27
Thripse 148
Tiefkühlsystem 92
Tiere, Hygiene 119
Tisch 157
Tisch eindecken 90
Tischgedeck 158
Tischgröße 90
Tischkarten 160
Tischschmuck 159
Tischwäsche 157
Transfettsäuren 25
Trauermücke 148
Trennkost 43
Trinken 34
Trockenreinigungsverfahren 113
Trocknen 120
Trommelwaschmaschine 124
Trytophan 27
Türkische Esskultur 52
Türstopper 178
TÜV-Siegel 55
Tyrosin 27

U

Umgang mit Muttermilch in Kindertageseinrichtungen 71
Umtopfen 147
Umwelterziehung 184
Umweltgerechtes Verhalten 180
Umwelttipps 180
Unfälle 170
Unfälle im Kindesalter 173
Unfallverhütung, Maßnahmen 174
Unterfaden 134
Unterhaltsreinigung 111
Unterheben 61

V

Valin 27
VED-Prüfzeichen 171
Veganer 43
Vegetarische Kost 43
Verbotszeichen 172
Verdauungstrakt, Erkrankungen 46
Verluste 68
Verpflegung in der Kindertageseinrichtung 91
Verpflegungskonzept 91
Verpflegungssystem 91
Verschlüsse 138
Verschmutzungsgrad 123
Versorgung 54
Versorgung, Hortkinder 84
Versorgung, Kinderkartenkinder 79
Versorgung, Kleinkinder 75
Vielfachzucker 29
Vitamin A 32
Vitamin B_1 32
Vitamin B_{12} 33
Vitamin B_2 32
Vitamin B_6 33
Vitamin C 32
Vitamin D 32
Vitamin E 32
Vitamin K 32
Vitamine 32
Vollwaschmittel 123
Vollwertkost 42
Vorbereitungsarbeiten 63
Vorbereitung eines Festes 156
Vorplanung 155
Vorratshaltung 58
Vorratsraum 100
Vorratsschrank 60

W

Wachstumskurven 41
Warmhaltesystem 92
Wäsche 120
Wäsche vorbehandeln 122
Wäsche vorsortieren 120
Wäschekreislauf 120
Wäscheleine 125
Waschen von Lebensmitteln 64
Waschen 120
Wäschetrockner 126
Waschmaschine 124
Waschmittel 123
Waschprogramm 124
Waschtemperatur 124
Waschvorgang 120
Wasser 34
Wasserbad 61
Wässern 61
Weltgesundheitsorganisation, fünf Schlüssel 97
Wollwaschmittel 123

Z

Zackenschere 131
Zeitdiebe 189
Zeitmanagement 188
Zeitmangel 189
Zeitprotokoll 191
Zerlassen 61
Zielsetzung 192
Ziernaht 136
Zierstiche 136
Zimmerpflanzen 145
Zink 31
Zöliakie 46
Zubereitung 63
Zubereitungsarbeiten 65
Zuckerkrankheit 48
Zuschneideschere 131
Zweifachzucker 29
Zweites Frühstück 77
Zwieback-Bananen-Brei 73
Zwischenmahlzeit 78